움베르토 펠리자리 Umberto Pelizzari

프리다이빙을 위한
구체적 훈련법

SPECIFIC TRAINING FOR FREEDIVING
DEEP, STATIC AND DYNAMIC APNEA

TO ALL MY FRIENDS
KOREAN FREEDIVER...

"deeply"

Umberto Pelizzari

**프리다이빙을 위한
구체적 훈련법**
SPECIFIC TRAINING FOR FREEDIVING
DEEP, STATIC AND DYNAMIC APNEA

펴 낸 날   2024년 7월 31일

Korean Translation Copyright ⓒ 2024 by Umberto Pelizzari

이책은 "Allenamento Specifico per l'Apnea, Apnea Profonda, Statica e Dinamica"의 영문 번역본인
"SPECIFIC TRAINING FOR FREEDIVING"의 한국어 번역본입니다.
ⓒ 2015 Magenes Editore S.p.A.

대한민국. ISBN: 979-11-7048-726-5(03690)
김봉재가 한국어로 번역했습니다.

아내 이레네와 미래의 스피어피싱 버디가 될
세 자녀 토마소, 니콜로, 줄리오에게,
여동생 스테파니,
엄마 마리아와 아빠 지아니,

그리고 나와 같이
바다와 심해의 부름을
외면할 수 없는
사람들에게

옮긴이의 말

이 책은 2015년에 저자의 모국어인 이탈리아어로 최초 출판된 후 2019년에 영어 번역본이 출간되었습니다. 초판이 나온지 벌써 9년이나 지났지만 여전히 프리다이빙 분야의 세계적인 베스트셀러이자, 트레이닝을 위한 계획을 짜거나 훈련 방법을 찾을 때 꼭 필요한 책으로 자리매김하고 있습니다.

제가 프리다이빙 관련 원서를 번역하게 된 계기는 프리다이빙에 대한 체계적이고 깊이 있는 지식을 더 많은 한국의 프리다이버들에게 전달하고 싶었기 때문입니다. 2022년에 번역 출판한 『프리다이빙 롱거 앤 디퍼』는 프리다이빙 초급자부터 누구나 읽을 수 있는 기본적인 크로스 트레이닝에 대한 내용을 담고 있다면, 이 책은 숙련된 프리다이버나 강사 및 전문 코치를 위한 좀 더 심화된 내용을 담고 있습니다.

번역 작업을 진행하면서 놀라웠던 점은 제가 그동안 이곳 저곳에서 들어봤던 프리다이빙 훈련법이나 일반 교재에 담겨있지 않은 여러 프리다이빙 관련 내용이 이 책에 대부분 담겨있다는 것이었습니다. 저 역시 이 책을 통해 프리다이빙에 대한 새로운 인사이트를 많이 얻었고, 이를 많은 프리다이버들과 공유할 수 있게 되어 기쁘게 생각합니다.

한국의 프리다이빙 실력은 최근 몇 년간 급격히 성장했습니다. 이제 몇몇 선수들은 세계적인 수준에 가까운 놀라운 성과를 이루어 내고 있습니다. 이러한 성장은 한국의 프리다이버들에게 많은 가능성과 영감을 주고 있습니다. 하지만 여전히 체계적인 훈련 방법에 대한 갈증은 존재합니다. 이 책이 바로 그 갈증을 해소해 줄 수 있는 좋은 지침서가 될 것이라 믿습니다.

이 책을 통해 한국의 프리다이버들이 더욱 심화된 훈련 방법을 습득하고, 나아가 자신만의 트레이닝 계획을 세우는 데 큰 도움이 되기를 바랍니다. 프리다이빙을 즐기는 모든 이들에게 이 책이 좋은 길잡이가 되어, 보다 안전하고 효과적인 훈련을 통해 자신의 한계를 넘어설 수 있기를 기원합니다.

2024년 5월 카모테스 섬 CMAS World Cup에서

책임 면제

이 책은 프리다이빙 훈련에 관한 정보를 제공하기 위한 것입니다. 하지만 프리다이빙 코치나 강사를 대신할 수는 없습니다. 프리다이빙 코치 또는 강사의 역할은 교육은 물론 물속에서의 안전을 책임지는 부분에서 매우 중요합니다. 이 책에 제안된 훈련에 대해 의문 또는 우려 사항이 있거나 위험 가능성이 있는 경우 자격을 갖춘 전문가, 강사 또는 의사와 상담하는 것이 좋습니다.

이 책에 소개된 운동은 수중 스포츠 및 프리다이빙 대회를 위해 건강 검진을 정기적으로 받는 건강한 개인을 대상으로 합니다. 일부 운동은 몸이 아프거나 정신 건강을 약화시키는 나쁜 사회적 습관(알코올, 흡연, 약물 등)을 가진 사람에게는 금기일 수 있습니다. 두 경우 모두 위험하지는 않더라도 부적절할 수 있으므로 이러한 운동을 권장하지 않습니다.

따라서 저자와 출판사 및 번역자는 이 책에 설명된 운동의 부적절한 실행으로 인해 발생하는 모든 종류의 문제나 손해에 대해 어떠한 책임도 지지 않습니다. 독자에게 병이 있는 경우, 프리다이빙 운동을 시도하기 전에 반드시 의사와 상담해야 합니다.

개방 수역이든 수영장이든 프리다이빙과 관련된 위험을 이해하는 것은 독자의 책임입니다. 각 프리다이빙 트레이닝 세션은 모든 안전 프로토콜을 구현하고 준수해야 합니다.

절대 혼자 프리다이빙 하지 마세요!

모든 프리다이버는 응급 처치 및 심폐소생술(CPR)을 할 수 있어야 합니다. 그렇지 않은 경우, 이론과 실습으로 구성된 응급 처치 및 심폐소생술 과정에 참여하는 것이 좋습니다.

프리다이버는 응급 절차를 올바르게 관리하는 방법을 배우기 위해 전문가의 지시를 받아야 합니다. 안전한 운동을 보장하는 행동을 취하는 것에 대한 책임은 전적으로 독자에게 있습니다.

저자와 출판사 및 번역자는 이 책에 포함된 정보의 사용 또는 오용으로 인해 발생하는 물질적 및 비물질적 손해와 관련하여 어떠한 책임도 지지 않으며, 제3자의 청구에 대해서도 책임을 지지 않습니다.

목차

엔조 마요르카 ENZO MAIORCA

수년 전, 저는 '신예 프리다이버'라는 한 청년으로부터 매우 정중한 편지를 받았습니다. 그는 자신의 프리다이빙 실력을 향상시킬 수 있는 훈련 프로그램과 기타 사항에 대해 조언을 구했습니다. 저는 스스로에게 말했습니다. '젠장! 나는 피로, 추위, 고막 통증, 두려움, 비판, 끔찍한 예측을 감수하며 이 자리에 오기 위해 열심히 노력했는데, 이제 막 시작한 이 청년은 벌써 성공의 자리에 앉고 싶어 하네.'라고 생각했습니다. 저는 편지가 아무리 잘 쓰여있더라도 답장을 보내지 않았습니다.

오랜 세월이 흐른 지금, 저는 결코 믿지 못했지만 그 신예 프리다이버는 오직 자신의 노력과 능력을 바탕으로 매우 유명한 학교인 압네아 아카데미의 설립자이자 바다 학교의 강사가 되었습니다.

움베르토 펠리자리는 엔조 마요르카도 감탄할 만한 위대한 인물 중 한 명입니다. 과거에 '바다의 심장 박동'과 '부서지는 파도'를 구분하지 못한 것에 대한 아쉬움이 남습니다.

윌리엄 트루브리지 WILLIAM TRUBRIDGE

2003년, 키위의 한 얼간이가 카리브해의 따뜻한 바다에서 프리다이빙을 알게 됐습니다. 다행히도 그는 이 책의 저자를 프리다이빙 강사로 선택하는 현명한 결정을 했습니다.

그게 다였습니다. 거의 처음부터 저는 이 스포츠에 대한 가장 진보된 기술과 균형 잡힌 접근 방식을 활용할 수 있었습니다. 펠리자리는 "모든 훈련 세션은 열정적으로 임해야 하며, 훈련에 대한 열망이 있어야 한다"며 "훈련이 우리를 짓누르는 일은 없어야 한다"고 말합니다.

프리다이빙은 즐거움과 유쾌한 감각에 기반을 두어야 한다는 것이 그의 주요 메시지 중 하나였으며, 이것이 바로 움베르토 펠리자리가 선수 생활을 은퇴하고도 오랜 세월이 흐른 지금까지 계속해서 프리다이빙을 하며 수백 명의 애호가를 가르치고 자신의 지식과 발견을 새로운 세대에게 전하고 있는 이유이기도 합니다. 이 책은 이러한 개념이 가장 압축되고 정제된 책입니다. 이 책은 처음부터 올바른 길을 가고 있는지 확인하고 싶은 초보 프리다이버뿐만 아니라 더 효율적인 연습 방법을 찾고 있는 상급 프리다이버에게도 유용할 것입니다.

교과서는 깊은 곳으로 들어가는 문을 여는 열쇠에 지나지 않습니다. 여러분은 교육 세션마다 직접 그 길을 찾아 푸른 바다로 뛰어들어야 합니다. 하지만 손에 쥐고 있는 열쇠를 통해 올바른 길로 가고 있는지 확인할 수 있습니다.

소개

　　지난 몇 년 동안 프리다이빙의 세계, 특히 프리다이빙을 위한 훈련 방법은 급격한 변화의 시기를 겪고 있습니다.

　　지난번 엔조 마요르카와 함께한 콘퍼런스에서도 저는 이 전설적인 프리다이버가 기록을 위해 어떻게 준비했는지에 대한 이야기를 놀라움과 감탄으로 들었습니다. 공식 대회가 열리기 몇 달 전부터 그는 계단을 오르거나 무거운 양동이를 들고 숨을 참으며 체력 훈련을 했습니다. 의사들은 혈중 산소 농도를 증가시킬 것이라며 과호흡을 제안하기도 했습니다(이 이론은 완전히 잘못된 것으로 입증되었습니다). 그는 세계 신기록을 세우기 한 달 전, 담배를 끊고 시라쿠사 어선을 타고 나가 바다에서 특별한 훈련을 시작하곤 했습니다. 그는 매일 납으로 채워진 작살 총의 도움을 받아 조금씩 더 깊은 수심까지 잠수했습니다.

　　이런 낭만적인 훈련 방식은 이제 끝났습니다. 오늘날 높은 수준의 프리다이버는 일 년 내내 거의 매일 물 안팎에서 몇 시간 동안 훈련하는 운동선수입니다. 육지에서의 신체적 준비에 관해 서술해 출간한 책(『프리다이빙을 위한 드라이 트레이닝Dry Training for Freediving, edit. Idelson Gnocchi』)에 이어, 이 책의 목표는 프리다이버와 스피어피셔가 최적의 결과를 도출하기 위해 자신의 훈련 방법을 식별하고 개인화할 수 있는 방법을 제안하는 것입니다.

　　『프리다이빙을 위한 드라이 트레이닝』이라는 책에서 나는 육지에서 할 수 있는 프리다이버의 준비 및 신체 훈련과 관련된 모든 것을 자세히 다루었습니다.

　　그러나 가장 훌륭하고 중요한 프리다이빙 훈련은 수중에서 이루어집니다.

　　이 책에서는 훈련의 연간 계획(시퀀스, 순서, 빈도)을 위한 구체적 준비의 다양한 단계를 구성하는 방법에 대해 알아볼 것입니다. 이와 관련하여 각 종목에 따라 훈련량을 늘릴 시기, 특정 훈련을 마무리하는 방법과 시기를 제안할 것입니다. 또한 새로운 훈련 아이디어를 제공하고 전통적인 운동과 결합할 수 있는 새로운 구체적인 훈련 방법을 제안하기 위해 노력할 것입니다.

　　이 책은 기본적으로 훈련과 프로그램 계획하기에 대한 해답을 찾고 있는 모든 유수한 수준의 프리다이버, 스피어피셔 및 코치들을 대상으로 하지만 또한 누구든 프리다이빙에 참여하고, 프리다이빙을 사랑하며, 이 스포츠의 잠재력에 매료되고 흥미를 느끼는 모든 프리다이버를 위한 것입니다.

이 책은 또한 현대의 단거리 및 장거리 수영에서 중요하게 여겨지는 프리다이빙 기술을 적용해 수영선수의 기술을 향상시키고 훈련시키는 것을 목표로 합니다.

훈련 방법에 있어서 프리다이빙은 아주 드문 경우를 제외하고는 여전히 아마추어 스포츠로 정의할 수 있습니다.

대회에 참가하는 많은 프리다이버나 스피어피셔들조차도 훈련 방법을 찾는 데 어려움을 겪습니다. 그들은 자신의 경험을 따르고 테스트하고 새로운 훈련 아이디어를 시도한 다음 각각의 강점, 약점, 장섬 및 힌계를 파악하려고 노력할 수밖에 없습니다.

6장에서 기술한 바와 같이 기록 보유자들은 종종 매우 다른 훈련 기법을 따릅니다. 이것은 프리다이빙 실력을 향상시키고자 하는 사람들에게 검증된 기술과 유효한 훈련 방법을 정확하게 결정하기 위해 아직 갈 길이 멀다는 것을 보여줍니다. 하지만 다른 스포츠와 종목을 살펴보면 최고의 선수들은 잘 연구되고 정의된 훈련 방법을 사용하고 있음을 알 수 있습니다. 현대 스포츠에서 이런 측면은 우리의 출발점이자 탐나는 결승선을 나타냅니다. 저와 다른 최고의 프리다이빙 챔피언들은 우리 자신의 경험을 바탕으로 프리다이빙에 정의된 방법을 적용하려고 노력하고 있습니다.

사실 이 책에는 수년에 걸쳐 변경하고 적용한 나의 훈련 방식, 나의 오랜 한계에 대한 해결책을 찾을 수 있게 해준 아이디어와 의학적 실험 결과가 요약되어 있습니다. 또한 내 개인적인 신념과 훈련 방법에 반하는 부분이 있더라도 새로운 세대의 위대한 프리다이버들의 경험과 훈련 방법에 대해서도 이야기하고 싶었습니다.

선택할 수 있는 아이디어와 제안들은 매우 많고 혁신적입니다. 당신의 수준, 열정, 의지, 물속에서의 노력과 고통을 감수하고자 하는 욕구를 고려하여 프리다이빙이 당신에게 무엇을 의미하는지 고민하고, 자신에게 가장 적합한 방법을 찾아 훈련하고 이해하기 위해 노력하세요.

물론 이 책에는 프리다이버 기록 보유자가 되기 위한 기적의 비법이 포함되어 있지는 않습니다. 제 의도는 이 매혹적이면서도 신비로운 스포츠인 프리다이빙 훈련과 관련된 질문에 답하는 것입니다.

이것이 나의 목표이며, 결국 그것을 달성하기를 희망합니다. 즐겁게 읽어주세요!

1장
구체적 훈련의 분석 및 관리

"같은 일을 반복해서 하면서 다른 결과를 기대하는 것은 미친 짓이다."
- 알버트 아인슈타인

'프리다이빙은 프리다이빙으로 훈련한다'. 이 가정은 프리다이빙이라는 스포츠에서 가장 효과적인 훈련의 토대가 됩니다. 그 어떤 것으로도 대체할 수 없으며, 적절한 훈련을 통해서만 완성될 수 있습니다.

높은 수준의 프리다이버가 정기적인 수중 훈련을 무시할 수 없는 데는 여러 가지 이유가 있습니다.

- 잠수 반사, 혈액 이동, 고탄산증 등 물속에서만 일어나는 생리적 상황과 적응에 개입합니다.
- 물에 대한 감각(적응)은 물속에서만 획득할 수 있습니다.
- 기술적 움직임에서 근육 동작의 특이성을 훈련합니다.
- 수심 다이빙의 압력에 적응합니다.
- 수중에서의 퍼포먼스 중 숨을 쉬고 싶은 충동을 정신적, 육체적으로 제어하는 훈련을 합니다.

주로 아마추어로 구성된 이 스포츠는 정신적인 요소의 영향을 많이 받기 때문에 훈련을 거의 하지 않거나 심지어 아예 하지 않더라도 침착하게 안정만 잘하면 좋은 결과를 볼 수 있다는 믿음이 있습니다. 하지만 이 믿음은 전혀 근거가 없습니다!

모든 스포츠에서 뛰어난 기량을 발휘하려면 훈련이 필요하며, 프리다이빙도 예외는 아닙니다. 우리는 훈련을 통해서 최상의 컨디션과 성과를 달성할 수 있습니다. 그렇지 않다면 우리 몸이 아무런 훈련 없이 현재의 항상성 상태에서 우리에게 줄 수 있는 것에 만족해야 합니다. 이해하기 어려운 것은 운동선수의 타고난 능력과 기본 훈련 원칙을 존중하면서 훈련이 어떻게 수행되어야 하는지, 어떻게 훈련해야 하는지, 다양한 준비 단계가 어떻게 교차하는지, 그리고 이러한 단계를 질적 및 양적으로 측정하는지입니다.

훈련은 정신적 육체적 스트레스를 받는 힘든 상황을 자발적으로 만들어 우리 몸을 변화시키고 기능적으로 적응시키는 과정입니다.

우리는 신체가 변화하고 적응할 수 있는 능력을 가지고 있기 때문에 훈련합니다. 그렇지 않다면 '훈련'이라는 단어는 존재하지 않을 것입니다.

훈련Training

『프리다이빙을 위한 드라이 트레이닝』이란 책에 드라이 트레이닝에 대한 명확한 정의가 이미 있지만, 건식 무호흡에 대한 주제를 자세히 다루기 전에 프리다이빙 훈련에도 해당되는 '훈련'의 기본 개념에 대한 간략한 개요를 설명하고자 합니다.

'훈련'은 '운동선수의 신체에 반응적 **적응**을 유도하기 위해 체계적으로 **양과 강도**를 반복하여 수행 능력의 증가 또는 안정화를 유발하는 일련의 운동'이라고 정의할 수 있습니다. 수행 능력 자체의 수준을 높이기 위해서는 훈련 부하의 지속적인 변화가 필요합니다. 높은 수준의 선수들은 구조화된 훈련이 정체되는 것을 허용하지 않습니다. 체계적인 훈련은 차별화된 방법의 선택, 준비 과정에서 신중한 분배, 선수의 수행 능력 변화에 따른 지속적인 운동량 조정이 필요한 과정입니다.

이러한 모든 변수는 준비 내용, 훈련 방법의 분배 및 조정과 관련된 여러 가지 문제들에 대한 해결책을 요구합니다.

워밍업과 관련해 다음 세 가지 방법이 보편적으로 인정되고 있습니다

- **일반적인 워밍업**: 운동선수의 신체적 효율성을 전반적으로 향상시키고 근력, 속도, 유연성, 무산소 운동에 대한 저항력, 관절 가동성 등과 같은 '컨디셔닝 능력'의 수준을 높이는 것을 목표로 합니다. 이 목표를 추구하는 운동은 일반적으로 실제 실행되는 스포츠의 특정 움직임과 다르다는 사실로 구분됩니다. 이런 운동은 때때로 일시적인 부정적인 영향을 미칠 수 있습니다. 사실, 이러한 운동은 광범위하고 거시적인 적응을 선호하며, 중·상급 운동선수의 특정 수행 수준을 결정하고 낮추는 유기적인 변화를 부과합니다.
반대로, 젊은 운동선수에게는 이러한 일반적인 운동조차 수행 능력 향상에 도움이 됩니다.

- **특별 워밍업**: 특정 동작이 전체 또는 부분적으로 실제 실행되는 스포츠의 요소 및 기본 동작을 포함한다는 것이 특징입니다. 이 운동의 목표는 운동과 기술 조합 (기술 워밍업)의 동화와 학습, 그리고 연습하는 스포츠의 움직임과 동작에 직접적으로 관련된 신체 기술을 개발하는 것입니다.

- **실전적 워밍업**: 선수가 실제 경기에서 수행하는 것과 같은 기술적 움직임 또는 모든 면에서 실전적 동작의 특성을 가진 부분적인 움직임을 통한 운동입니다.

이 분류는 훈련에 필요한 충분한 자원을 보장하고 훈련을 통해 선수의 신체 기관과 시스템 및 하위 시스템의 효과를 조화시키는 데 도움이 됩니다. 이는 숙련된 전문 분야의 움직임과 행동 사이에 상당히 높은 상관관계를 보장합니다.

아직 만장일치로 인정되지는 않았지만, 최근 '훈련'이 경험적 관찰에서 **과학적 학문**으로 전환되었습니다. 이것은 점진적인 수리화 및 정량화 덕분입니다. 실제로 훈련 부하를 측정하는 데 사용되는 요소는 운동량과 강도입니다.

운동량Quantity은 '선수가 수행하는 전반적(모든) 훈련'으로 정의되는 반면 파생 개념인 **강도**Intensity는 '운동이 수행되는 방식'으로 정의합니다. 일반적으로 이 둘은 서로 반대되는 개념입니다. 즉, 둘 중 한 가지가 증가하면 다른 하나는 감소하게 됩니다. 두 매개변수가 동시에 증가할 수도 있지만, 이러한 진행이 영원히 지속될 수는 없습니다. 특정 시점에서 필연적으로 훈련량이 증가하고 안정화된 다음 강도가 감소하게 되며, 그 반대의 경우도 마찬가지입니다.

이 두 가지 매개변수가 운동선수의 신체에 미치는 다양한 효과를 강조하는 것이 중요합니다. **양적인 측면**에서 훈련은 선수의 기술적, 구조적, 기능적 등의 다양한 측면을 형성하고 구축하는 데 도움을 줍니다. 훈련량은 또한 경기 중 선수의 실력이 안정적으로 발휘될 수 있도록 보장합니다. 즉, 운동선수의 훈련 연관성이 높을수록 경기 중 최고의 실력 발휘할 때 긍정적 및 부정적인 편차가 줄어들게 됩니다.

반면 **훈련 강도**는 훈련량을 통해 얻은 일반적인 적응을 구체적으로 바꿉니다. 위에서 언급한 것과 같이 강도 높은 훈련은 수행 능력 향상에 영향을 줍니다. 연간 훈련(장기) 스케줄을 계획할 때 이 두 가지 요인의 다른 효과를 고려하게 됩니다. 훈련 초반에는 훈련량에 중점을 두고 대회가 가까워지면 강도에 중점을 두는 훈련을 계획합니다.

그러나 이 두 단계를 명확하게 구분하여 처음에는 양에만 초점을 맞추고 그다음에는 강도에만 초점을 맞추는 것은 큰 실수입니다. 각 기간에는 두 가지 매개변수가 모두 존재합니다. 차이가 나는 것은 **빈도**Incidence percentage입니다.

이 개념은 1년간의 훈련에 대한 것이지만, 앞서 언급했듯이 훈련량이 선수의 진화하는 경기력에 적응할 수 있도록 선수의 전체 커리어에 적용할 수도 있습니다.

운동선수의 실력 향상에 따라, 양과 강도에 있어서 특정 한곗값 이하에서는 신체에 미미한 영향을 미칩니다. 운동선수의 기능적 잠재력의 확대와 신체의 모든 기능적 과정(장기, 장치, 시스템)의 정교하고 세밀한 조정은 신체 조건, 즉 운동선수의 최고 수행 능력의 기초를 이룹니다.

이 특정 조건을 달성하는 데 영향을 미치는 요인은 다음과 같습니다.

- 훈련 부하에 적응하는 능력 향상
- 높은 수준의 기술, 힘, 속도, 신속성 등 기술 동작 수행 능력 향상

- 특히 운동 단위당 에너지 소비가 감소하는 신체 기능의 효율화
- 빠른 회복 프로세스

따라서 훈련의 목적은 **기능의 효율화**뿐만 아니라 **기능을 최대로 확대**하는 것입니다. 선수가 최고 수준의 경기력을 발휘하기 위해서는 이 두 가지 조건이 최고 수준에서 공존해야 합니다.

향상된 유기적, 심리적, 기술적-전술적 잠재력의 조합은 영구적으로 안정적인 상태를 유지할 수 없으며, 운동선수가 더 높은 성과를 내기 위해 노력할수록 이 상태를 오래 지속할 수 없다는 것이 밝혀졌습니다.

즉, 1년 내내 최고 실력을 유지할 수는 없다는 말입니다.

이는 더 높은 기록을 달성하기 위해 적어도 두 단계가 있다는 사실을 의미합니다.

- 첫 번째 단계는 다양한 활동(일반 훈련)을 통해 전반적인 효율성을 높이고 새로운 기본 기술 및 기술-전술 지식을 습득하는 것을 목표로 합니다.
- 두 번째 단계는 개선되고 이용 가능한 일반적인 훈련을 '구체화'하고, 개별적으로 습득한 능력과 기술-전술적 지식을 재구성하여 요약하는 것을 목표로 합니다.

이 두 단계의 목적은 서로 겹치지 않을 수 있지만, 서로 혼합되거나 또는 첫 번째 단계가 두 번째 단계에 혼합되어야 합니다. 그렇지 않으면 각 단계에서 개별적으로 얻을 수 있는 효과가 감소할 위험이 있습니다.

훈련의 가치

개인에 따라 선천적으로 특정 활동에 뛰어난 재능을 지닌 사람들이 있습니다. 스포츠 분야도 예외는 아닙니다. 나는 종종 처음 프리다이빙을 접하는 친구가 훈련받은 프리다이버들보다 더 나은 결과를 얻었다는 사실에 대해 불평하는 것을 들었습니다. 이것은 두 가지 이유로 설명할 수 있습니다. 그 친구가 비밀리에 훈련하고 말하지 않거나 타고난 재능을 가지고 있는 것입니다. 다시 말해 그 친구는 진지하게 훈련하지만 재능이 없는 사람들보다 훈련 없이 더 나은 성과를 달성할 수 있다는 것을 의미합니다. 이런 일은 프리다이빙에서만 일어나는 것이 아닙니다. 예를 들어, 마라도나 같은 재능 있는 선수들이 가끔 훈련을 하더라도 내가 하루에 15시간씩 축구 훈련을 하는 것보다 훨씬 더 잘할 것입니다. 우리는 타고난 재능을 받아들여야 하며, 훈련을 통해 우리 몸은 변화할 수 있기 때문에 마음먹고 최선을 다해 노력해야 합니다.

나의 어린 시절, 수영 대회에서 있었던 에피소드가 기억납니다. 나는 꾸준히 훈련하고 있었지만 훈련할 때 거의 볼 수 없었던 수영 클럽의 한 아이가 경기마다 저를 이겼습니다. 어느 날 또 한 번 실망스러운 패배를 당한 저는 울면서 코치님을 찾아갔습니다. 코치가 내 말을 다 듣고 난 다음 아버지처럼 어깨를 두드리며 말했습니다. "움베르토, 다행이라고 생각하렴…. 만약에 저 아이가 진지하게 훈련하기로 결심했다면 어땠을까?!"

1.1 테크닉 및 운동 협응력 향상하기

모든 스포츠와 마찬가지로 프리다이빙 **퍼포먼스는 훈련과 테크닉**(기술적인 움직임)**을 개선하고 다듬는 노력을 통해 향상될 수 있습니다.** 이 책에서는 프리다이빙 테크닉에 대한 설명을 반복하지 않기 위해(『프리다이빙 매뉴얼Manual of Freediving』 책에서 이미 설명함) 일부러 다양한 인도어 및 아웃도어(수심) 종목들의 테크닉에 대한 세부 사항은 언급하지 않을 것입니다.

그러나 나는 연습 수준에 관계없이 뛰어난 테크닉을 추구하는 것이 얼마나 중요한지 독자들에게 알려주고 싶습니다.

나는 세계 랭킹이 높은 러시아 수영 선수들과 올림픽과 월드컵 메달을 보유한 다른 국적의 수준 높은 수영 선수들을 팔로우하고 있습니다. 이들 역시 그 수준에서는 테크닉이 매우 중요합니다. 때로는 손의 위치, 부스트 단계에서 손가락을 벌리는 자세, 턴 후 머리의 위치, 회복 단계에서 팔을 펴는 자세 등 작은 디테일을 교정하는 데 집중하기도 합니다. 수영에서는 실수나 기술적인 개선이 필요한 부분을 찾기 위해 선수를 촬영하고 상황을 파악한 다음 특정 스킬 연습을 통해 실수를 교정하는 작업을 합니다. 동작의 습관화가 이루어져야만 경기 중에 발생하는 실수를 확실하게 제거할 수 있습니다. 경기에 완전히 집중한 선수는 이런 상황에서 동작을 바꿀 생각을 하지 않거나 불완전한 부분이 있는지 확인하기 위해 멈출 수 없기 때문입니다.

만약 그가 이전에 테크닉을 개선하기 위한 노력을 하지 않았다면 기술적 우수성이나 개선된 결과를 얻을 수 없었을 것입니다.

위 사례를 통해 프리다이버가 테크닉을 향상시키기 위해 어떻게 노력해야 하는지 알아봅시다. 교육적 관점에서 **영상촬영**은 **필수적**입니다. 바다나 수영장에서 훈련 영상을 촬영하고, 숙련된 강사나 코치의 도움을 받아 자신을 관찰하고 실수를 식별하고 수정하는 것을 목표로 하는 전략을 훈련에 포함시키십시오.

이 시점에서 질문을 하나 해보겠습니다, 실수가 확인된 후 그 기술적 실수를 바로잡는 가장 좋은 방법은 무엇일까요? 테크닉의 학습은 분명히 특정 동작 시퀀스의 반복을 통해 이루어집니다. 이러한 순서가 효과적인 운동 협응의 기초가 된다는 점을 알아야 할 필요가 있습니다.

정확하고 통제된 특정 동작의 반복 훈련을 통해 선수들은 경기 중 생각하지 않아도 몸에 익은 동작을 자동으로 수행할 수 있습니다.

프리다이빙에서는 움직임에 대한 의식이 중요합니다. 사실, 본능적이고 자연스러운 방식으로 올바른 프리다이빙 동작을 만드는 데 성공할 때마다 학습 과정이 성숙하고 자동화되었다는 것을 의미합니다. 또한 프리다이버가 생각하지 않고 자동으로 움직일 때, 그는 자신의 퍼포먼스를 더욱 향상시키는 데 사용할 수 있는 새로운 신체적, 정신적 에너지를 발견하게 됩니다. 이것이 바로 기술적인 실수를 해결하는 방법입니다. 즉, 기술적인 동작(테크닉)이 자동화(습관화)될 때까지 반복하는 것입니다.

테크닉에 초점을 맞춘 훈련은 대회에 참가하기 훨씬 전에 진행해야 최대의 효과를 발휘할 수 있습니다. 예를 들어, CWT 종목에서 피닝을 할 때 무릎을 구부리지 않는 것이 목표라면 대회에 참가하기 전 올바른 피닝이 몸에 익을 때까지 움직임에 집중한 연습을 통해 실수를 바로잡아야 합니다.

대회에서 우리의 관심은 목표 수심 달성이기 때문에 만약 대회에 참가 전 올바른 동작이 완전히 몸에 익지 않은 경우, 덕다이빙과 몇 번의 피닝 후 올바른 피닝에 대한 생각은 '사라질' 것입니다. 그렇게 되면 불행하게도 실수는 필연적으로 재발할 것이고, 우리의 테크닉은 향상되지 않을 것입니다.

많은 스포츠 종목의 수준 높은 운동선수들의 경기를 볼 때 그들의 우아한 움직임을 통해 얼마나 많은 훈련을 했는지 알 수 있습니다. 기록이나 승리는 종종 아름다움과 움직임의 용이성에 대한 인식과 관련이 있습니다. 이러한 결과는 테크닉에 대한 많은 훈련의 귀중한 성과입니다.

기술 향상을 목표로 하는 훈련의 특징은 엄청난 반복 훈련과 선수의 대회 일정으로부터 멀리 떨어져 있을 때 연습한다는 것입니다(앞서 언급한 이유 때문에). 이 방식은 선수가 자신의 실력이 형편없다고 잘못 생각하게 만들 수 있습니다. 하지만 이것은 사실이 아니며, 훌륭한 코치는 '훈련과 테크닉이 함께 선수의 실력을 더 높은 수준으로 향상시킨다'는 메시지를 선수에게 전달할 수 있어야 합니다.

'포기' 경향이 있는 상황에서는(훈련 중단 가능성을 평가한 후) 기술에 초점을 맞춘 훈련을 다양화하는 것이 좋습니다. 또한 성과 측면에서 측정 가능한 결과를 제공하고, 선수의 즉각적인 기대를 쉽게 충족시킬 수 있는 훈련을 수행(또는 선수가 수행하도록)하는 것이 권장됩니다. 이때의 문제는 육체적인 것이 아니라 동기적(정신적)인 것임을 명심해야 합니다. 이를 위해 선수에게 정신적으로 영향을 미칠 수 있는 섬세하고 전문적인 접근 방식이 필요합니다. 한편으로는 수행하는 스포츠에 대한 자신감을 되찾기 위한 것이고, 다른 한편으로는 과잉 훈련으로 인해 정신적으로 컨디션이 저하되는 것을 피하기 위한 것입니다. 물론, '이미 몸에 밴' 잘못된 습관을 제거하기 위해 기술 훈련을 시작할 때 좋은 느낌을 갖기 어렵다는 것은 잘 알려져 있습니다. 그러나 이는 우리를 좌절시키지 말아야 하며, 훈련이 우리의 기대를 저버리지 않을 것이라는 믿음을 가지고, 열심히 노력할 수 있도록 영감을 주어야 합니다!

테크닉은 프리다이빙의 모든 종목에서 필수적이라는 점을 강조하면서 이 단락을 마무리하고 싶습니다. 이것은 예를 들어 CWT 종목에서 피닝이 완벽하지 않으면 도전적 수심에 성공할 수 없다는 뜻이 아닙니다. 단지 최고로 '뛰어난' 퍼포먼스에 좋은 테크닉이 더해져 더 큰 향상을 가져올 수 있음을 의미합니다. 테크닉이 잘 적용되면 그로 인해 전반적인 퍼포먼스에 상당한 개선이 나타날 것입니다.

공기 역학을 제한하는 다양한 저항 지점에 직면하여 전속력으로 달리는 경주용 자동차를 상상해 보십시오. 상당히 깊은 수심으로 하강하는 수심 다이빙 또는 먼 거리를 잠영하는 DYN 종목에서 기술적 오류에 직면한 프리다이버에게도 동일한 일이 발생합니다. 기술을 완벽하게 다듬고 오류를 제거하면 동일한 양의 신체적 노력에 대해 더 나은 성과를 제공할 수 있습니다. 이 점에 대해 이성적으로 생각해야 합니다.

나는 훈련 세션의 마지막 부분에 항상 테크닉 교정에 중점을 두고 훈련합니다. 하지만 가끔은 특정 종목에서 수행되는 테크닉을 더 향상시키기 위한 훈련에 전체 세션을 할애하기도 합니다.

프리다이빙에 대한 나의 생각

이 스포츠에 대한 지식이 없는 사람이 프리다이버가 다이빙하는 것을 보면 프리다이빙이 세상에서 가장 간단하고 쉬운 운동이라고 생각하게 될 것입니다. 수중에서 다이빙하는 동안에는 근육의 개입, 육체적인 노력 또는 호흡의 필요성이 보여서는 안 되며 오히려 우아함, 움직임의 아름다움, 편안함만이 보여야 합니다. 내 생각에는 훌륭한 프리다이버라면, 훈련한 종목의 성과와 관계없이 이것을 보여줄 수 있어야 하고 물속에서 아름답게 보여야 합니다. 나는 프리다이빙을 볼 때 발레를 보는 것과 같은 기분 좋은 행복감과 기쁨의 감정을 불러일으킬 수 있다고 확신합니다. 신체 표현으로서의 프리다이빙, 감정과 느낌을 표현하기 위한 프리다이빙, 그리고 기술적인 동작과 자세에 신경 쓰는 프리다이빙이 우리 스포츠에 새로운 가치를 부여한다고 생각합니다(예를 들어 모노핀을 사용하는 DYN이나 CWT 같은 특정 프리다이빙 종목을 이야기하고 있습니다). 하지만 안타깝게도 프리다이빙은 물고기나 잡는 아주 단순한 스포츠로 여겨지는 경우도 많습니다.

1.2 훈련 및 유지

훈련과 관련하여 제가 주로 받는 질문 중 하나는 "펠로, 일주일에 몇 번 훈련해야 하나요?"라는 질문입니다.

이 질문에 대해 완전한 답을 얻으려면 훈련의 기본 개념 중 하나인 초과 보상을 염두에 두어야 합니다. 초과 보상은 신체가 점진적으로 증가하는 훈련량에 적응하는 과정으로 개인이 이전 훈련 세션에 비해 정신적, 육체적으로 더 우수한 성과를 낼 수 있도록 합니다.

초과 보상은 세 가지 기준에 따라 결정됩니다.

- **점진적 노력**: 풀 트레이닝 시 단일 세션 내 또는 세션 간 거리를 점진적으로 늘리거나 회복 시간을 줄이는 것
- **적절한 회복**: 단일 세션에서 동일한 훈련 사이의 회복 또는 전체 훈련 후속 세션 사이의 회복을 모두 의미함
- **유의한 빈도**: 주, 월, 학기 등의 기간 동안 세션 수의 상대적인 값

위에서 언급 한 유의미한 빈도를 예로 들어 주당 2회 이하의 훈련 세션으로 하는 '**유지**' 및 이 한도를 초과한 '**훈련**'에 대해 이야기할 것입니다. 이와 관련하여 일부 스포츠(육상 선수 등과 같이 경주 종목)의 경우 운동 빈도가 '매일'이며, 매일 두 번, 세 번씩 세션이 분할되어 운동이 실행되고 조직되는 경우도 있습니다(이때가 바로 스포츠가 직업이 되는 시기입니다!). 이러한 선수들에게는 특정 상황과 훈련 기간 동안 회복이 매우 중요한 요소가 됩니다. 프리다이빙의 세계에서(한 세션과 다른 세션 사이의) 회복과 관련된 문제는 세계 정상급 선수와 같이 드문 경우를 제외하고는 유지 또는 훈련 활동을 수행하는 사람(선수)에 의해 제기되어서는 안 됩니다. 일반적인 주간 빈도(주당 2회에서 4회 세션)로 훈련할 경우 정신적 물리적 회복은 세션과 세션 간 이미 보장됩니다.

프리다이빙에서 '**유지**'는 특정 훈련 습관을 유지하기 위해 수행되는 모든 활동을 의미합니다. 이것은 일종의 '근육 각성'으로, 숙련된 프리다이버의 경우 시즌 준비의 초기 단계로 볼 수 있습니다. 초보자나 오랫동안 활동하지 않았던 프리다이버의 경우, 활동 부족으로 인해 '발견'되지 않았거나 '휴면 상태'였던 **스포츠와 그 움직임에 다시 들어가는** 것을 의미할 수도 있습니다. 훈련을 잘 실천하진 않더라도 이 스포츠에 대한 약간의 기대를 가지고 있는 사람 또는 실력 향상에 훨씬 더 큰

기대를 둔 프리다이버라면 최소한 주당 두 세션 정도의 훈련을 실천해야 합니다.

위에서 언급 한 세 가지 상황에서 연상되는 유지 활동은 훈련 자체와 관련된 결과가 아니더라도 실력 향상으로 이어질 수 있다는 사실은 분명합니다. 유지 단계에서는 실제로 다음과 같은 다양한 결과를 얻을 수 있습니다.

- 기술(수영, 호흡 등)의 향상 또는 보완
- 기술 및 동작 패턴(STA, DYN 자세 등)을 개선 또는 보완
- 심혈관, 폐 및 근육 시스템을 균형 및 강화(유산소, 무산소 능력 등을 훈련시키는 자극의 양 및 강도와 관련됨)
- 테크닉(CWT, DYN 등)에 대한 근육 구조의 구체적인 적응

이러한 목표는 초기 단계(1~2개월)에는 매우 빠르게 향상되고 발전하다가 안정화 되는 기간 동안에는 둔화될 것입니다. 이때 프리다이버는 자신이 최고 수준에 도달했다는 착각을 할 수 있지만, 전혀 사실이 아닙니다! 이것은 훈련 그 자체의 소인에 도달한 것이며, 그 순간 '인간'은 기계적인 훈련을 통해 더 어려운 경로에 도전하고 이를 통해 더 높은 수준에 도달할 수 있습니다.

이 시점에서 우리는 유지보다 훨씬 강도가 높고 시간에 따라 계획되고 다양한 자극이 있는 '훈련' 또는 스포츠 활동에 대해 이야기할 수 있습니다.

구체적 훈련 프로그램을 정의하는 작업 목표는 다음과 같습니다.

- 구체적인 테스트를 통해 시작 수준을 측정하고 기록합니다.
- 사용 가능한 시간을 정의합니다.
- 훈련 목표(타깃)를 정의합니다.
- 목표를 달성하기 위한 훈련 방식을 정의합니다(전략).
- 데드라인(장기 및 단기)을 정의합니다.
- 훈련 기간 동안 실행할 테스트를 정의합니다.

이 정보는 연간 훈련 프로그램 초안을 작성하기 위한 출발점이며, 선수의 신체적 또는 정신적 상태, 부상 등 훈련 기간 동안 나타나는 방향에 따라 당연히 조정할 수 있습니다.

1.3 훈련량의 주기화 및 변형

일반적으로 추구해야 할 특정 **목표**를 식별할 수 있는 강력한 개인적 동기가 없다면 훈련의 양과 강도가 시간이 지남에 따라 증가하고 이에 따라 컨디션과 협응력이 현저하고 지속적으로 향상되기 어려울 것입니다. 다시 말해, 복잡한 훈련 과정의 효과는 이러한 훈련 과정에 설정된 목표에 따라 크게 달라집니다.

도착점 또는 도달해야 할 다양한 목표가 무엇인지 미리 정의하지 않으면 훈련 프로그램을 만들 수 없습니다.

따라서 효과적인 교육 계획을 제공하는 가장 좋은 방법은 거꾸로 작업하는 것, 즉 목표(결과)에서 시작하여 시작 지점으로 돌아가면서 주의 깊게 중간 이정표들을 설정하는 것입니다. 이러한 이정표들은 어떤 면에서 전체 훈련 계획의 궁극적인 목표만큼 중요한 추가적인 목표입니다.

궁극적인 목표가 실제로는 크게 중요하지 않더라도, 그 일차적인 가치에 의문을 제기하면 안 됩니다. 그 중요성은 일반적으로 그것의 본질적인 가치와 무관합니다. 보통의 숙련된 스피어피셔가 8월에 최고의 컨디션을 유지한다는 단순한 목표에 도달하는 것과 높은 순위에 랭크된 프리다이빙 선수가 세계 선수권 대회에 참가하는 것 사이에는 큰 차이가 없습니다. 이처럼 목표가 의미 있는 것으로 인식되면 스포츠계에서는 **운동선수의 회복 탄력성**이라는 특별한 결단력을 키우는 데 도움이 됩니다. 다시 말해 훈련 중 많은 어려움에 직면하더라도 극복할 수 있는 신체적, 정신적 능력의 발달을 나타내며, 이는 열심히 훈련하고 견디고 고통받는 데 필요한 기술을 나타냅니다.

훈련 프로그램을 시작하기 전에 목표를 파악하면 동일한 목표를 달성해야 하는 기간과 훈련 빈도에 따라 훈련량에 대한 정확하고 세부적인 변화 경로를 계획할 수 있습니다(목표를 통해 필요한 것을 확인해 훈련량을 늘리거나 줄일 때와 특정 훈련을 완료할 때를 결정합니다).

여기 **구체적 훈련의 주기화** 개념을 소개합니다. 이것은 크게 네 가지 주요 단계로 나눌 수 있습니다. 예를 들어 약 10개월 후에 목표에 도달하는 프로그램을 고려한다면 다음과 같이 네 가지 단계로 훈련을 주기화할 수 있습니다.

- **기본 훈련**, 약 2개월
- **구체적인 훈련**, 약 4개월
- **전문적인 훈련**, 약 2개월 반

- **대회 기간**, 약 6주

   주기화(훈련 기간) 설정이 완료되면 훈련 가능 시간 및 대회 기간 동안 신체 컨디션을 달성하기 위해 필요하다고 판단되는 것에 따라 각 기간 내에서 훈련량과 훈련 일정을 작성합니다.

   프로그램 시작부터 대회 기간이나 스스로 설정한 목표가 가까워짐에 따라 **훈련의 핵심 원칙** 중 하나는 세션 내에서 운동 부하와 총 볼륨을 점진적으로 줄이되, 강도(무리해서 수행하는 숫자)는 증가시켜야 한다는 원칙입니다. 즉, **양에서 질로** 운동을 점차 전환해 나가야 합니다.

   우리의 경우, 예를 들어 제한된 회복 시간을 가진 최대치보다 훨씬 낮은 여러 세트의 반복 운동으로 구분되는 운동의 총량은 구체적 훈련과 전문화된 훈련의 첫 단계를 확실히 특징짓게 될 것입니다.

   지금까지 우리가 다루고 있는 운동은 **순수 프리다이버**뿐만 아니라 **스피어피셔에게도** 도움이 될 것입니다.

   대신, 순수한 프리다이버는 대회에 참가하기 위한 한 해의 마지막 단계에서 '원하는 목표'에 도달할 때까지 양적인 훈련보다는 뛰어난 퍼포먼스를 위해 더 많은 노력을 기울여야 합니다. 반면, 스피어피셔는 양적인 훈련을 지속하면서 2주에 한 번씩만 최대치 훈련을 해야 합니다.

   나는 대회에 참가하는 동안 항상 이 간단한 규칙을 따랐고, 오직 몇 주에 한 번 또는 내 목표 기록일 며칠 전에만 최대치 테스트를 수행했습니다. 남자 기계체조 선수들의 경우에도 세계 대회 전 처음 두 단계의 특정 훈련에서 선수들은 동일한 훈련 세션 동안 6가지 전문 분야(링, 마루 체조, 안마 등)에서 3세트 이상의 완전한 반복을 수행하는 훈련을 합니다. 이때 다양한 근육 그룹을 강화하는 일상적인 훈련도 게을리하지 않습니다.

   따라서 대회 기간을 벗어나 있는 동안 많은 양의 훈련과 준최대치 퍼포먼스(약 75%)에 대한 훈련이 될 것입니다. 이는 육체적으로나 동기 부여적인 관점 모두에서 도전적인 단계입니다. 이 기간은 자신의 몸 상태를 확인하기 위해 최대치의 테스트를 수행하려는 선수에게는 답답해 보일 수 있습니다. 그러나 이 단계에서 대체 운동이나 기능 테스트를 통해 달성한 진행 상황을 확인하고 산발적으로만 본인의 최대 퍼포먼스를 확인하는 것이 중요합니다(이는 시즌 내내 진행되는 소규모 대회를 통해서 확인 가능합니다).

   프리다이빙은 신체적으로만 아니라 정신적으로도 매우 도전적인 스포츠입니다.

장시간 숨을 참는 것과 같은 훈련은 심리적 스트레스를 유발하고, 이는 선수의 집중력과 결단력에 영향을 줄 수 있습니다. 그러나 대회가 멀리 있을 때나 목표가 아직 보이지 않을 때도 강한 동기부여(Push)가 필요합니다. 우리는 대회 기간 동안 고려해야 하는 것들보다 정신적으로 조금 덜 힘든 훈련으로 꼭 '투쟁 단계'에 들어가는 훈련을 해야 합니다. 이를 위해 더 빨리 컨트랙션을 느낄 수 있도록 회복 시간을 단축하여 훈련을 어렵게 할 것입니다(다음 단락 참조).

순수한 프리다이버의 경우, 대회 기간 동안(그리고 부분적으로 전문적인 훈련에서도) 실전의 스트레스가 많은 상황이 훈련을 통해 재현되고 익숙해져야 한다는 것은 분명합니다. 세부적인 시간 계획과 워밍업을 파악하여 실제 대회에 참가하는 것과 같이 최대한 실전에 가까운 테스트에 직면할 수 있는 상태로 만들어야 합니다.

대회에 참가하는 순간을 재현하려면 가능한 한 대회의 실제 상황과 같이 훈련해야 합니다. 잠수복을 입는 것부터 시작하여 워밍업을 하는 것까지 모든 세부 사항이 중요하므로 어떤 것도 간과해서는 안 됩니다.

특정 활동에 소요되는 몇 시간을 최대한 활용하는 것을 목표로 하는 스피어피셔에게는 순수 프리다이버들의 최종 단계 훈련(대회 참가 훈련)이 필요하지 않습니다.

몇 시간 동안 특정 활동을 하는 데에서 최대한의 이익을 얻는 것을 목표로 하는(대회에 참가하지 않는) 스피어피셔의 경우 훈련의 최종 단계에서 이러한 문제들은 발생하지 않습니다.

1.4 저산소증 및 고탄산증 훈련

워크숍에서 저는 종종 저산소 훈련과 고탄산 훈련의 차이점을 설명해 달라는 요청을 받습니다.

'저산소증'이라는 단어의 어원은 '산소가 적은'을 의미하는 반면 '고탄산증'은 '이산화탄소 농도가 높은'을 의미합니다.

매우 짧은 회복(일부에서는 회복이 45초를 초과해서는 안 된다고 함) 시간을 설정한 일련의 DYN 또는 STA 훈련을 고탄산 훈련이라고 이야기하는 반면 더 긴 회복 시간이 설정된 훈련은 저산소 훈련이라고 합니다.

고탄산 훈련 중 회복 시간은 선수의 수준과 운동 능력이 최대치에 얼마나 근접했는지에 따라 달라집니다. 예를 들어, 45초의 회복 시간은 하위 수준의 선수와 상위 수준의 선수에게는 다른 생리학적 결과를 가져올 수 있습니다. 알렉세이 몰차노브와 같은 슈퍼 챔피언의 경우 회복 시간이 30~40초보다 길면 고탄산증의 영향이 덜해지는 경향이 있습니다(6장 인터뷰 참조).

알렉세이는 단 30초의 회복 시간으로 100m를 반복할 수 있습니다!

이 분류는 스포츠 의학에서 만장일치로 받아들여지는 것이 아니라 프리다이빙 세계에서만 통용되는 분류이므로, 이 책에서는 특정 훈련을 지칭하는 용어로 사용하겠습니다. '저산소증' 및 '고탄산증'이라는 용어는 각각 회복 시간이 길거나 매우 짧은 두 가지 다른 운동을 나타냅니다. 다음 페이지와 2장 및 3장에서 각각 STA 및 DYN 훈련에 대해 설명하면서 여러 조합으로 훈련 일정을 준비할 때, 하나 또는 다른 훈련 구성 요소를 선택하는 방법과 둘 중 어느 것이 우선해야 하는지 그리고 동일 세션 및 후속 세션에서 올바른 운동 순서가 무엇인지 설명할 것입니다. 또 다른 관점에서, 예를 들어 생리학적으로 긴 숨 참기와 긴 인터벌 시간으로 진행된 일련의 숨 참기 훈련과 점차적으로 최솟값까지 점진적으로 감소하는 회복 간격으로 수행된 최대 숨 참기 훈련의 결과가 왜 다른지에 대한 답을 찾아볼 것입니다.

우리는 호흡을 통해 CO_2를 제거하고 혈액(적혈구)에 O_2를 흡수할 수 있습니다. **회복 시간이 짧은** 고탄산 훈련의 경우 환기 단계가 짧아 적혈구에 O_2를 고정하는 데는 충분하지만 CO_2를 완전히 제거하기에는 충분하지 않습니다. 이는 CO_2가 적혈구에 결합하지 않고 혈액에 '무질서한' 상태로 존재하기 때문에 O_2가 결합하는 데 필요한 시간보다 CO_2가 제거되는 데 많은 시간이 필요하기 때문입니다.

좀 더 쉽게 설명하면 CO_2를 배출하는 것보다 O_2를 회복하는 것이 더 쉽습니다. 예를 들어, 단 한 번의 호흡(들숨과 날숨)으로 폐에서 동일한 양의 CO_2를 배출하지 않고도 O_2를 즉시 재충전할 수 있습니다. 들숨과 날숨이라는 두 가지 메커니즘을 고려할 때, O_2 흡수량과 CO_2 배출량이 동일하지 않으며 후자의 메커니즘에는 훨씬 더 긴 생리적 시간이 필요합니다.

고탄산 훈련은 운동선수에게 정신적 스트레스가 적기 때문에 가장 많이 사용됩니다. 예를 들어 3분간의 회복(거의 완전한 회복) 후 STA 훈련을 시작할 때, 훈련이 영향을 미치려면 적어도 5분 동안 '그 상태를 유지'해야 한다고 생각하게 됩니다(충분한 회복 후 우리가 상당한 성과를 기대한다는 점을 고려할 때). 그리고 이런 긴 인터벌로 진행하는 계획된 호흡이 없는 반복적인 일련의 무호흡 훈련은 대부분의 경우 정신적 스트레스를 수반합니다.

그러나 단 수십 초의 회복 후 퍼포먼스를 시작하면 첫 번째 수축을 즉시 느낄 수 있으며(고탄산 훈련의 전형적인 효과), 이전 예보다 더 빨리 소위 '투쟁 단계'에 진입하지만 확실히 정신적 스트레스가 적고 우리의 목표인 저산소증 훈련의 '즉각적인' 명백한 이점을 얻을 수 있습니다.

DYN 또는 STA 시리즈에서 회복 시간이 매우 짧은(최대 40초) '힘든' 퍼포먼스 후에는 과호흡을 허용해 CO_2 값을 위험하게 낮추지 않으면서도 짧은 시간 내에 최상의 O_2 값을 다시 설정할 수 있습니다.

과호흡 기법은 들숨과 날숨 중에 공기가 깅제로(강하게) 들어오고 나가며 이 기법은 매우 위험할 수 있어 여러 가지 이유로 권장되지 않습니다. 주된 이유는 다음과 같습니다. 얼마 전까지만 해도 그렇지 않다고 생각했지만, 우리가 과호흡을 하면 혈액에 산소는 증가하지 않는 반면(O_2 수치 증가는 매우 미미함), 이산화탄소 농도를 지속적으로 낮춰 대자연이 부여한 중요한 기능인 생명을 보호하는 기능을 제한하기 때문입니다. 이산화탄소는 다른 많은 기능 외에도 횡격막 수축, 즉 우리가 숨 참기를 하다가 산소가 필요하다고 느끼기 시작할 때 우리 몸이 보내는 성가시고 고통스러운 자연 신호입니다. 호흡 조작으로 CO_2 값을 정상 수준 이하로 낮추면 STA 또는 DYN 수행 중 공기 부족의 경고 신호가 덜 느껴지거나 지연됩니다. 이것은 우리가 숨 참기 중 산소를 소비하지 않는다는 것을 의미하는 것이 아니라 단순히 체내 CO_2 수준이 낮아져 신호가 늦어지는 것입니다.

고탄산 훈련(회복 간격이 짧은)의 경우 숨 참기가 끝날 때 과호흡을 하더라도 CO_2의 값이 정상 수준 아래로 떨어질 수 없으므로 위에서 설명한 위험을 방지할 수 있습니다. 사실, 우리는 매우 높은 CO_2 값(방금 완료된 '힘든' 숨 참기로 인한)에서 최대 45초의 짧은 시간 동안 과호흡을 하게 됩니다. 따라서 이와 같은 강제 호흡 조작은 체내 CO_2 농도를 지나치게 낮추는 효과를 갖지 않아 횡격막의 중요한 경고 신호를 손상시키지 않습니다.

과호흡 실천은 여전히 위험하며, 일반적으로 STA 또는 DYN에 비해 3배~4배의 회복 시간이 필요한 수심 다이빙 시에는 절대 권장하지 않습니다.

수심 다이빙을 위한 STA 및 DYN 훈련

우리 모두 수영장에서 1년 중 몇 달 동안 훈련을 하더라도 바다에서, 심해에서 최고가 되려는 동기와 최종 목표를 가지고 있을 것입니다. 이는 우리가 스피어피싱을 하러 가든 심연으로 다이빙을 하러 가든 마찬가지입니다. 동계에 풀장에서 하는 STA 및 DYN 훈련은 바다에서의 수심 다이빙에 놀랄 만큼 큰 도움이 됩니다. **수심 다이빙을 위한 STA 훈련은 정신적인 측면을 훈련시키고, DYN은 신체적, 근육적인 측면을 훈련시킵니다.**

그러나 CWT 다이빙을 하는 동안 정신적 측면은 무엇일까요? 50m CWT 다이빙에서 유도 줄을 바라보며 상승하는 것을 상상해 보십시오. 49, 48, 47 … 42, 41, 40m….

상승은 끝나지 않습니다. 그것은 매우 오래 걸리고 어렵게 느껴집니다. 마치 밀라노와 로마 사이의 600km 를 차로 달리는 동안 남은 거리를 상기시키는 큰 표지판이 나타나는 것과 약간 비슷합니다.

예를 들어, 스피어피싱의 '수심 측면'의 정신적 요소가 무엇일 수 있는지 이해해봅시다. 일단 바닥에 도착하고 처음 몇 초 내로 물고기를 찾지 못한다면 우리는 거의 즉시 '포기' 하고 수면으로 상승하고 싶은 충동을 느낍니다. 하지만 만약 눈앞에 도미 떼가 나타났다면 우리는 한계까지 침착하게 바닥에 머물 수 있습니다. 이것은 모두 심리적인 것이며 이러한 상황은 제대로 된 STA 훈련 프로그램을 통해 충분히 익숙해질 수 있습니다.

따라서 우리의 꿈이 항상 스피어피싱 또는 수심 다이빙을 하는 것일지라도, STA 및 DYN 동계 훈련 프로그램을 충실히 수행하면 정신과 신체가 훨씬 더 잘 준비된 상태에서 해양 시즌을 시작할 수 있습니다.

다양한 프리다이빙 종목 간의 관계

최근 몇 년간 전 세계에서 수천 명의 프리다이버들의 경험을 통해 얻은 STA, DYN 및 CWT 사이의 관계는 대략 다음과 같다고 말할 수 있습니다.

  1분 STA = 10m CWT = 약 21~23m DYN

이 세 가지 종목에서 올바른 테크닉을 가지고 특히 수심 다이빙 중 이퀄라이징에 문제가 없는 경우에 해당됩니다.
이 상관관계를 알면 우리의 진정한 잠재력을 이해할 수 있고, 종종 정신적으로 큰 위안을 얻을 수 있습니다. 저는 6분 이상의 STA 기록을 가지고 있지만 CWT 종목에서는 30m 에서 '멈춘' 사람들을 본 적이 있습니다. 그들이 이것을 인식하고 6분 동안 숨을 참을 경우 60m까지 하강할 수 있다고 자신감을 갖게 된다면 오랫동안 막혀 있던 심리적 장벽이 허물어지고, 금방 20m 더 깊게 다이빙할 수 있게 됩니다.

1.5 프리다이빙의 대체 운동: 나의 경험담

점점 더 많은 **선수가 물 밖에서 무호흡을 훈련하고 있다**는 얘기를 듣게 됩니다. 이 추세는 특히 최근 몇 년 동안 유행했으며 이제는 여러 훌륭한 선수들의 필수 훈련 프로그램이 되었습니다.

저는 이미 저서인 『프리다이빙 매뉴얼』 2000년 초판 11.1장에서 **무호흡으로 하는 달리기와 체육관 운동 등**이 포함된 몇 가지 훈련 아이디어를 설명한 바 있습니다. 저는 특정 프로그램을 따라 '무호흡 달리기'를 하거나 특정 부하 유형의 체육관 서킷을 숨을 쉬지 않고 수행한 제 개인적인 경험을 언급했습니다. 이 운동들은 일 년 중 특정 시기에 제 훈련의 필수적인 부분이었습니다. 일반적으로 저는 구체적 훈련 기간이 끝나고 전문 훈련 기간이 시작될 때 이러한 '특별한' 세션을 수행했습니다.

저는 프리다이빙 커뮤니티의 이단아였습니다. 당시만 해도 이런 방식으로 물 밖에서 훈련하는 중상급 선수는 거의 없었습니다. 지금은 많은 엘리트 선수들이 이러한 '대체' 훈련을 수행합니다. 이 단락에서는 훈련에 대한 새로운 아이디어를 더 많이 제공하기 위해 이러한 새로운 트렌드를 설명하고자 합니다.

저는 건식 무호흡 테이블 훈련을 통해 신체적, 정신적 측면 모두에서 이익을 얻을 수 있었습니다. 실제로 저는 젖산에 대한 내성을 높이고 무산소 역치를 개선하기 위해 생리학적으로 훈련 했습니다. 또한 정신적으로도 점차 강한 수축에 익숙해지고 있다는 것을 깨달았고 CO_2 수치가 강하게 상승할 때, 신체적 스트레스를 받을 때, O_2 수치가 동시에 낮아지는 특정 상황에서 호흡 충동을 더 잘 견딜 수 있게 되었습니다. 저와 함께 연구하던 의사들은 특히 이러한 건식 훈련 기간 후에 이를 테스트했습니다. 저는 매우 높은 수준의 CO_2를 '견딜 수' 있었지만, 그들은 이것이 신체 훈련 또는 심리적 적응의 어떤 부분에 기인하는지 이해하는 것은 불가능하다고 주장했습니다. 확실한 건 이러한 운동이 훈련에 유용한 모든 에너지 과정을 포함하고 있기 때문에 중요하다는 것입니다.

또한 건식 무호흡 훈련과 관련하여 명심해야 할 중요한 사실은 **무호흡 상태에서 움직이는 훈련은 총 50초를 넘어야 한다**는 것입니다. 이 시간 간격이 지나면 최대치 노력이 아니더라도 우리는 완전한 무산소 대사에 의존하게 되고 이에 따라 상당한 양의 혈중 젖산염을 생산하기 시작한다는 것입니다. 이는 수년 동안 저를 연구해 온 모든 생리학자에 의해 확인되었습니다.

건식 무호흡 훈련을 하는 동안 특히 집중했던 한 가지는 신체적 움직임에 관여

하는 근육들뿐만 아니라 횡격막과 자세에 연결돼 영향을 미치는 모든 근육을 완전히 이완시키는 것이었습니다.

그럼에도 불구하고, 저는 다시 물속으로 들어가 그곳에서만 할 수 있는 훈련을 해야 했습니다. 이 건식 무호흡 훈련을 대회 기간에 너무 가깝게 가져가면 최고의 컨디션에 도달할 수 없었습니다. 건식 무호흡 훈련이 저에게 많은 것을 주었지만 저는 이러한 '부자연스러운' 노력을 인간이 훨씬 더 견딜 수 있게 만드는 수중에서 얻을 수 있는 반사 작용(예: 잠수 반사, 혈액 이동, 서맥, 이완)을 놓치고 있다고 느꼈습니다. 그래서 대회 전 마지막 두세 달 동안에는 수중 훈련만을 계획했습니다.

오늘날 많은 위대한 챔피언들은 주요 대회를 앞두고도 건식 무호흡 훈련 세션을 진행합니다.

지난 월드컵에서 일부 스타 선수들은 공식 경기 직전(최대 1주일 전)까지 자신의 페이스북 페이지나 공식 웹사이트에 건식 무호흡 훈련을 소개했습니다.

야외에서 달리기를 하거나 체육관에서 러닝머신 또는 자전거를 타는 등 모두 비슷한 반복 시리즈를 따랐습니다. 약 1분의 회복(호흡) 시간과 점차 길어지는 무호흡 훈련 시리즈였습니다. 무호흡 시간의 증가는 5초에서 10초 사이였습니다. 어떤 선수들은 피라미드의 정상(최대 무호흡 시간)에 도달하면 운동을 중단하는 경우도 있었습니다. 다른 선수들은 피라미드의 하강 단계에서 가장 낮은 시간(시리즈의 첫 번째)에 도달할 때까지 운동을 계속했습니다. 이러한 운동은 종종 수동적으로 숨을 내쉰 후에 수행됐으며, 심박 수 모니터를 사용하여 심박 수의 감소를 확인하는 것이 유용했습니다.

세계 정상급 운동선수들은 드라이 스태틱 세션을 통해 훈련하는 경우가 많습니다. 개인적으로 저는 드라이 스태틱을 견디지 못합니다! 대부분의 경우 이러한 드라이 스태틱 시리즈는 수동적 호기 또는 능동적 호기 후 짧은 회복 시간을 가진 후 수행됩니다. 이런 상황에서 물이 주는 이점은 의심할 여지가 없습니다. 매일 긴 시간 동안 훈련하는 선수들은 아마도 훈련 환경(방식)을 바꿈으로써 훈련의 단조로움을 깨뜨리려고 시도하고 있을 것입니다. 위에서 설명한 것과 동일한 방식으로 빈 폐 숨 참기 또는 부분적으로 빈 폐 숨 참기(능동적 또는 수동적 호기 후)를 할 수도 있습니다. 즉, 폐에 공기가 적을수록 더 일찍 힘든 상황이 오고, 정신적 스트레스를 덜 받게 됩니다. 정상급 선수들은 잠재적 무호흡 시간을 더 줄이고 수축을 빨리 느끼기 위해 숨 참기 전에 '강제로' 공기를 내뱉습니다. 최고의 선수는 단 30초만 회복해도 드라이 스태틱 시리즈의 여섯 번째 또는 일곱 번째 스태틱(숨 참기)을 7분 이상 버틸 수 있습니다.

최근 몇 년 동안 저는 건식 무호흡 훈련, 달리기, 체육관 훈련들을 수영장 훈련으로 바꾸고 있습니다.

저는 높은 수준의 수영 선수를 훈련시키는 코치 및 피지컬 트레이너 팀에 점점 더 많이 참여하고 있습니다. 현대 수영에서는 출발 후와 턴 후의 '수중' 부분이 더 중요합니다. 이제 단거리(50m)는 숨 쉬지 않고 헤엄칩니다! 수영하는 사람들을 살펴보며 그들의 요구 사항과 우리의 요구 사항을 연구함으로써 내가 수영장에서 자주 사용하는 훈련을 개발했으며, 이제는 매우 유용해졌습니다. **일종의 수영과 무호흡을 결합한 훈련입니다.**

이것이 어떤 훈련들인지 여러분에게 더 명확히 알려주기 위해 그것 중 일부를 설명하려고 합니다.

1) 10분간 '고정된 횟수의 호흡 수영'과 '고정된 횟수의 무호흡 수영'을 번갈아 진행합니다.

예

호흡 스트로크 3회, 무호흡 스트로크 6회, 호흡 스트로크 3회, 무호흡 스트로크 6회

목표(진화), 변형

① 같은 시간 내에 수영 랩 수를 늘리고 호흡/무호흡 시 스트로크 수를 증가시킵니다.

② 무호흡 스트로크는 일정하게 유지하면서 호흡 스트로크 수를 줄입니다.

③ 호흡 스트로크를 일정하게 유지하면서 무호흡 스트로크 횟수를 늘립니다.

2) 10분간 수영 훈련, 무호흡 수영 단계와 호흡 수영 단계를 번갈아 진행합니다.

예

회복을 위해 완만한 속도로 1분간 수영(정상 호흡, 능동적 회복) + 숨을 쉬지 않고 최대 속도로 30초간 수영합니다.

목표(진화), 변형

① 회복(호흡) 시간은 일정하게 유지하면서 무호흡 수영 구간(거리 또는 시간)을 늘립니다.

② 무호흡 수영 부분의 길이를 일정하게 유지하여 회복(호흡) 시간을 줄입니다.

3) 무호흡 운동과 함께 빠르고 느린 수영을 조합한 시리즈

예

수영장 길이의 중간(12.5m 지점)부터 시작하여 수영장의 끝까지 최대 속도(정상 호흡)로 수영하고 턴, 잠영(하체만 사용) 후 다시 떠오른 후에도 숨을 쉬지 않고 가능한 한 오래 수영합니다.

목표(진화), 변형

① 12.5m부터가 아닌 25m 길이로 수영합니다.
② 턴 후 무호흡 수영을 최대로 진행하고, 정상적인 호흡으로 수영을 계속합니다.
③ 무호흡 수영 부분을 최대한 진행 후 멈춥니다.

예

느린 속도로 호흡하며 수영, 숨을 내쉬며 25m 지점에서 턴, 잠영(하체만 사용) 후 다시 떠오른 후에도 숨을 쉬지 않고 수영을 계속합니다.

목표(진화), 변형

① 두 번째 랩에서 무호흡 수영 거리를 늘립니다.

예

수영장 끝에서 숨을 최대한 내쉰 후(엠티렁) 숨을 참고 최대 속도로 수영을 시작합니다.

목표(진화), 변형

① 무호흡 빈 폐 수영 랩 또는 거리를 늘립니다.

4) 피라미드 훈련: 중간 속도로 수영, 50m마다 무호흡 스트로크 횟수를 늘립니다.

예

정상 호흡 스트로크와 무호흡 스트로크를 번갈아가며 50m 거리를 수영, 호흡 스트로크 1회, 무호흡 스트로크 2회. 두 번째 랩에서는 호흡 스트로크 1회, 무호흡 스트로크 3회... 등등 50m 랩을 반복하며 무호흡 최대 스트로크 수로 가능한 지점까지 진행합니다. 한계에 도달하면 시작 지점에 도달할 때까지(호흡 1회, 무호흡 2회) 반대 시퀀스를 따라 50m 수영을 반복합니다.

목표(진화), 변형

① 최대 무호흡 스트로크 수(피라미드의 높이)를 늘립니다.

5) 100~200m 거리에서 자유형 반복: 무호흡 수영 한 바퀴(25m), 정상 호흡 수영 한 바퀴(25m)

목표(진화), 변형

① 100~200m 자유형 수영에서 기록을 단축할 수 있습니다.

무호흡: 멈출 수 없는 열정

예전에 내가 드라이 트레이닝에 무호흡 달리기를 병행할 때, 항상 시계를 봐야 하는 스트레스를 피하기 위해 집중할 수 있는 다른 기준점을 찾았던 기억이 납니다. 보통 전봇대를 기준 삼아 첫 번째부터 두 번째까지 숨을 쉬고 두 번째부터 세 번째까지 숨을 참는 방법을 사용했습니다. 이 방법이 익숙해진 후에는 두 개의 전봇대 거리 동안 숨을 참고 한 개의 거리만큼만 숨을 쉬면서 달렸습니다. 어느 날 나도 모르게 땅바닥에 쓰러졌다 깨어났던 때가 기억납니다. 아마 최대치로 밀어붙이려고 했던 것 같아요. 드라이 트레이닝을 하다가 블랙아웃이 온 건 이때가 처음이었어요. 당시에 저는 물이 없는 곳에서도 숨을 참는 것에 집착했습니다. 숨을 참는 데 진심이었어요. 지금 생각하면 위험한 상황에서도 꽤 자주 숨 참는 훈련을 시도했어요. 예를 들면 고속도로에서 차를 운전하면서 숨을 참고 한 출구에서 다음 출구까지 가려고 애썼던 기억이 납니다. 밀라노에서 대학에 가던 어느 날 아침, 지하철을 탄 역에서부터 목적지까지 숨을 참으려고 노력했습니다. 하지만 스키장에서 가장 우스꽝스러운 상황이 벌어졌는데 바로 리프트를 타면서 철탑과 철탑 사이에서 숨을 참는 것이었습니다. 그러나 최악의 상황은 내 옆에 있는 사람이 내 친구가 아니라 (따라서 내가 뭘 하는지 아무것도 몰랐습니다.) 완전히 낯선 사람이었고 힘들어하는 내 얼굴을 보며 나에게 무슨 일이 일어나고 있는지 이해하기 위해 걱정스러운 얼굴로 쳐다보고 있었지만 나는 아직 다음 철탑에 도달하지 않았기 때문에 대답할 수 없었습니다.

1.6 구체적 훈련을 위한 실용적인 팁들

1) 훈련의 또 다른 핵심은 **훈련 기록지에 훈련 과정을 따라 얻은 결과를 기록하는 것입니다.** '잊지 않으려면 실행하고 기록하라!' 진행 상황에 대한 후속 분석만이 훈련이 효과가 있는지 없는지를 식별할 수 있게 합니다.

준비 기간 동안 예상 결과를 달성하지 못한 경우, 몇 주 이내에 수행된 동일한 훈련 운동의 수율 편차를 정확하게 모니터링하면 고려된 요인에 미치는 영향에 따라 훈련 변수를 재구성할 수 있습니다. 일반적인 신체 상태, 도달한 최대 수심, 최대 스태틱 수심 등과 같은 전체 시즌의 훈련 결과에도 동일하게 적용되며, 이는 이전 시즌과 비교할 때 목표 달성을 위한 유용한 정보를 제공할 수 있습니다.

준비 기간 동안 예상된 결과가 달성되지 않은 경우, 몇 주 간격으로 수행된 동일한 훈련의 편차를 정확하게 모니터링하면 고려된 요인들에 대한 영향을 기반으로 훈련 변수를 재구성할 수 있습니다. 이것은 일반적인 신체 상태, 도달한 최대 깊이, STA 최대치 등과 같은 한 시즌의 훈련 결과에도 적용됩니다. 이전 시즌과 비교했을 때 이러한 결과는 목표 달성을 위한 유용한 정보를 제공할 수 있습니다.

대회 기간 동안 최적의 컨디션을 유지하는 이 마지막 측면은 훈련 기간 동안 저에게 가장 큰 문제 중 하나였습니다. 전년도의 훈련 기록을 확인해 비교하며 대회 기간보다 너무 일찍 최적의 컨디션에 도달하거나 대회 기간 동안 컨디션이 저하되는 것을 피할 수 있었습니다.

2) 각 구체적 훈련 세션에는 이 세 가지 부분이 포함되어야 합니다.

- **워밍업(Warm-up)**: 종목별로 워밍업이 어떻게 이루어져야 하는지 살펴보겠습니다.
- **메인 세트(Main set)**: 훈련 테이블에서 이전에 식별되고 구현된 조건화 및 조정 능력을 훈련합니다.
- **쿨다운(Cool down) 또는 능동적 회복**: 종종 간과되지만, 특히 VO2max 또는 무산소 훈련과 같은 고도의 훈련을 수행한 경우 매우 중요한 단계입니다. 운동의학에서는 운동을 마칠 때 수동적인 회복이 아닌 능동적인 회복을 하면 근육에 축적된 젖산의 처리율이 20배 이상 높아진다고 설명합니다. 쉽게 설명하자면 운동이 끝날 때 15분간 능동적 회복(훈련)을 한 경우 5시간의 완전한 휴식과 동일한 효과를 갖게

됩니다. 모든 기술 훈련에서 나는 종종 마지막 세션에 능동적 회복을 포함했습니다. 일부 전문가들은 이전 운동으로 피로해진 근육이 정확한 동작을 쉽게 습득하고 자동화하기 어렵다고 주장합니다. 따라서 훈련의 초기 단계에서는 기술 습득에 집중하는 것이 더 적절할 것입니다. 이와 관련하여 앞에서 설명한 잠재적인 부정적인 측면을 피하기 위해 훈련 세션 시작 시 기술을 교정하는 부분을 유지하는 것을 선호하는 실력 있는 프리다이빙 선수들도 있습니다. 개인적으로는 이 방식이 마음에 들지 않습니다. 운동의 가장 어려운 부분이 아직 오지 않았다는 것을 알고 있기 때문에 기술 습득에 집중하기 어렵기 때문입니다.

3) 시즌 초반에는 우리가 정한 훈련 방법에 따라 훈련량을 적당히 조절하고 무리하지 않으면서 서서히 늘려나가야 합니다. (처음부터) 너무 열광하면 안 됩니다. 훈련에는 점진성, 규칙성, 인내가 중요합니다. 앞서 언급했듯이 훈련은 신체가 가해지는 하중으로 인한 스트레스에 기능적으로 적응하는 방식입니다. 따라서 첫 번째 단계는 부하의 변수와 매개 변수(속도, 거리, 시간, 회복 시간, 능동적 또는 수동적 회복, 시리즈 지속 시간 등)를 운동에 적용하여 부하를 변화시킴으로써 이를 파악하는 것입니다.

4) 우리가 종종 간과하지만 **모든 훈련 세션 전에 반드시 고려해야 하는 변수가** 있습니다. 이러한 변수에는 훈련이 이루어지는 환경(다양한 수영장, 수온의 차이, 시야 또는 조류 등), 사용되는 장비 및 선수의 상태(집중력, 피로, 육체적-정신적 스트레스, 컨디션 등)와 관련된 운동의 난이도(운동 자체의 부하)가 포함됩니다.

5) 따라야 하는 **훈련 테이블을 맞춤화**하는 것이 중요합니다. 운동을 특징짓는 매개 변수와 변수는 순전히 예시적인 것입니다. 각 프리다이버는 자신의 레벨과 능력에 맞게 운동을 조정해야 합니다. 한 종목에서 최대 수심이 같은 두 명의 프리다이버는 훈련 테이블이 다를 수 있습니다. 예를 들어, 순수 프리다이버와 스피어피셔의 STA 최대 기록이 같다고 해서 트레이닝 테이블이 같다는 의미는 아닙니다. 일반적으로 스피어피셔가 프리다이버보다 회복 시간이 더 빠르기 때문입니다. 따라서 무호흡 시퀀스 시간(회복 시간은 동일하게 유지)이 더 길거나 휴식 시간(무호흡 시간은 동일하게 유지)이 더 짧을 수 있습니다.

프리다이빙의 즐거움

열정을 가지고 훈련해야 합니다. 훈련하고 싶은 마음이 있어야 합니다. 그리고 훈련은 너무 무겁지 않아야 합니다.

이러한 열정과 평온함을 유지하려면 훈련을 최대한 다양하게 하는 것이 중요합니다. 운동 방법, 사용 장비 및 자극을 가능한 다양하게 바꾸십시오. 마지막에 지쳐 쓰러졌다고 해서 좋은 운동이 아닙니다. 아무리 힘들더라도 올바른 방법이 아니라면 소용이 없습니다. 훈련의 질에 대해 생각해 봅시다. 질은 양보다 훨씬 더 중요하며 적절한 훈련 계획의 기초입니다.

우리는 그저 수축을 견디며 '고통'과 싸우기 위해 훈련하는 것이 아니며, 그것은 중요하지 않습니다.

우리는 이 훈련 세션에서 목표로 하는 훈련을 통해 '스트레스가 적은' 운동에 전념할 것이며, 수축을 피하고 휴식과 감정에 집중할 것입니다. 물속에 있는 즐거움을 만끽하세요. 때때로 우리가 이 스포츠를 선택하게 만든 프리다이빙의 강하고 전형적인 감정을 되살려 보세요. 긴장을 풀고 즐기십시오!

2장
다이나믹 압네아

"계획이 없는 목표는 그저 바람일 뿐이다."
- 앙트완 드 생텍쥐페리

2.1 다이나믹 압네아 소개

이 장에서는 다이나믹 종목을 훈련하는 방법에 대한 아이디어를 제시합니다. 다음 몇 가지 조언들은 다이나믹 시 수중 동작을 더 효율적으로 만들기 위해 중요하다고 생각하는 것들입니다.

- 다이나믹을 할 때 **수영장 바닥에서 멀리 떨어지도록** 노력해야 합니다. 일반적으로 프리다이버들은 수영장의 수심이 변하더라도(종종 수심 90cm에서 2m까지) 바닥에 가깝게 붙어 진행하는 경향이 있습니다. 수중에서 전진할 때, 수면과 평행하게 수심을 유지하는 프리다이버를 보는 것은 쉽지 않습니다. 몸이 수영장 바닥에 너무 가까우면 바닥을 향해 아래로 피닝할 공간이 충분하지 않아 위아래로 균형 잡힌 피닝을 통해 추진력을 얻기가 어렵습니다. 결국 이 잘못된 기술적 움직임이 습관화되면 바다에서 CWT 다이빙 중에도 실수를 반복하는 결과를 초래할 가능성이 매우 큽니다.
- 다이나믹 중에는 **공기를 내뿜어서는 안 됩니다.** 특히 출발과 턴 단계에서 자신도 모르게 공기를 내뿜는 경우가 있습니다. 다이나믹을 연습하는 동안 공기를 내뿜는 경향이 있다면 노즈 클립(고글 포함)이나 마스크를 사용하세요.
- 훈련이 순조롭게 진행되고 열정이 커지더라도 운동 **부하(거리 및 회복 시간)를 매우 점진적으로 늘리도록 하세요.**
- **시즌 초반 훈련 세션에서는 긴 핀이나 모노핀을 바로 사용하지 않는 것이 좋습니다.** 처음에는 핀 없이, 그 다음에는 짧은 핀(수영장용 또는 스노클링용)을 사용하고, 마지막에 프리다이빙 핀이나 모노핀을 사용하세요. 이러한 도구의 점진적 사용은 훈련을 재개하고 무엇보다 수중에서의 움직임 감각을 훈련할 수 있게 해줍니다. 최고의 모노핀 챔피언들도 시즌 초반에는 핀 없이 또는 짧은 핀으로 훈련합니다.

- 거리에 대한 정신적 스트레스를 받거나 다이나믹 랩 수와 거리가 부담되기 시작하는 상황에서는 **무호흡 상태에서 보낸 시간**에만 집중해 보세요. 다시 말해 다이나믹에서 측정된 거리보다 다이나믹 중 피닝하며 소요된 시간에 집중하세요. 반복 훈련 동안 주어진 시간이 끝날 때, 수중에서 금속 막대를 두드리는 소리와 같은 소리를 재생하는 것이 도움이 될 수 있습니다. 그 후, 다시 거리에 집중할 수 있습니다.

- 훈련 세션의 끝에 능동적 회복 운동이 중요합니다. 특히 젖산(무산소 훈련, 힘든 반복, 고속 다이나믹 등)이 많이 축적된 경우 적어도 **20분간의 쿨 다운**을 권장합니다.

- 유산소 저항 훈련(훈련 양은 많지만 완전한 회복을 허용하는)의 경우, 기존의 수동적 회복(수영장 가장자리에서 휴식) 대신 능동적 회복(예: 배영 자세로 피닝 하며 호흡하기)을 선택하는 것이 변형된 방식입니다. 이러한 훈련 방식은 운동한 근육이 '휴식' 상태로 돌아가는 것을 방지하고 빠른 심박 수를 유지할 수 있어 유효한 회복 방법입니다.

- 앞으로 소개할 테이블 훈련에서는 단순화를 위해 25m(25, 50, 75, 100, 125 등)의 배수 단위만 고려했습니다. 하지만 만약 DYN PB(개인 최고 기록)이 70m인 사람의 경우 수영장 바닥에 기준점(웨이트 벨트)을 두고 12.5m, 25m, 37.5m, 50m 네 가지 거리를 비례적으로 측정할 수 있습니다.

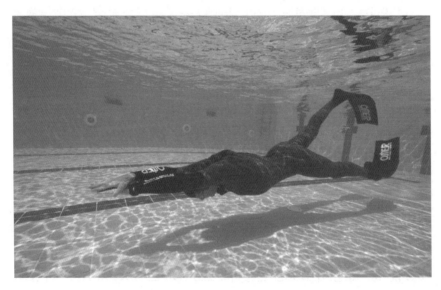

양팔을 앞으로 뻗은 자세로 CWT Bi-Fin 다이나믹 자세를 취하는 방법

양팔을 옆구리에 붙인 자세로 CWT Bi-Fin 다이나믹 자세를 취하는 방법

- **모노핀**을 사용하는 다이나믹 훈련에서는 팔의 위치가 특히 중요합니다. 최적의 유체 역학(활공 및 속도)을 위해 팔을 앞으로 쭉 뻗어야 합니다. 바이핀을 사용하는 다이나믹에서는 양팔을 옆구리에 붙일 수 있습니다. 이는 선수마다 다를 수 있지만, 저는 반복 훈련 시 최대한 이완하기 위해 팔을 옆구리에 두는 것을 선호합니다. 반면, 스프린트 시에는 최대 속도를 내기 위해 팔을 앞으로 뻗는 자세를 선호합니다.
- **티셔츠나 스웨터**를 사용하여 훈련의 난이도를 다양하게 할 수 있습니다. 물에 젖은 옷은 전진을 훨씬 더 어렵게 만듭니다. 저항을 증가시키는 다른 방법으로는 킥보드를 수직으로 잡거나 수영장용 낙하산을 사용하고, 가벼운 발목 웨이트를 착용하거나 전진을 어렵게 만드는 고무밴드를 착용하는 것이 있습니다.
- 출발 전에 흡입하는 공기의 양을 변화시키는 것은 중요한 훈련이 될 수 있습니다. 공기를 최대한 들이마신 후 여러 번의 다이나믹을 수행해 보세요. 난이도를 높이기 위해 출발 시 호흡량을 점진적으로 줄이면서 같은 훈련을 반복할 수 있습니다. 예를 들어 한 시리즈는 **수동적 들숨**, 다음 시리즈는 **수동적 날숨**, 마지막 시리즈는 **능동적 날숨**으로 구성할 수 있습니다. 동일한 세션 내에서 또는 다른 날 훈련 시 반복할 수 있습니다.
- 다음 표에서 **회복** 또는 **휴식**은 두 다이나믹 사이의 시간을 나타냅니다. **출발**은 휴식 시간까지 합산된 총 수행 시간을 나타냅니다.
- 다음 기호들은 앞으로 설명할 운동과 결합돼 운동을 실행하는 방법을 나타냅니다.

DNF	핀 사용 안 함
SNO	수영 또는 스노클링용 핀
FIN	프리다이빙용 핀
MON	모노핀

참고: 이 장에서 다이나믹 트레이닝을 위한 모든 운동과 표는 주요 운동에 대한 이해를 돕기 위한 예시이며, 실제 퍼포먼스와 회복 시간은 프리다이버의 기술 수준에 따라 다릅니다.

2.1.1 다이나믹 워밍업

다이나믹 워밍업은 트레이닝 테이블, 서브맥시멈 또는 맥시멈 퍼포먼스 등 목표에 따라 달라집니다.

종종 후자(훈련 또는 시합에서의 맥시멈 퍼포먼스)의 경우 높은 수준의 운동선수는 물에서 워밍업을 하지 않고 호흡 기술과 드라이 스태틱을 번갈아 진행하는 워밍업을 사용해 '벽을 깨고(기록을 달성)' 있습니다. 이러한 방식으로 맥시멈 퍼포먼스를 준비하는 선수들에 따르면 물속에서 워밍업을 하지 않아도 잠수반사 효과를 최대한 활용하여 생리학적으로 긍정적인 영향을 받아 경기에 임할 수 있다고 합니다. 그러나 다이나믹 전 물속에서 워밍업을 진행하는 높은 수준의 선수들도 있습니다. 이는 단 한 번의 최대치 퍼포먼스가 목표인 그 선수들에게 필수적인 요소입니다.

완벽한 트레이닝 테이블을 준비하려면 시작 전 워밍업을 하는 것이 좋습니다. 일반적으로 워밍업은 다음을 포함합니다.

- **첫 번째 부분**
  다음 중 하나 이상을 수행합니다.
  - ○ 활성화를 위한 일련의 다이나믹(근육 워밍업)
  - ○ 12.5m에서 50~75m까지 충분한 회복 시간을 두고 진행하는 피라미드 시리즈

　　　　○ 숨을 한 번 들이마시고 수중에서 3~4회 피닝

　　　　○ 수면에서 능동적 회복하며 진행하는 다이나믹 시리즈

- **두 번째 부분**

　　다음 중 하나 이상을 수행합니다.

　　　　○ 개인 PB 30%~60% 범위의 거리로 진행하는 다이나믹 시리즈

　　　　○ 다이나믹 시리즈를 진행하는 동안 랩(턴)마다 조금씩 숨 내뱉기

　　　　○ 엠티 렁 다이나믹

다른 워밍업 방법들

- 총 워밍업 거리 500m, 각 50m 사이에 휴식 없이 수면 위로 떠올라 한 번만 숨을 들이마시고 턴 후 다이나믹을 지속합니다.

　　처음 50m 동안은 한 번 호흡 후 핀킥 3회, 두 번째 50m에서는 한 번 호흡 후 핀킥 4회, 세 번째 50m에서는 한 번 호흡 후 핀킥 5회. 이런 방식으로 단일 호흡 후 최대 핀킥 수에 도달할 때까지 계속 진행합니다.

- 8×25m 시리즈, 첫 번째 25m 이후에는 12회 회복 호흡, 두 번째 25m 이후에는 10회 회복 호흡, 세 번째 구간에서는 6회 호흡으로 회복하며, 7번째와 8번째 25m 구간부터는 한 번의 회복 호흡만 진행합니다. 50m에서도 동일한 훈련을 할 수 있습니다(매 50m 다이나믹 후 회복 호흡 횟수를 줄이세요).

　　모든 선수에게 적용되는 규칙은 없습니다. 최고의 감각을 느끼고 좋은 성과를 내기 위해 어떤 유형의 워밍업이 필요한지 프리다이버 스스로 이해하고 인지하는 것이 중요합니다.

　　다양한 워밍업 방법을 시도하고 테스트하는 것이 매우 중요합니다. 단순히 지금 하고 있는 워밍업 방식에 익숙해져 있기 때문에 '이 방법이 좋다.'라는 생각이 들더 라도 거기서 멈추면 안 됩니다. 과감하게 새로운 방식을 시도하세요! 자신에게 가 장 잘 맞는 워밍업이 무엇인지 이해하고 결정하기 위해 다양한 방법들을 시도하면 서 몇 개월을 보내도 괜찮습니다.

2.1.2 다이나믹 속도

최근 몇 년 동안 속도(핀킥 기술), 특히 모노핀을 사용한 다이나믹에 대해 많은 말과 글이 작성되었습니다.

모노핀을 사용하는 데는 두 가지 학파가 있습니다.

첫 번째는 이른바 **킥 앤 글라이드** 기술을 선호합니다. 강력한 핀킥에 이어 글라이딩이 이어지며, 킥이 만들어내는 운동량을 완벽하게 활용합니다. (모노핀을 사용하여) 한 번의 킥으로 약 20m를 갈 수 있습니다. 물속에서 몸의 부력을 중성으로 만들어 저항을 최소화할 수 있는 최적의 부력 설정(넥 웨이트 사용)이 필수적입니다. 한 번의 킥 후, 추진력을 최대한 활용하고(바디 포지션 최적화) 이전 킥에서 얻은 속도가 완전히 소진된 직후에 다시 한번 킥을 수행합니다.

6장에서는 일부 세계적인 선수들이 **더블 킥 앤 글라이드**(연속으로 두 번의 핀 킥, 높은 속도 증가, 최대 글라이딩)를 어떻게 사용하는지 살펴볼 것입니다. 이 두 번째 기술은 앞서 말한 킥 앤 글라이드보다 더 높은 빈도와 낮은 파워로 일련의 킥을 하는 기술입니다. 프리다이버는 이전 추진력의 속도가 소진되기 전에 훨씬 더 일찍 '킥'을 합니다. 각 모노핀 킥은 더 빠른 속도로 이어집니다. 이것은 더 낮은 파워를 요구하지만 빈도가 더 높습니다.

킥 앤 글라이드 방식은 방금 언급한 이유로 인해 속도가 매우 느리고 다이브 타임이 길어집니다. 세계 최고 선수들의 기록은 250m 다이나믹에서 4분을 초과합니다.

킥과 킥 사이의 글라이딩은 사실상 스태틱과 마찬가지입니다.

이는 많은 선수에게 신체적인 문제보다는 심리적인 문제가 되곤 합니다. 일부 프리다이버들은 킥 앤 글라이드 방식을 선호하지 않는데 그 이유는 매우 긴 다이브 타임으로 인해 발생하는 강한 횡격막 수축을 견디는 것이 정신적으로 너무 힘들기 때문입니다. 핀킥 속도가 빨라지면 잠수 시간이 크게 단축되고, 움직임을 통해 호흡 충동과 수축을 더 잘 받아들일 수 있습니다.

다이나믹 노핀(DNF) 종목에서도 킥의 속도를 높이거나 한 번의 킥 후 추진력이 완전히 소진될 때까지 글라이딩을 활용하는 기술 중에서 선택할 수 있습니다.

간단히 설명하자면 50m 다이나믹에서 적절한 속도는 다음과 같습니다.

- **모노핀을 사용할 경우**: 약 40~42초. 킥앤 글라이드 방식 사용 시 약 46~48초
- **바이핀을 사용할 경우**: 약 50~52초
- **핀을 사용하지 않을(DNF) 경우**: 약 60초. 킥앤 글라이드 방식 사용 시 50m 수영장(25m에서 벽을 밀지 않음)에서 수중 기록은 1'04"~1'08"가 될 수 있음

다이나믹 속도에 대한 이러한 제안은 순전히 일반적이고 지시적인 것으로 다이나믹 평균 속도가 너무 느린지, 너무 빠른지 또는 좋은지를 이해하기 위한 참고 자료가 될 수 있습니다. 분명한 것은 55초마다 50m거리를 반복해야 한다면 50m의 거리를 50초에 완료하지 않을 것입니다. 왜냐하면, 남은 5초의 회복 시간으로 다음 50m 다이나믹을 완료하기 어렵기 때문입니다.

2.1.3 다이나믹 중 컨트랙션(횡격막 수축) 관리하기

다이나믹 종목을 훈련하고 대회에서 경쟁하는 선수들에 따르면 육체적으로나 심리적으로 가장 관리하기 어려운 구간은 60~70m 구간이라고 합니다. 훈련된 프리다이버들도 이 구간에서 첫 번째 컨트랙션이 시작됩니다. 따라서 프리다이버들은 일반적으로 이 구간에서 기대치의 위기가 시작됩니다.

150m 다이나믹을 예로 들어 어떻게 할 수 있는지 살펴보겠습니다. 이를 바탕으로 각 거리에 맞게 조정될 수 있습니다.

첫 50m는 약간의 컨트랙션이 있더라도 차분하고 빠르게 계속 진행됩니다. 75m 지점(25m 풀장의 경우)에 문제없이 도달합니다.

어려운 부분은 바로 그 후부터 시작됩니다. 반복적인 횡격막 수축으로 인해 정

신적, 육체적 고통이 악화되면서 다이나믹을 중단하고 출수하고 싶은 마음이 생기게 됩니다.

정신력, 의지, 결단력만이 다이나믹을 계속 진행할 수 있게 해주며, 특정 지점 이후로는 컨트랙션의 빈도와 강도가 점차 감소할 것임을 알고 있습니다.

핀킥을 멈추지 않고 계속 다이나믹을 진행하며, 심리적, 신체적으로 편해지는 것을 느낍니다. 컨트랙션은 실제로 감소하고 있으며, 100m 장벽이 상대적으로 가까워집니다. 이것은 매우 중요한 심리적 지점입니다.

100m의 벽을 넘으면 두 가지 심리적 반응이 나타날 수 있습니다. 이 지점에서 멈추고 출수해 만족하거나 다시 한번 턴해서 어떤 일이 일어나는지 지켜보는 것입니다.

만약 몸의 반응을 테스트하기 위해 몸을 돌려 계속 진행한다며 컨트랙션의 빈도와 강도는 이전보다 낮아질 것입니다. 하지만 이 지점부터 다리가 뻣뻣하고 아프기 시작하며 무거워집니다.

이제 약 125m에 도달하면 컨트랙션이 멈추는 경향이 있으며, 이 단계에서부터는 언제 나가서 숨을 쉬어야 하는지 알아내기 위해 우리 몸이 보내는 신호를 이해하고 귀를 기울이는 것이 매우 중요합니다. 150m의 벽은 그리 멀지 않으며, 우리는 목표가 손에 닿을 수 있는 범위 내에 있음을 깨닫습니다.

다이나믹의 마지막 단계에서 속도를 높이고 싶은 본능적인 충동은 무시해야 합니다.

앞에서 설명한 150m의 다이나믹을 정신적으로 다루는 방법에 대한 내용은 분명히 각자의 능력과 수준에 따라 더 길거나 더 짧은 거리에 적용할 수 있습니다.

2.1.4 다이나믹 후반부 관리하기

다른 모든 종목과 마찬가지로 다이나믹에서도 마지막 부분이 가장 위험하고 어렵습니다. 출수 후 블랙아웃의 위험을 최소화하려면 **마지막 몇 미터 부분에서의 기술적 움직임과 동작을 완벽하게 인식하고 제어**함으로써 공황 상태 또는 '통제 불능'의 상황을 완전히 피하는 것이 필수적입니다. 모든 것이 어려워지고 숨을 쉬는 것이 급한 순간, 우리가 하고 있는 일을 완전히 통제할 수 있는 힘과 집중력을 찾아야 합니다.

우리는 본능적으로 다이나믹의 한계에서 속도와 핀 킥의 속도를 높이려고 하는 경향이(종종 깨닫지 못한 채) 나타나며, 목표에 빨리 도달하고 출수해 호흡하고 싶어 합니다.

전형적인 행동은 이렇습니다. 끝에서 몇 미터 떨어진 곳에서 머리를 들어 도착 지점과의 거리를 관찰하고, 목표를 향해 무질서하게 속도를 높이며, 더 이상 수영 장 바닥과 평행하거나 수평이 아니라 비스듬한 글라이딩 자세를 취합니다. 이 마 지막 순간에 우리는 우리가 하고 있는 일에 대해 아무것도 통제할 수 없습니다. 저산소 상태는 우리를 혼란스럽고 패닉 상태에 가깝게 만듭니다. 이러한 상황은 블랙아웃을 촉진하므로 피해야 합니다.

저산소 상태를 극복하기 위해 할 수 있는 훈련 방법은(속도를 높이는 본능과 정반대 로) 속도를 최소한으로 줄이는 것입니다. 이것은 우리 자신을 통제하고, 우리 자신 에게 말하고, 출수할 때까지 모든 움직임을 관리함으로써 이루어집니다. 출수 후 에는 강제적이고 격렬하게 숨을 내쉬지 않고 정확하고 천천히 호흡하는 것이 중요 합니다.

방금 설명한 올바른 절차가 이루어졌는지 확인하려면 퍼포먼스가 끝나고 머리 가 물 밖으로 나올 때 일반적으로 수행하지 않았던 **동작을 스스로에게 부과해야 합니다.** 그것은 '새로운' 동작(사인)이어야 합니다.

예를 들어, 1'30" 회복을 갖는 10×50m 시리즈를 연속으로 반복한다고 가정해 보겠습니다. 각 랩이 끝날 때마다 강제로 해야 하는 동작은 '양손을 수영장 가장 자리에 평행하게 놓고 그사이에 약 20cm의 간격을 두는 것'이 훈련의 목표(새로운 동작)가 될 수 있습니다.

초반, 첫 번째 반복에서는 아직 소위 '투쟁 단계'에 들어가지 않았기 때문에 출 수 후 해야 할 일을 기억하는 것이 매우 쉽습니다. 다시 말해, 우리는 다이나믹의 마지막 몇 미터에서 우리가 무엇을 해야 하는지 생각할 수 있습니다. 이때는 속도 를 확인하고 핀킥을 관리합니다. 이러한 정신적 상황에서는 출수하기 몇 초 전, 우리는 수영장 가장자리에 손을 대고 호흡을 재개하는 방법과 목표(새로 정한 동작) 를 생각할 수도 있습니다.

하지만 이어지는 다이나믹 훈련에서 반복 횟수가 증가함에 따라 피로가 시작되 고 악화됩니다. 훈련이 반복됨에 따라 완전히 회복되지 않기 때문입니다. 컨트랙 션은 항상 더 일찍 발생하고 마지막 부분에서 컨트롤하기가 매우 어려워집니다. 숨을 쉬어야 한다는 느낌이 강해지고, 출수 때 무엇을 해야 하는지 기억하기가 어 려워집니다. 손을 올바른 위치에 두는 것이 몇 초씩 늦어지거나 심지어 아예 잊어

버리기도 합니다. 이것은 당신이 퍼포먼스의 마지막 몇 미터 동안 자신을 정신적
으로 통제할 수 없다는 것을 의미하며 때때로 마지막 부분에서 무엇을 했는지 기
억하기조차 어려울 수도 있습니다. '통제 불능' 상태에서 본능적으로 핀킥만 하게
되는 상황, 이것이 잠재적으로 가장 위험한 상황이며 쉽게 블랙아웃으로 이어질
수 있는 상태입니다.

　방금 설명한 것처럼, '밀어붙인' 다이나믹 훈련에서 출수 시 습관적이지 않은 정
해진 동작을 반복하는 것은 매우 유용합니다. 이는 가장 힘들고 위험한 퍼포먼스
의 마지막 부분에서 스스로를 통제하고 관리하며, 자신에게 집중할 수 있는지를
즉시 파악할 수 있게 해줍니다.

2.2 다이나믹 수준 평가하기

　　　트레이닝 프로그램을 시작할 때, 우리 자신의 신체 상태를 평가하는 것은
필수적입니다. 저는 이미 『프리다이빙을 위한 드라이 트레이닝 매뉴얼Dry Training for
Freediving』에서 다른 스포츠 종목과 마찬가지로 제대로 된 트레이닝 프로그램을 수
립하기 위해 프리다이빙 역시 훈련에 대한 데이터 수집이 얼마나 중요하고 필수적
인지 살펴본 바 있습니다.

　압네아 아카데미Apnea Academy는 다음과 같이 구체적인 평가 테스트를 개발하고
채택했으며, 이는 다음과 같은 경우에 유용합니다.

- 시즌 훈련 프로그램을 시작하기 전: 초기 체력 수준을 확인하고 운동 능력 및 회복
  과 관련된 수치를 완성된 표를 통해 정확히 확인할 수 있습니다.
- 훈련 과정 중(약 6~8주마다 실시): 트레이닝 계획이 성과를 달성하고 있는지 평가
  할 수 있으며, 이를 통해 올바르게 개발되었는지 개선 사항이 있는지 확인하기 위
  해 실시합니다. 체력 평가에 있어서 신체적으로나 심리적으로 훨씬 더 어려운 맥스
  퍼포먼스 평가보다 이 방법을 선호합니다.

모든 기능 테스트와 마찬가지로 테스트를 수행할 때마다 동일한 조건(동일한 수영

장, 동일한 수온, 잠수복 착용 유무 등)에서 동일한 방식으로 반복하는 것이 중요합니다.

평가(다음 페이지 테스트 표 참고)는 25m 수영장에서 6분간 다이나믹과 능동적 회복을 번갈아 수행한 맥스 퍼포먼스를 측정하는 것으로, 다이나믹 이동 거리와 수면에서의 능동적 회복 거리를 더하여 맥스 퍼포먼스를 계산합니다.

평가는 프리다이버가 25m 길이를 다이나믹으로 완주하는 것으로 시작됩니다. 선수는 멈추지 않고 돌아오는 25m 구간에서 배영 자세로 호흡하며 회복할 수 있습니다(능동적 회복). 프리다이버는 회복 단계에서 핀의 속도와 그에 따른 능동적 회복 시간을 스스로 결정합니다(회복하는 동안 핀킥이 느려질수록 회복하는 데 더 많은 시간이 걸리므로 총 이동 거리가 불리해지며, 그 반대의 경우도 마찬가지입니다).

따라서 목표는 주어진 6분 동안 최대한 많은 거리를 완주하는 것입니다(등을 대고 호흡하는 회복 거리까지 합산). 선수가 더 빠를수록(다이나믹 및 회복 모두에서) 6분 동안의 총 거리는 더 길어집니다. 이 테스트에서 중요한 것은 주어진 6분 전체를 완전히 사용하는 것입니다. 하지만 많은 프리다이버가 테스트 초반에 페이스와 속도를 너무 높이는 실수를 저지르고, 테스트에 필요한 6분을 다 채우지 못합니다(초반에 다이나믹 구간에서 무리하게 속도를 낼 경우 너무 많은 산소를 소모하게 되어, 능동적 회복이 충분하지 않게 됩니다).

Name: _____ Date: _____

프리다이빙 훈련 수준 평가서

25m 풀에서 6분간 맥스 퍼포먼스(최대 거리)를 실행합니다. 가급적 수영장의 낮은 쪽에서 한 손으로 가장자리를 잡고, 바이핀을 사용해 핀킥(시저킥)을 하며 시작합니다. 각 랩은 벽을 밀면서 시작해야 합니다. 다이나믹 후 배영 스타일로 능동적 회복(호흡)을 하며 돌아옵니다. 중간에 멈추거나 팔을 사용하여 수영하는 것은 허용되지 않습니다.

장비: 프리다이빙 **바이핀 목표:** 최대 거리 달성
준비: 1단계) 15분간 자유 워밍업   2단계) 테스트 시작 전 3분간 회복
테스트 및 표 작성: 테스트가 진행되는 동안 수영장 옆에 있는 코치가 기도가 잠긴 정확한 시간(T1)과 다이나믹이 끝날 때 기도가 수면 위로 올라오는 정확한 시간(T2)을 기록하도록 합니다.

테스트가 끝나면 열 하단의 합계를 계산합니다.

랩 수 (25+25m)	T1(입수)	T2(출수)	다이빙 시간	회복 시간
1~2				
3~4				
5~6				
7~8				
9~10				
11~12				
13~14				
15~16				
17~18				
19~20				
21~22				
23~24				
총 시간: 6분	(총 거리, m)		(총 다이빙 시간)	(총 회복 시간)

1. 표 하단에 6분간 이동한 총 거리(1m 단위로 작성) 및 총 다이빙 시간과 총 회복 시간을 작성합니다.

2. 사용한 워밍업의 종류를 표시합니다
   □ 수영   □ 프리다이빙   □ 스트레칭   □ 호흡   □ 아무것도 하지 않음

3. 팔 자세: □ 옆구리에 붙임   □ 앞으로 뻗음

기 준	약 함	보 통	강 함
다리 통증			
수 축	N°	N°	N°
숨 가쁨			
종아리 통증			
기 타			

선수가 느낀 신체적/심리적 감각 표(테스트 직후 코치 또는 보조자가 선수에게 질문을 통해 작성함)
– 프리다이빙 레벨:
– 평소에 어떤 스포츠를 즐기나요?:
– 일주일에 몇 시간 정도 연습하나요?:
– 나이 / 성별 / 키 / 몸무게:

본인은 압네아 아카데미가 위 데이터를 통계 및 연구 목적으로만 사용할 수 있도록 승인합니다.

이름/서명: _____

중요 권장 사항

- 수영장의 낮은 쪽에서 시작하는 것이 좋습니다.
- 6분 동안 중단하지 마세요(수영장 끝에서 멈추지 마세요).
- 능동적 회복 단계에서 팔을 사용하지 마세요.
- 테스트 전 워밍업(15분간)은 항상 같은 방식으로 진행해야 합니다.

예시

테스트 실행 및 데이터 기록에 대한 이해를 돕기 위해 아래에 예시를 제시합니다.

다이나믹 소요 시간

1) 첫 번째 25m 다이나믹 소요시간: 20초

2) 두 번째 25m 다이나믹 소요시간: 22초

3) 세 번째 25m 다이나믹 소요시간: 25초

4) 네 번째 25m 다이나믹 소요시간: 26초

5) 다섯 번째 25m 다이나믹 소요시간: 25초

능동적 회복 소요 시간

1) 첫 번째 다이나믹 후 능동적 회복(복귀): 30초

2) 두 번째 다이나믹 후 능동적 회복(복귀): 28초

3) 세 번째 다이나믹 후 능동적 회복(복귀): 30초

4) 네 번째 다이나믹 후 능동적 회복(복귀): 29초

5) 다섯 번째 다이나믹 후 능동적 회복(복귀): 30초

총 6분의 테스트 중 4분 25초간 25m 길이를 11번(275m) 진행한 결과를 아래 표에 다음과 같이 기록합니다(테스트는 아직 끝나지 않음).

랩 수 (25+25m)	T1(입수)	T2(출수)
1차 다이나믹: 0~25m	0(출발)	20"
3차 다이나믹: 50~75m	50"	1'12"
5차 다이나믹: 100~125m	1'40"	2'05"
7차 다이나믹: 150~175m	2'35"	3'01"
9차 다이나믹: 200~225m	3'30"	3'55"
11차 다이나미: 250~275m	4'25"	......
13차 다이나믹: 300~325m		
15차 다이나믹: 350~375m		
17차 다이나믹: 400~425m		
총 시간 6분	총 거리(m)	

테스트를 진행하는 동안 기록을 담당하는 사람(코치)은 다음 사항을 담당하게 됩니다.

1) '다이빙 시간'과 '회복 시간' 칸에 시간을 정확하게 기록합니다.
2) 선수가 6분(테스트 종료)을 완료한 지점을 관찰하고 정확하게 표시합니다.
3) 선수가 6분 동안 완주한 총 거리를 계산합니다.

'6분간의 테스트가 완료된 경우'에만 표에서 다음 사항을 작성합니다.

1) '다이빙 시간' 세로 열에 여러 다이나믹의 시간을 표기합니다.
2) '회복 시간' 세로 열에 등을 대고 배영 자세로 능동적 회복한 시간을 표기합니다.
3) 총 다이빙 시간을 표기합니다.
4) 총 회복 시간을 표기합니다.
5) 신체적/심리적 감각 표를 작성합니다.

훈련이 효과가 있는지 확인하기 위해 테스트를 반복할 때마다 총 거리를 증가했는지 확인하는 것이 중요합니다.
테스트를 구성하는 각 다이나믹 진행 시간의 일관성도 중요한 변수입니다.

2.3 다이나믹 훈련에 적용할 수 있는 수영 훈련 프로그램

DNF　　**FIN**　　**MON**

　　이 단락에서는 수영 훈련 프로그램에서 영감을 받은 다이나믹 훈련에 적용할 수 있는 완전히 새로운 아이디어를 소개할 것입니다. 다음 훈련 테이블은 고레벨 프리다이버의 훈련에 맞게 작성됐지만, 주요 매개변수(거리, 시간, 반복 횟수 등)의 비율을 쉽게 조정하여 다른 수준의 프리다이버들도 훈련에 적용해 사용할 수 있습니다.

　　전 세계에는 수백만 명의 수영 선수가 있으며, 그들은 최고 수준의 코치와 기술 스태프들과 함께 수십 년에 걸친 스포츠 및 실험 의학 연구의 이점을 활용해 시험 되고 검증된 훈련 프로그램을 사용하고 있습니다. 모든 선수의 훈련 프로그램은 과학적으로 계획되어 있으며 수년간의 연구 데이터, 세계적 수준의 코치 경험, 스포츠 결과 등을 고려합니다. 물론 훈련 프로그램은 선수의 필요, 신체, 회복 시간 및 심리적 부하 요인 등 선수의 상황에 맞게 조정되어야 합니다. 지구력 훈련이나 유산소 능력, 또는 유산소 근력 훈련과 VO_2 최대 운동을 '밀어붙일' 기간, 또는 무산소 훈련을 해야 할 때 고려되는 모든 기본 사항은 전 세계의 모든 수영 코치 및 훈련에 대해 동일하게 적용됩니다.

　　「8장 프리다이빙을 위한 드라이 트레이닝」 파트에서는 유산소 능력, 유산소 강도, 무산소 역치, VO_2 최대치, 무산소 운동 등의 의미에 대해 광범위하게 살펴보겠습니다.

　　운동이 유산소 또는 무산소가 될 수 있는 방법, 시간을 계산하는 방법, 다양한 에너지 시스템에서 이러한 작업을 어떻게 코드화했는지에 대한 간단한 예가 제공됩니다.

　　다음 상자에는 이미 언급된 책에서 설명된 에너지 시스템과 관련한 주요 개념이 간략하게 정리되어 있습니다.

A 이 문자는 모든 지구력 또는 유산소 운동을 의미합니다. 수영 선수가 기계적 효율성을 떨어뜨리지 않고 가능한 한 오랫동안 유산소 시스템의 기본으로 일정한 수준의 속도를 유지할 수 있는 능력을 나타냅니다. 이 범위 내에서 우리는 다음과 같이 구분합니다.

A1

이것은 한 시리즈와 다음 시리즈 사이의 회복 운동, 기술 향상을 위한 운동인 모든 능동적 회복 운동, 훈련 세션 시작 전 워밍업 및 이후 쿨 다운이 포함됩니다. 페이스(속도)는 빠르지 않으며 심박 수는 분당 120회 미만입니다.

A2 또는 유산소 용량

여기에는 모든 유산소 지구력(또는 용량) 운동이 포함됩니다.

A2 훈련의 생리학적 매개변수:

1) 심박 수: 분당 약 140회 이하. 일정한 속도를 유지하기 위해 운동 중에 서서히 증가할 수 있지만 예상값의 10%를 넘지 않아야 합니다. 더 많이 증가할 경우 유산소 저항력을 더 발전시킬 필요가 있음을 나타냅니다.
2) 젖산 혈증: 일반적으로 운동 중 수치는 2.5mmol/L 미만이며, 시간이 지나도 일정하게 유지됩니다. 장거리 수영 선수는 다른 운동선수보다 수치가 낮은 것이 일반적입니다.
3) 피로 수준: 보그(Borg) 척도의 3단계를 초과하지 않습니다.
4) 호흡: 호흡 빈도의 가벼운 변화.

B 이 문자는 항상 유산소 에너지 시스템에서 시작해 무산소 역치에 이르게 하는 모든 운동을 나타냅니다. 또한 이 시스템에서 문자 B는 수행한 운동의 종류에 따라 숫자 1 또는 2(B1 및 B2)와 연결됩니다. 이러한 구분과 관련하여 학파 간 다른 의견이 있습니다. 한 학파에 따르면 B1은 A2보다 약간 더 높은 수준에 불과하며, 에너지 시스템 측면에서 매우 유사한 특성을 가집니다. 반면 B2는 진정한 유산소 근력 운동(역치값에서 운동)으로 무산소 운동으로 마무리되는 VO₂ 최대 운동입니다. 다른 코치들과 스포츠 의사들은 유산소 시스템의 틀을 유지하면서 B1은 무산소 역치(유산소 파워)의 강도 운동을 나타내고, B2는 최대 산소 소비 운동을 나타낸다고 생각합니다. 프리다이버들에게 이러한 기술적 세부 사항과 용어는 단지 형식에 불과합니다. 우리에게 중요한 것은 A2, B1, B2와 함께 이러한 에너지 시스템에서 프리다이빙을 어떻게 훈련하는 지입니다. 다음 설명에서는 두 번째 학파의 관점을 따를 것입니다.

B1 또는 무산소 역치(임계값)

무산소 역치 강도는 전체 에너지 생산에 기여하는 젖산 메커니즘 없이 얻을 수 있는 최대 유산소 파워에 해당합니다. 최대 산소 소비량의 백분율로 표시됩니다(VO_2max).

B1 운동의 생리적 매개 변수

1) 심박 수: 심박 수는 개인에 따라 다르며, 대부분의 경우 분당 160~180회 사이입니다. 무산소 역치의 강도와 관련된 심박 수는 일반적으로 계절별 훈련 단계가 높아질수록 증가합니다. 이 매개 변수는 특정 테스트를 통해 평가됩니다.

2) 젖산 혈증: 대부분의 경우 3~5mmol/L 범위이며, 시간이 지나도 일정하게 유지됩니다. 같은 사람의 경우, 일반적으로 A2 표준값보다 높은 1.5에서 2mmol/L입니다. 일반직으로 장거리 수영 선수는 일반적으로 더 낮은 수치가 나타납니다.

3) 피로 수준: 보그(Borg) 척도의 4단계에서 5단계 수준입니다.

4) 호흡: 호흡 빈도가 약간 증가합니다.

B2 또는 최대 산소 소비량(VO₂max)

VO₂max 값은 한 단위 시간 동안 흡입, 운반 및 사용할 수 있는 최대 산소량을 나타냅니다. 이는 무산소 시스템의 기여를 통해서만 달성할 수 있습니다. B2의 정의는 무산소 메커니즘을 활용하는 최대 수준의 유산소 운동이라고 할 수 있습니다.

B2 운동의 생리적 매개 변수

1) 심박 수: B1의 값과 비교했을 때 수동적 방법으로 식별하기 어렵습니다. 일반적으로 B1보다 높습니다.

2) 젖산 혈증: 보통 4~7mmol/L 범위의 값(장거리 수영 선수의 경우 일반적으로 더 낮음). 젖산 혈증은 일정한 속도로 운동하는 동안 점진적으로 증가합니다.

3) 피로 수준: 보그(Borg) 척도의 5단계부터 7단계 수준입니다.

4) 호흡: 호흡 빈도가 크게 증가합니다.

C 이 문자는 무산소 메커니즘이 작용하는(우세한) 모든 '젖산 운동'을 의미합니다. 이 에너지 시스템은 C1, C2 및 C3로 구분하며, 프리다이버는 C1에서만 훈련합니다. 덧붙여 설명하면 C2 운동에서는 젖산의 정점, 즉 수영 선수가 저장할 수 있는 최대 혈중 젖산 농도를 목표로 합니다. 특정 훈련 운동에서는 최대치에서 얻은 것보다 더 많이 축적될 수 있습니다. C3 운동에는 모든 속도 운동이 포함됩니다. 목표는 수영의 기계적 퍼포먼스 향상과 근력 증가를 통해 물속에서의 최대 속도를 증가시키는 것입니다. 이 책에서는 수영을 신체 준비의 일부로 사용하는 프리다이버에게 가장 유용한 C1 젖산 운동만 분석할 것입니다.

C1 또는 젖산 내성

이것은 수영 선수가 근육 산증 상황(근육이 피로한 상태)에서 가능한 기계적 퍼포먼스를 저하시키지 않고 오랫동안 일정 수준의 속도를 유지할 수 있게 해주는 상태로 장시간 동안 많은 양의 젖산을 견딜 수 있게 합니다(예, 팔이 더 이상 '회전'하지 않을 정도로 단단해졌을 때).

생리적 매개변수
1) 심박 수: 최댓값에 가깝습니다.
2) 젖산 혈증: 최댓값에 가깝고 반드시 VO₂max에 해당하는 수치보다 높아야 합니다.
   8mmol/L 이상
3) 피로 수준: 보그(Borg) 척도의 7단계 이상
4) 호흡: 최대 호흡 수

프리다이빙의 경우에도 다음과 같이 표시할 수 있습니다.

- A1: 모든 워밍업 및 활성화 운동
- A2: 모든 순수 유산소 저항 운동
- B1: 모든 유산소 근력 및 무산소 역치 운동
- B2: 최대 산소 소비량에 가까운 모든 강도의 운동(VO₂max)
- C1: 모든 무산소 젖산 내성 운동
- C2: 젖산 피크를 자극하는 모든 무산소 운동
- C3: 모든 최대치 운동

이미 언급한 바와 같이, 우리 스포츠에서 훈련은 종종 우연에 맡겨지거나 즉흥적으로 이루어졌습니다(물에 들어가기 몇 분 전에 훈련 방법, 테이블 등을 결정합니다). 훈련 진행에 대한 명확한 개념 없이 때때로 어떤 운동을 다른 운동 대신 선택하기도 하는데 이는 우리보다 더 나은 기록을 가진 친구가 그것이 효과가 있다고 말했기 때문일 수도 있고, 어떤 잡지에서 위대한 챔피언들이 그 훈련을 한다고 해서 경험적으로 비슷하게 반복하려고 시도하기 때문일 수도 있습니다. 하지만 이것은 훈련 프로그램이 아닙니다.

그래서 생각해 보면 만약 DYN 종목을 위한 다양한 에너지 시스템을 훈련하는 운동이 무엇인지 파악한다면, 수영을 위해 연구되고 정의된 다이어그램을 참조하여 장기 일정 중 특정 기간 동안의 훈련 필요에 따라 이러한 운동을 사용할 수 있습니다.

즉, 첫 번째 단계는 '특정 운동으로 무엇을 훈련하는가?'를 파악하는 것입니다. 의학 테스트(다이나믹 트레이닝 중 수영장에서 젖산 측정 샘플) 및 보그 척도 적용을 바탕으로 우리는 특정 시리즈(A1, A2, B1, B2 등) 내에서 훈련할 수 있는 운동의 종류를 식별했습니다.

보그(BORG) 척도

지각된 노력의 수준에

기반하여,

각 운동선수의

다양한 신체 수준을

평가하는 데 유용합니다.

척도 레벨	지각된 운동량
0.	전혀 힘들지 않음
1.	매우 가벼움
2.	가벼움
3.	보 통
4.	노력 필요
5.	약간 무거움
6.	무거움
7.	많이 무거움
8.	매우 무거움
9.	힘 듦
10.	참기 힘들 만큼 힘듦

우리는 다양한 에너지 시스템에서 DYN 훈련 연습을 위한 여러 '상자'를 만들었습니다. 워밍업 운동 상자, 저항 운동 상자, 역치 운동 상자 등이 있습니다.

예를 들어 수영 훈련 프로그램을 참조하여 이번 시즌에 DYN 훈련 프로그램을 위한 VO_2max(B2) 훈련을 하고자 한다면 B2 상자를 '열고' 그 안에 포함된 시리즈나 운동을 선택하기만 하면 됩니다.

'어떤 운동이 무엇을 훈련시키는지' 파악한 후 지식과 검증된 수영 훈련 프로그램을 통해 우리는 특정한 방식으로 훈련해야 할 때와 다른 방식으로 훈련해야 할 때를 이해하고, 언제 어떤 상자에서 운동을 가져오고 언제 다른 상자에서 운동을 가져와야 하는지를 이해할 수 있을 것입니다.

이 접근 방식은 프리다이빙 훈련을 체계적으로 계획하고 실행할 수 있게 해주며, 운동선수가 자신의 훈련 목표와 연간 프로그램의 현재 단계에 맞는 적절한 운동을 선택할 수 있도록 도와줍니다. 이는 즉흥적으로 또는 우연히 훈련하는 대신, 명확한 구조와 과학적 근거에 기반한 훈련을 제공함으로써 퍼포먼스 향상을 도모하는 데 중점을 둡니다.

2.3.1 다양한 에너지 시스템을 훈련하는 DYN 운동들

이 섹션의 목표는 다양한 '상자'를 다양한 운동으로 채우고, DYN 훈련의 예를 파악하여 다양한 훈련 카테고리로 나누는 것입니다. 어떤 DYN 시리즈가 A1 상자에 들어갈까요? A2에는 어떤 것들이 있나요? 다른 모든 상자에는 어떤 운동들이 있나요?

특정 운동으로 훈련된 생리적 특성의 유형(A1, A2, B1, B2, C1, C2, C3)은 해당 운동(다이나믹 시리즈)이 끝날 때 혈액을 채취하여 결정했습니다. 이 테스트는 DYN 최대 거리가 130~150m인 프리다이버를 대상으로 진행되었습니다.

앞으로 나올 표(예시)는 순전히 설명을 위한 것으로 높은 수준의 프리다이버에게 적합합니다(거리, 회복, 반복 횟수 등). 이 글을 읽고 있는 독자들은 특정 에너지 시스템을 유지하기 위해 원칙과 거리 및 본인의 능력과 수준에 맞게 운동을 조정해야 합니다.

아래의 다양한 예시를 명확하게 해석하려면 다음 사항에 유의해야 합니다.

- 운동의 질이 증가할수록(A에서 C로) 총 운동량(총 랩 수 또는 시리즈 내 반복 횟수)은 줄어듭니다.
- 이 훈련 프로그램에서는 거리와 시간이라는 일반적인 두 가지 변수뿐만 아니라 속도(C에서)에 대한 훈련도 진행합니다.
- 다른 스포츠와 달리 프리다이빙에서는 유산소 운동인지 무산소 운동인지 파악하기 위해 심박 수를 참고할 수 없습니다. 실제로 프리다이빙에서는 물 밖으로 나올 때 심박 수가 매우 높은 정점에 있습니다. 이는 사실상 '산소 비축(숨 참기)' 상태에서 일정 시간 동안 상당한 육체적 노력이 필요한 운동을 했기 때문에 산소의 빠른 재분배가 필요하기 때문입니다.
- 각 '상자'에 포함된 제안된 운동 목록에서 단 하나의 훈련(시리즈)만 선택합니다. 예를 들어, A2 훈련을 선택할 경우 A2 '상자'에 나열된 운동 중 하나만 선택하고 나머지는 선택하지 않습니다.
- B1 훈련을 시작하고 더 '도전적인' 단계로 진행할 경우, 시리즈의 마지막 DYN에서 우리는 투쟁 단계에서 훈련하는 것에 대한 인식을 가져야 합니다.
- **'출발 시간'**의 기준이 정해지면 이는 시간 간격 내에 퍼포먼스와 회복이 포함된 것을 의미합니다.

- 여기서 **'회복'**이라는 말은 퍼포먼스 후 휴식 기간을 의미합니다.

A1 워밍업 및 활성화 운동 예시

- 최대 50m 피라미드 다이나믹(6.25m 〉 12.5m 〉 25m 〉 50m), 각 다이나믹 간 완전한 회복 후 출발
- 수동적 날숨 후 또는 능동적 날숨 후의 다이나믹
- 엠티렁 다이나믹
- 수중에서 숨을 내쉬며 다이나믹(다이나믹을 진행하는 동안 점진적이고 느리게 공기 배출)

A2 유산소 저항(용량) 운동 예시

- 완만한 속도로 100m 다이나믹 6회 진행, 매번 다시 진행할 수 있도록 회복
- 완만한 속도로 75m 다이나믹 12회 진행, 매번 다시 진행할 수 있도록 회복
- 완만한 속도로 50m 다이나믹 20회 진행, 매번 다시 진행할 수 있도록 회복
- 완만한 속도로 25m 다이나믹 30회 진행, 매번 다시 진행할 수 있도록 회복
- 매우 느린 속도로 50, 75, 100m 다이나믹 시리즈, 다이나믹 간 완전한 회복
- 다양한 속도로 50 또는 75 또는 100m 다이나믹 시리즈, 다이나믹 간 완전한 회복
- (느린 속도에서 빠른 속도로) 속도를 높이며 50 또는 75 또는 100m 다이나믹 시리즈, 고탄산 훈련, 완전한 회복
- (빠른 속도에서 느린 속도로) 속도를 줄이며 50 또는 75 또는 100m 다이나믹 시리즈, 저산소 훈련, 완전한 회복

B1 무산소 역치 운동 예시 (출발 시간 기준)

- 50m 시리즈: 1'30"에 2번, 1'25"에 2번, 1'20"에 2번, 1'15"에 2번, 1'10"에 2번, 1'05"에 2번, 1분에 2번 / 총 14회 다이나믹
- 50m 시리즈: 1'15"에서 출발 / 총 14회 다이나믹
- 75m 시리즈: 3분, 2'50", 2'40", 2'30"에 각 2회씩 출발 / 총 9회 다이나믹
- 75m 시리즈: 2'45"에서 출발. 총 10회 다이나믹
- 100m 시리즈: 5분, 4'45", 4'30", 4'15", 4분 간격으로 출발 / 총 6회 다이나믹

- 100m 시리즈: 4'30"에서 출발 / 총 6회 다이나믹

B2 VO₂max 운동 예시(출발 시간 기준)

- 50m 시리즈: 1'30", 1'25", 1'20", 1'15", 1'10", 1'05", 1분, 55", 50" 출발 / 총 10회 다이나믹
- 50m 시리즈: 1'35", 1'25", 1'15", 1'05", 1분, 1분, 1분, 1분, 1분 출발/ 총 10회 다이나믹
- 6×50m 시리즈: 55초 간격으로 출발
- 75m 시리즈: 3분, 2'50", 2'40", 2'30", 2'20", 2'10", 2분 출발 / 총 8회 다이나믹
- 75m 시리즈: 2'40", 2'30", 2'20", 2'10", 2'10", 2'10", 2'10" 출발 / 총 8회 다이나믹
- 4×75m 시리즈: 2분 간격으로 출발
- 100m 시리즈: 4'40", 4'20", 4분, 3'40" 출발 / 총 5회 다이나믹
- 100m 시리즈: 4분 간격으로 출발 / 총 4회 다이나믹

C1 젖산 내성 운동 예시(무산소 운동)

- 50m씩 분할한 150m 시리즈: 최대 속도로 50m×3회 다이나믹(50m마다 30~40초 휴식)
- 25m씩 분할한 150m 시리즈: 최대 속도로 25m×6회 다이나믹(25m마다 20~30초 회복)
- 25m씩 분할한 125m 시리즈: 최대 속도로 25m×5회 다이나믹(25m마다 30~40초 회복)
- 25m씩 분할한 100m 시리즈: 최대 속도로 25m×4회 다이나믹(25m마다 10~15초 회복)
- 50m씩 분할한 100m 시리즈: 최대 속도로 50m×2회 다이나믹(50m마다 30~40초 회복)
- 25m씩 분할한 75m 시리즈: 최대 속도로 25m×3회 다이나믹(25m마다 5~10초 회복)
- 25m씩 분할한 50m 시리즈: 최대 속도로 25m×2회 다이나믹(25m마다 5초 회복)

- 4×50m 시리즈: 50" 출발
- 3×75m 시리즈: 1'50" 출발

C2 최대 젖산 내성 운동 예시(무산소 운동)

- 4×100m 시리즈, 다이내믹 중 속도 변화, 100m마다 완전히 회복 후 출발
- 3×125m 시리즈, 나이내믹 중 속도 변화, 125m마다 완전히 회복 후 출발
- 더 강한 선수는 2×150m 시리즈를 시도하여 다이내믹 중 속도를 변경할 수도 있습니다. 150m마다 완전히 회복 후 출발
- 75m 또는 100m 시리즈(실력 있는 프리다이버는 125m를 시도할 수 있음), '최대 속도'로 진행(C1과 비슷하지만 총 거리는 분할되지 않음)

C3 최대치 운동 예시

- 최대 거리 다이나믹

목표(진화) 변형

A2, B1, B2 시리즈의 목표는 다음과 같습니다.

- 출발 시간은 변경하지 않고 단일 다이나믹 진행 거리 증가
- 단일 다이나믹의 거리는 유지하고 출발 시간 단축

C1 시리즈에서 처음 7개 예의 목표는 다음과 같습니다.

- 다이나믹 속도 증가
- 회복 시간 단축

C2 및 C3의 목표는 다음과 같습니다.

- 다이나믹 퍼포먼스 향상

다양한 '상자' 중에서 표를 읽는 방법에 대한 실제 예시

서로 다른 '상자' A1, A2, B1, B2, C1, C2, C3 사이를 이동하는 방법을 더 잘 이해하기 위해 위에서 설명한 시리즈 중 50m 거리의 훈련들을 예로 들어 비교해 보겠습니다.

- A2: 완만한 속도로 20×50m, 필요한 거리(총 1,000m)를 잘 완주할 수 있는 회복 포함
- C1: 4×50m, 50초 간격으로 출발(총 200m)

위 두 훈련에서 즉시 눈에 띄는 것은 거리의 상당한 차이가 있다는 것입니다. A2의 거리가 C1보다 5배 더 길지만, 후자를 완료하는 데 더 많은 노력이 필요합니다. 또한 비교된 운동의 양(거리)은 참조 기간에 실행 순서를 결정하며, C1('질적' 또는 '대회 훈련')보다 A2('기본' 또는 '양적 훈련') 훈련을 우선시합니다.

위의 A2 시리즈와 아래 두 가지 B1 시리즈를 비교해도 마찬가지입니다.

- B1: 50m 시리즈, 각 2회씩 반복 출발, 1'30", 1'25", 1'20", 1'15", 1'10", 1'05", 1분 / 총 14회 다이나믹
- B1: 14×50m 시리즈, 1분 15초 간격으로 출발(총 700m)

위 시리즈들의 총 거리는 A2보다 감소하지만 30%(20회 반복에서 14회 반복으로, 총 거리 1,000 → 700m 감소)에 불과한 것을 알 수 있습니다. 위의 두 예의 경우 B1 시리즈 내에서 출발 간격(회복 시간)이 점차 감소하는 시리즈에서 고정된 시리즈로 전환하게 됩니다. 두 번째 시리즈의 출발 시간은 감소가 있는 시리즈의 최대 출발 시간과 최소 출발 시간 사이일 수 있습니다(예, 1'30"이 최대 출발이고 1분이 최소이기 때문에 두 번째 시리즈는 1'15"가 됨).

B2 '상자'에 기록된 50m 운동은 해당 거리를 특징으로 하는 시리즈가 어떻게 훈련 목표를 가질 수 있는지에 대한 명확한 아이디어를 제공합니다.

- B2: 50m 시리즈, 1'30", 1'25", 1'20", 1'15", 1'10", 1'05", 1분, 55", 50" 총 10회 다이나믹
- B2: 표준 50m 시리즈, 1'35", 1'25", 1'15", 1'05", 1분, 1분, 1분, 1분, 1분 총 10회 다이나믹

- B2: 6×50m 시리즈, 55초 출발

첫 번째 시리즈에서는 **10회 반복 후**(A2의 볼륨보다 50% 적고, B1보다 약 30% 적음) 최소 출발 시간(50초)으로 이어집니다. 두 번째 시리즈 경우는 10회 반복되지만 1분 출발로 5회(시리즈의 절반)의 다이나믹을 수행하기 때문에 최소 회복 시간이 50초까지 줄어들지 않습니다. 세 번째 시리즈에서 6회만 반복되지만 출발 시간(55초)이 첫 번째 시리즈의 최소 시간(50초)에 매우 가깝습니다.

마지막으로 비교해 보겠습니다.

- C1: 4×50m 시리즈, 50초 출발(총: 200m)
- B2: 6×50m 시리즈, 55초 출발(총: 300m)

여기에서 C1 시리즈의 운동량이 B2보다 30% 적지만 출발 시간이 50초로 동일하다는 것을 알 수 있습니다.

2.3.2 구체적 훈련의 주기화

지금까지 다이나믹 종목에서 특정 생리학적 특성을 훈련하는 데 도움이 되는 다양한 훈련 방법에 대해 자세하게 알아보았습니다. 이제 수영 훈련 프로그램으로 돌아가 다음 질문에 대한 답을 찾아보겠습니다.

a) 시즌에 따라 어떤 에너지 시스템을 훈련해야 하나요?
b) 트레이닝 세션 내에서 다이나믹 훈련의 순서는 어떻게 해야 하나요?

a) 연중 훈련 순서	에너지 시스템
• 기본 및 특정 훈련:	A1 – A2 – B1(B2 와 C1 중 일부)
• 특정 및 전문 훈련:	A1 – A2 – B2(C1 또는 C2 중 일부)
• 전문 훈련 및 대회 초반 훈련:	A1 – C1 또는 C2 – A2(C3 중 일부)

6~8주마다 한 번씩 최대치(C3)를 시도하는 것이 좋습니다. 그러나 시즌의 첫 번째와 두 번째 부분 동안에는 최대치 시도 대신 테스트를 권장합니다.

---

b) 훈련 세션의 순서는 다음과 같아야 합니다.

- A1 및 A2(워밍업 + 장시간 운동)

- C1 또는 C2 또는 C3(해당하는 경우)

- B1 및/또는 B2

실제로 활성화 및 지구력 운동(A1 및 A2)을 제외하고는 더 높은 수준의 운동이 우선시되어야 합니다.

훈련 세션에 B와 C 운동이 포함되어 있는 경우, B 운동 전에 C 운동을 수행해야 합니다. A 운동은 전체 운동이 끝난 후에 수행할 수 있으며, B 또는 C 운동 후에 다리를 워밍업하는 데 사용될 수 있는 능동적 회복 운동으로도 가능합니다.

2.4 시리즈

이전 단락에서도 살펴본 바와 같이 프리다이빙을 위한 구체적 훈련의 '기본' 중 하나는 반복 훈련입니다.

이제 회복 시간이나 퍼포먼스를 변경하여 시리즈의 난이도를 어떻게 개입하고 높일 수 있는지 이해해 보겠습니다.

이전 단락의 예보다 조금 더 쉬운 몇 가지 훈련 시리즈의 예를 살펴보겠습니다.

- 출발 시간을 2분으로 시작해 회당 10초씩 감소하는 8×50m 시리즈

출발 시간이 고정된 비슷한 난이도 시리즈

- 항상 1분 20초에 출발하는 8×50m 시리즈

위에서 언급한 바와 같이 출발 시간이 감소하는 경우와 동일한 훈련 강도로 고정 출발 시간 훈련 방법으로 전환하려면 '초기 시작 시간(2분)'의 약 2/3(1'20")로 시작 시간을 줄이면 됩니다.

만약 이 시리즈의 난이도를 높이고 싶다면 다음과 같이 할 수 있습니다.

- 항상 1분 15초에 출발하는 6×50m 시리즈

이 시점에서 '어떻게 하면 점차 시리즈 난이도 수준을 높일 수 있을까?'에 대해 생각해 보겠습니다. 다음 몇 가지 예를 살펴보겠습니다.

예: 회복 시간이 고정된 다이나믹 시리즈

8×50m, 30초 회복

- 목표 1: 회복 시간을 동일하게 유지하면서 거리(예: 60m)를 늘립니다.
- 목표 2: 동일한 거리를 유지하여 회복 시간을 단축합니다.

예: 출발 시간이 고정된 다이나믹 시리즈

8×50m, 1분 45초마다 출발(1분 45초 내에 퍼포먼스와 회복이 포함됨)

- 목표 1: 출발 시간을 변경하지 않고 운행 거리를 늘립니다.
- 목표 2: 거리를 유지하여 총 출발 시간을 줄입니다.

연중 다양한 시리즈를 사용하는 시기에 대한 지침은 2.3.2 단락을 참조하시기 바랍니다.

2.5 피라미드 시리즈

피라미드 테이블 훈련은 매우 유용합니다. 이러한 종류의 운동에서는 특히 피라미드의 하강 단계(최소 회복 피크에 도달한 후 회복 시간이 길어지기 시작하는 단계)

를 운동하는 것이 필수적입니다. 이것은 여전히 매우 좋은 훈련 단계입니다. 피라미드 하강 단계의 마지막 부분을 능동적 회복 또는 쿨다운으로 간주할 수 있습니다. 이러한 운동은 각 운동이 한계에 도달하는 정도에 따라 구체화 또는 전문화 훈련 단계에서 권장됩니다.

피라미드 시리즈에서 증가 단계를 잘 밀어붙였다면 감소 단계로 전환 후 첫 두 번이 훈련의 중요한 부분을 차지합니다.

2.5.1 고정 거리에서 출발 시간을 단축하는 피라미드 시리즈

이 시리즈는 초반에 '높은(긴)' 출발 시간(적절한 회복 시간 포함)을 제공해 비교적 쉽게 할 수 있습니다. 하지만 출발 시간을 점진적으로 줄어들어 결국 한계에 도달하게 됩니다. 이때 멈추지 않고 이전 단계와 동일한 값으로 회복 시간을 다시 늘립니다.

예
- 50m, 1'30" 출발
- 50m, 1'20" 출발
- 50m, 1'10" 출발
- 50m, 1분에 출발
- 50m, 50초에 출발(회복 시간이 반전되는 최솟값)
- 50m, 1분에 출발
- 50m, 1'10" 출발
- 50m, 1'20" 출발
- 50m, 1'30" 출발

2.5.2 출발 시간을 고정하고 거리를 늘리는 피라미드 시리즈

이 운동은 이전 운동과 비슷하지만 출발 시간을 변경하는 대신 다이나믹 거리를 변경합니다.

- 25m 다이나믹 후 2'30" 회복
- 50m 다이나믹 후 2'30" 회복
- 75m 다이나믹 후 2'30" 회복
- 100m 다이나믹 후 2'30" 회복(다이나믹 거리가 반전되는 최댓값)
- 75m 다이나믹 후 2'30" 회복
- 50m 다이나믹 후 2'30" 회복
- 25m 다이나믹 후 2'30" 회복

2.5.3 능동적 회복을 통해 거리를 늘리는 피라미드 시리즈

이 운동에서는 회복 시간이 아닌 거리에 따라 변경됩니다. 뒤로 누워 피닝하며 회복하는 능동적 회복이 끝나는 시점(100m, 각 25m씩 4랩)에 수영장 벽에 닿는 즉시 휴식 없이 출발해야 합니다.

예
- 100m, 12.5m 다이나믹, 87.5m 호흡하며 백피닝(능동적 회복)
- 100m, 25m 다이나믹, 75m 호흡하며 백피닝(능동적 회복)
- 100m, 37.5m 다이나믹, 62.5m 호흡하며 백피닝(능동적 회복)
- 100m, 50m 다이나믹, 50m 호흡하며 백피닝(능동적 회복)
- 100m, 62.5m 다이나믹, 37.5m 호흡하며 백피닝(능동적 회복)
- 100m, 75m 다이나믹, 25m 호흡하며 백피닝(능동적 회복)
- 100m, 다이나믹
- 100m, 호흡하며 백피닝(능동적 회복)
- 100m, 75m 다이나믹, 25m 호흡하며 백피닝(능동적 회복)
- 100m, 62.5m 다이나믹, 37.5m 호흡하며 백피닝(능동적 회복)
- 100m, 50m 다이나믹, 50m 호흡하며 백피닝(능동적 회복)
- 100m, 37.5m 다이나믹, 62.5m 호흡하며 백피닝(능동적 회복)
- 100m, 25m 다이나믹, 75m 호흡하며 백피닝(능동적 회복)
- 100m, 12.5m 다이나믹, 87.5m 호흡하며 백피닝(능동적 회복)

2.6 저산소 및 고탄산 시리즈

DNF　**FIN**　**MON**

회복 간격의 감소 외에도(우리가 보았듯이 고탄산 훈련은 짧은 휴식으로 특징지어짐), 다이나믹에서 운동의 속도를 변경함으로써 고탄산 상태나 저산소 상태에서 훈련할 수 있습니다. 이러한 유형의 훈련은 구체적 훈련 단계에서 권장됩니다.

반복하는 순서에서 속도가 느리게 시작하여 빨라지면 고탄산 훈련을 하고 있는 것입니다.

예
- 10×50m, 1분 회복, 다이나믹 속도: 1'30", 1'20", 1'10", 1', 55", 50", 45", 40", 35", 30"

그러나 반복하는 순서에서 속도가 빠르게 시작했다가 느려지면 저산소 훈련을 하는 것입니다.

예
- 10×50m, 1분 회복, 다이나믹 속도: 30", 35", 40", 45", 50", 55", 1', 1'10", 1'20", 1'30".

2.7 테크니컬 시리즈

2.7.1 킥 앤 글라이드 시리즈

DNF　**MON**

'킥 앤 글라이드'는 다이나믹 운동에서 물속에서의 민감성을 훈련하고 증가시키는 운동입니다.

프리다이버의 체중, 웻슈트, 그리고 폐에 들이마신 공기량(최종 호흡 상태)에 적합한 넥웨이트를 착용한 상태로 핀킥 후 가능한 길게 '활공(글라이드)'을 시도합니다.

이 훈련의 목표는 최소한의 핀킥을 사용하고 핀킥을 통해 얻은 추진력을 최대한 활용하는 것입니다.

이 운동 중 우리 몸이 보내는 '메시지'에 주의를 기울이며 실시하면 어떤 핀킥 기술이 우리에게 가장 유리한지를 이해할 수 있게 합니다.

이것은 기본 훈련보다는 테크닉 훈련이므로, 기본 훈련의 끝과 전문화 훈련의 시작에 수행하는 것이 좋습니다.

이것은 기본적으로 기술적인 훈련이기 때문에 기본 훈련 세션의 마지막 부분이나 전문화 훈련을 시작할 때 진행하는 것을 권장합니다.

2.7.2 불안정하 훈련 시리즈

이러한 종류의 운동은 드라이 펑셔널 트레이닝, 특히 TRX와 TacFit과 같은 종목에서 영감을 얻어 탄생했습니다.

우리는 불안정한 조건에서 운동할 것이며, 그 결과 정신적, 심리적 운동 시스템이 더 많이 활성화될 것입니다(기술적 움직임의 민감성과 이를 교정하는 능력 향상). 이 훈련은 모든 근육 그룹을 참여시킴으로써 수중에서 운동 기술의 균형 잡힌 실행이 가능해집니다. 불안정한 조건에서 직접적이고 지속적인 훈련은 정상적인 조건에서 수행되는 것보다 확실히 더 많은 에너지 소비를 초래할 것입니다. 그럼에도 불구하고 시간이 지남에 따라 '방해 요소'가 있더라도 물속에서 적절한 신체 균형을 잡는 데 필요한 경험을 습득하게 되며, 처음 몇 번과 비교할 때 에너지 소비가 감소된 '평범한 운동'이라는 인식을 갖게 됩니다.

균형을 '불안정하게' 만드는 방법은 다음과 같습니다.

- 발목이나 손목에 비대칭으로 웨이트 착용
- 핀을 한쪽만 사용하거나 한쪽은 긴 핀을 반대쪽은 짧은 핀 착용
- 한쪽 팔은 앞으로 뻗고 다른 쪽 팔을 바깥쪽으로 떨어지게 위치
- 부유물(페트병, 고무 슬리퍼 등) 또는 납을 손에 잡음
- 웨이트 없이 잠수복만 착용

위와 같은 상황 중 하나 이상을 적용한 상태로 다이나믹 중 최적의 균형과 직선 자세를 유지하려고 노력해야 합니다.

16×50m, 1'30"에서 출발, 초당 1m의 속도. 시리즈는 다음과 같은 방식으로 진행해야 합니다.

- 2×50m, 오른발에 핀을 신고 왼쪽 발목에 웨이트 착용
- 2×50m, 오른발에 핀을 신고 오른쪽 발목에 웨이트 착용
- 2×50m, 왼발에 핀을 신고 오른쪽 발목에 웨이트 착용
- 2×50m, 왼발에 핀을 신고 왼쪽 발목에 웨이트 착용
- 2×50m, 오른발에 핀을 신고 오른쪽 손목에 웨이트 착용
- 2×50m, 오른발에 핀을 신고 왼쪽 손목에 웨이트 착용
- 2×50m, 왼발에 핀을 신고 왼쪽 손목에 웨이트 착용
- 2×50m, 왼발에 핀을 신고 오른쪽 손목에 웨이트 착용

이 운동은 발목과 손목에 하나의 웨이트를 번갈아 착용하며 수행합니다. 편의상 넥 웨이트를 사용하는 것이 좋습니다. 1kg의 무게로 시작한 다음 점차 무게를 늘립니다.

이 시리즈의 끝에는 여러 번의 일반적인 다이나믹을 수행해 쿨다운/재조건화 시리즈를 수행하는 것이 매우 유용합니다. 이는 긍정적인 감정과 올바른 자세를 '다시 기억하기' 위한 것으로 목 또는 허리 등 정상적인 위치에 웨이트를 착용하고 진행합니다.

본 단락에서 제안된 운동은 훈련보다는 기술적인 훈련이므로 훈련 세션의 끝에 이 운동을 권장합니다. 기본 훈련을 진행하는 동안과 전문화 훈련 초기에 수행하는 것이 좋습니다.

2.8 스플릿(분할 훈련)

분할 훈련에서는 중간 거리에 집중하여 최대치 또는 준최대치 퍼포먼스를 달성할 수 있는데, 이는 운동의 특성에 따라 달라질 수 있습니다.

2.8.1 다이빙은 늘리고 회복은 줄이기

이 훈련은 최종 설정된 거리에 도달하기 위해 점진적으로 회복 시간을 줄이고 그 후에는 다이빙 횟수를 총 거리로 분할하는 것입니다.

예

최대 다이나믹 기록이 135m인 경우 150m를 목표로 설정한다고 가정해 보겠습니다. 각 단계에서 회복 시간을 최소한으로 줄이되 어떤 경우에도 운동 실행이 보장돼야 합니다. 회복 시간을 줄이는 단계부터 시작합니다.

- 1단계, 레이스 페이스로 3×50m, 20초 회복
- 2단계, 3×50m, 15초 회복
- 3단계, 3×50m, 10초 회복

3단계 이후에는 회복 시간을 더 이상 줄일 수 없으므로 분할(다이빙) 거리를 늘리고 회복 시간도 늘립니다.

- 4단계, 2×75m, 1분 회복
- 5단계, 2×75m, 50초 회복
- 6단계, 2×75m, 40초 회복
- 7단계, 2×75m, 30초 회복

7단계 이후에는 회복 시간을 더 이상 줄일 수 없으므로 분할(다이빙) 거리를 늘리고 회복 시간도 늘립니다.

- 8단계, 1×100m + 1×50m, 1분 10초 회복
- 9단계, 1×100m + 1×50m, 1분 회복
- 10단계, 1×100m + 1×50m, 50초 회복

마지막으로, 회복 시간을 더 이상 줄일 수 없어 다시 분할(다이빙) 거리를 늘리고

회복 시간도 늘립니다.

- 11단계, 1×125m + 1×25m, 2분간 회복
- 개인의 능력에 따라 계속 진행 가능

훈련은 마지막 원샷에 도달할 때까지 단계를 따라 계속 진행합니다. 위의 예와 같이 동일하게 분할된 최소 세 번의 거리(예: 50m, 75m, 100m 등)를 포함하는 것이 중요합니다. 이러한 다이나믹 트레이닝 세션은 3회 이상 실시하지 않는 것이 좋습니다. 무엇보다도 이러한 유형의 운동은 전문화 훈련 단계의 마지막 기간 동안 진행하며, 대회 기간에 도달할 최대치에 가깝게 마지막 다이나믹 거리를 설정합니다.

2.8.2 최대 속도 다이빙

이 단락에 최대 스프린트 운동을 포함시킨 이유는 크게 보면 이런 운동이 전체 거리의 일부분으로 볼 수 있기 때문입니다.

예
- 8×25m(또는 200m를 25m로 분할), 최대 속도, 30초 회복
- 4×50m(또는 200m를 50m로 분할), 최대 속도, 1분 30초 회복

이 운동은 절대적인 무산소 운동입니다. 중요한 것은 전체 거리에서 최대 속도를 유지하는 것입니다. 상대적으로 회복이 긴 이유는 다음 스플릿에서 최대로 밀어붙일 수 있는 상태(호흡 측면에서)로 회복할 수 있어야 하기 때문입니다. 어려운 점은 시리즈가 끝날 때까지 빠른 페이스의 피닝을 유지하는 데 필요한 육체적 노력(주로 근육)이며, 호흡 욕구는 그리 크지 않습니다.

이 운동은 특정화 또는 전문화 훈련의 초기 단계에 권장됩니다.

후속 훈련에서 동일한 운동을 반복할 때는 항상 최대 속도로 운동하되 회복 시간을 점진적으로 줄이는 목표를 설정해야 합니다. 총 운동 시간(총 다이나믹 시간과 회복 시간을 합한 시간)은 계산했을 때, 반복할 때마다 줄어야 합니다.

2.9 CWT 종목을 위한 DYN 트레이닝

　　다이나믹 훈련에서 글라이딩 속도를 변화시켜 CWT 다이빙을 재현하는 매우 흥미로운 훈련이 가능합니다.

　　100m 다이나믹 훈련으로 하강과 상승을 동일하게 시뮬레이션하여 CWT 50m 다이빙을 재현한다고 상상해 보십시오.

　　시뮬레이션은 우리가 알고 있는 연속 다이빙의 모든 단계를 포함해야 합니다. 따라서 하강의 초기 단계(처음 15m)에서는 속도를 높일 것이고, 그다음 25m까지는 속도를 낮춘 다음 최소한의 노력으로 '프리폴 상태'인 것처럼 50m에 도달해야 하는데, 이는 글라이딩으로 재현할 수 있습니다.

　　'50m에서 바닥에 도달'한 후 상승을 시뮬레이션할 때는 하강을 재현하면서 사용한 것과 반대의 강도로 피닝을 할 것입니다.

　　실제로 처음 25m 구간에서는 빠르게 피닝하고, 다음 15m 동안 서서히 속도를 줄이다가 10m 구간부터는 글라이딩 하며 상승하게 됩니다.

　　요약하면 수영장 바닥에 적절한 마킹을 설치한 후 위의 100m 다이나믹을 다음과 같이 진행합니다.

- 0~15m: 강력한 핀킥
- 15~25m: 평균 핀킥
- 25~50m: 최소한의 노력으로 글라이딩 효과를 극대화하는 킥 앤 글라이딩 또는 수면에서 STA 하듯 움직임을 멈춤(이 경우 속도는 1m/sec)

50m에 도착하면 하강 재현이 끝나고 상승이 시작됩니다.

- 50~75m: 강력한 핀킥
- 75~90m: 평균 핀킥
- 90~100m: 킥 앤 글라이딩 또는 수면에서 STA 하듯 움직임을 멈춤(이 경우 속도는 1m/sec)

이것은 분명히 매우 유용한 훈련이며 스트레스가 많은 상황에서 속도를 다루는 훈련에 도움이 됩니다. 다양한 생리적 요구에 따라 속도를 조절하기 위해서는 종종 최대 집중력과 자제력이 필요합니다.

이 예에서, 90m에서 100m 구간의 다이나믹이 끝날 때, 보통 우리는 다시 숨을 쉬기 위해 본능적으로 가속하는 경향이 있습니다. 따라서 75m에서 90m 구간에서 속도를 줄인 후 마지막 킥 후에는 움직이지 않고 글라이딩하는 것이 매우 어려울 것입니다.

우리는 프리폴 부분과 출수의 마지막 몇 미터 구간을 다이나믹의 글라이딩 동작으로 CWT 종목을 재현할 수 있다고 이야기했습니다. 이것은 STA(바닥에서 모래주머니를 잡고 있거나 표면에 떠있는 상태)에서도 동일하게 재현할 수 있습니다. 각각의 프리폴 수심에 대해 우리는 1초 이상의 STA 상태를 유지합니다. 예를 들어 12m 프리폴을 재현하는 경우 16초간 STA를 수행합니다.

이것은 CWT 다이빙을 궁극적인 목표로 삼고 있는 프리다이버를 위한 특정화 또는 전문화 훈련 단계의 초기에 권장되는 운동입니다. 만약 풀장에서 CNF 종목을 연습하고 싶다면 방금 설명한 운동을 DNF로 재현해 연습할 수 있습니다.

2.10 스톱 앤 고

이것은 프리다이버들이 정말 좋아하는 운동입니다. STA와 DYN이 결합되어 있기 때문에 정신적으로 스트레스가 많지 않습니다.

STA와 DYN(즉, 스톱 앤 고) 사이의 순서는 필요한 운동의 종류에 따라 달라질 수 있습니다.

- STA & DYN(stop/go)
- DYN & STA(go/stop)
- STA, DYN & STA(stop/go/stop)
- DYN, STA & DYN(go/stop/go)
- …

특히 이 운동에 사용되는 스톱 앤 고 유형과 다양한 파트의 퍼포먼스를 기록하는 것이 중요합니다. 같은 운동을 반복할 때는 스톱 또는 고 각각 또는 두 부분을 모두 늘려야 합니다. 풀장에서 스톱 단계를 용이하게 하기 위해 바닥(스톱 단계가 수행되는 지점)에 웨이트 벨트나 흡착기를 배치할 수 있습니다. 그렇지 않으면 STA 중에는 물에 떠있는 상태를 유지한 후 올바른 방향으로 위치를 잡고 DYN을 재개할 수 있습니다.

'고 앤 스톱'보다 '스톱 앤 고'가 얼마나 쉬운지 쉽게 깨닫게 될 것입니다. 두 변형 간 퍼포먼스의 차이가 크고 '고 앤 스톱'이 훨씬 더 어렵게 느껴지면 DYN 후 최대 STA 시간을 늘리기 위해 후자를 훈련하는 것이 더 중요합니다.

'고 스톱 앤 고' 훈련은 스피어피싱을 위해 매우 유용한 훈련입니다. 스태틱 파트에서 가벼운 다리 움직임, 특히 팔 움직임을 추가하면 바닥에서 물고기 사냥을 위해 매복하는 등의 실제로 일어나는 일을 재현할 수 있습니다.

이 훈련은 최대 퍼포먼스 다이빙(거리 또는 시간 기준) 또는 시리즈 훈련과 같이 덜 중요한 퍼포먼스에서 수행할 수 있습니다. 기본 및 특정화 훈련 기간 동안 그리고 전문 교육을 받는 스피어피셔에게도 추천하는 훈련입니다.

2.11 장거리 훈련

이것은 많은 높은 수준의 프리다이버들이 시즌 시작 단계에서 진행하는 훈련 중 하나입니다(6장의 챔피언 인터뷰 참조). 다음에 나오는 예시에서는 500m의 거리를 고려했지만, 동일한 방법으로 500m를 넘어 한 번에 30~40분 동안 수행할 수도 있습니다.

이 훈련은 프리다이버의 전문화 훈련 및 스피어피셔를 위한 기본 및 특정화 훈련으로 권장됩니다.

가장 중요하고 훈련이 필요한 부분은 마지막에 호흡 충동이 느껴질 때입니다. 이때 우리는 멈추지 말고 계획한 운동을 끝까지 진행해야 합니다.

다이나믹 시리즈: 단 한 번의 회복 호흡

예

- 500m 거리 다이나믹, 수중에서 5m 간격으로 5번의 핀 킥을 하고 수면에서 한 번 호흡

다이나믹 시리즈: 수면에서 능동적 회복

예

- 500m 거리 다이나믹, 12.5m 다이나믹 후 수면에서 12.5m 호흡하며 백피닝(능동적 회복)

이 운동은 다이나믹의 순서를 잘 지키고 중간에 쉬지 않는 것이 중요합니다. 만약 어렵다면 다이나믹 부분을 줄이거나 회복 부분을 늘리는 방법으로 변형해 진행합니다.

2.12 호흡을 위한 다이나믹

우리는 2.1절에서 운동의 난이도를 높이기 위해 호흡을 변경하는 방법을 살펴보았습니다. 이제 운동을 실행하는 동안 폐활량의 변화만을 기반으로 하는 몇 가지 다이나믹 훈련을 제안하려고 합니다.

출수하는 순간 호흡 속도를 강하게 가속시키는 경향이 있기 때문에 다음 연습에서 중요한 요소는 다이나믹을 마치고 출수 시 호흡을 제어하는 것이 될 수 있습니다.

좋은 방법은 머리를 앞(호기 시)과 뒤(흡기 시)로 움직여서 호흡률을 확인하는 것입니다. 만약 최대치로 '밀어붙인' 경우라면 이 간단해 보이는 연습은 매우 어려울 것입니다.

출수하는 순간 들숨과 날숨 사이의 비율을 1:2로 설정하면 난이도가 더 높아질 수 있습니다.

마지막으로, 날숨과 들숨 사이에 잠시 숨을 참는 것도 권장됩니다.

이러한 훈련은 특정화 훈련 기간 동안 할 수 있습니다. 수심을 목적으로 하는 프리다이버와 스피어피셔맨의 경우, 바다에서의 흡기 및 호기 능력 훈련이 매우 유용하기 때문에 전문화 훈련 중에도 동일한 훈련을 계속하는 것이 좋습니다.

SNO

호기 능력 향상을 위한 운동

수면 위에서 킥보드를 잡고 진행합니다.

- 최대 흡기 후 출발
- 가능한 한 오랫동안 천천히 숨을 내쉬며 최대 거리에 도달하도록 주의하면서 수면 다이나믹을 진행합니다.

일정하게 낮은 피닝 속도를 유지하고 마지막 부분에 속도를 높이지 않는 것이 중요합니다.

- 목표: 내쉬는 숨의 다이나믹 거리를 점차 늘립니다.
- 발전: 날숨을 마친 후 엠티렁 상태로 다이나믹을 계속 진행합니다.

흡기 능력 향상 운동

- 최대 호기 후 출발
- 등을 대고 뒤로 누운 자세로 천천히 숨을 들이마시며 최대 거리에 도달하도록 수영합니다.

일정하게 낮은 피닝 속도를 유지하는 것이 중요합니다.

- 목표: 들이쉬는 숨의 다이나믹 거리를 점차 늘립니다.
- 발전: 들숨을 마친 후 수중 또는 수면에서 다이나믹을 계속 진행합니다.

숨을 내쉰 후 최대 속도로 전력 질주

- 최대 호기 후 출발합니다.
- 폐가 비어있는 상태에서 최대 속도로 다이나믹을 진행합니다. 수동적 들숨 후 내쉬는 방식으로 최대 날숨에 도달하는 방법이 유용할 수 있습니다.

2.13 스피어피싱을 위한 구체적인 훈련법

　　최근 몇 년 동안 스피어피싱에서 도달한 작업 수심과 성과(지구력 측면에서도)는 이 스포츠를 특징짓는 훈련의 가장 놀라운 결과입니다. 이를 고려할 때 이제 실제 활동 시기와 거리가 먼 기간부터 시작하는 준비 훈련의 중요성에 대한 확신이 스피어피셔들 사이에서도 뿌리를 내리고 있습니다.

　스피어피셔들도 더 많은 훈련을 통해 수중에서 더 오래 머물 수 있게 기술이 향상되었습니다.

　동계 훈련 기간 동안 스피어피셔는 프리다이버가 사용하는 것과 동일한 테이블을 따라 훈련할 수 있습니다. 하지만 피싱 시즌(여름 및 대회)이 가까워질수록 특정화(구체적) 훈련에 집중하는 것이 더 중요해진다는 점을 명심해야 합니다.

　다이나믹 훈련과 관련하여 시즌의 처음 두 훈련 기간 동안 앞에서 설명한 소위 '순수한' 프리다이버의 훈련 프로그램을 차분하게 따를 수 있습니다.

　'순수한' 프리다이버를 위해 제공되는 훈련 테이블에서 벗어나는 경우는 긴 시간 동안 스피어피싱을 진행하기 위해 지구력에 초점을 맞추는 세 번째 매크로 사이클 또는 전문화 훈련에서 이루어져야 합니다.

　따라서 시즌의 첫 3분의 2 동안은 VO₂max 상황을 훈련할 때까지 운동의 질을 높이기 위해 점진적으로 노력할 것입니다.

　마지막 부분에서는 믿을 수 있는 좋은 유산소 기반을 구축한 후 피싱 방법의 실제 요구 사항에 점점 더 가깝게 훈련을 마무리합니다.

　구체적으로, 스피어피셔를 위한 교육 프로그램을 보다 정확하게 만들기 위해 다음과 같은 방법을 제안할 수 있습니다.

• 기본 훈련	A1 – A2 – B1(B2 중 일부)
• 특정화 훈련	A1 – A2 – B2(C1 중 일부)
• 전문화 훈련	A1 – B1 – A2 또는 A1 – A2(C1 중 일부)

　'순수한' 프리다이버와 비교해 스피어피셔의 훈련은 특히 시즌의 마지막 단계에서 더 많은 양(더 많은 거리)의 운동이 필요합니다.

　스피어피셔 훈련의 마지막 부분은 다음과 같습니다.

- A2와 B1에서 많은 훈련을 진행합니다.
- 능동적 회복을 포함한 A2와 B1에서 많은 훈련을 진행합니다.
- 많은 양의 스톱 앤 고 훈련을 진행합니다.
- 1,000m, 25m 다이나믹, 25m 능동적 회복, 페이스 업, 운동이 끝날 때 고통을 느낄 만큼 힘듭니다.
- 1,000m, 1회 호흡, 최대 횟수 핀킥, 운동이 끝날 때 고통을 느낄 만큼 힘듭니다.

마지막 준비 기간에 스피어피셔는 가능한 한 많은 시간을 바다에서 보내야 합니다.
경고: 훈련 후 바다에 도착하면 회복 시간을 크게 줄일 수 있을 것 같은 자신감이 들 것입니다. 그러나 우리는 항상 다음 사항을 명심해야 합니다.

수면에서 보내는 프리다이빙 시간은
물속에서 보낸 시간의 최소 3배 이상이어야 합니다.

만약 30m 이상의 깊은 수심에서 스피어피싱을 한다면 다이빙 시간의 4배 이상을 수면에 머무를 것을 권장합니다.

3장
스태틱 압네아

"시간을 잊는 유일한 방법은, 시간을 사용하는 것이다."
– 샤를 보들레르

3.1 스태틱 훈련법 소개

저는 스태틱을 주로 '정신적인' 노력이라고 생각합니다. 이것은 기술적인 문제가 아닙니다. 스태틱의 성공은 집중력과 활성화된 사고 과정을 관리하고 숨을 참는 동안 시간을 잊고, 숨을 참고 있다는 사실을 정신적으로 무시하는 능력에 달려있기 때문입니다.

만약 우리가 숨을 쉬는 5분 동안 쉬지 않고 시간을 본다면 이 시간은 끝이 없는 것처럼 느껴집니다. 만약 숨을 참는 동안 이것을 똑같이 한다면 더욱 그렇습니다. 숨 참는 시간이 '영원한' 시간이 됩니다. 육체적, 정신적 고통은 느리게 흐르는 시간과 결합되어 우리가 스태틱 자체를 '미워'하기 시작하게 됩니다.

대신 좋은 음악을 듣거나 영화를 보거나 친구들과 수다를 떨 때 5분은 아주 빨리 지나갑니다. 이 상황에서는 시간의 흐름이 감지되지 않습니다. 정확히 우리는 이러한 조건에 초점을 맞춰 수중에서도 재현할 수 있도록 해야 시간이 지나간다는 인식을 완화할 수 있습니다. 숨을 참는 동안 마음을 점유하고 시간의 흐름이 아닌 다른 것에 대해 생각함으로써 시간을 잊을 필요가 있습니다.

다시 말해, 정신 및 심리적 측면의 본질적인 요소를 고려하지 않고 스태틱 훈련에 대해 말할 수 없다는 것입니다. 이것은 매우 중요합니다. 그러나 이 장에서는 정신적 훈련이나 자가 훈련에 대해 이야기하는 대신 스태틱 훈련의 기본 개념, 시리즈 훈련 준비, '무호흡 시간' 및 '회복 시간'의 테이블 매개변수를 제어하는 방법에 초점을 맞출 것입니다. 소위 '투쟁 단계'를 관리하는 방법과 이완을 통해 횡격막 수축을 제어하는 방법에 대해 설명할 것입니다.

훈련 과정에 대해 자세히 설명하기 전에 수중 훈련을 더 효과적으로 하기 위한 몇 가지 일반적인 조언을 하고자 합니다.

- 프리다이빙의 다른 종목들과 마찬가지로 스태틱 종목의 경우에도 테스트나 연습을 수행하는 동안 취하는 자세가 중요합니다. **완전히 이완된 자세여야** 합니다. 어깨와 목 부위를 확인하는 것이 특히 중요합니다. 우리 몸의 이 부위는 일반적으로 일상 생활의 스트레스와 저산소증 등 특정 상황일 때 긴장하게 됩니다.

따라서 스태틱을 시작할 때 수행해야 할 동작에 대해 몇 가지 조언하겠습니다.

- 머리를 좌우로 약간씩 움직이고 어깨에 힘을 빼면서 근육의 긴장을 파악하고 제거 합니다.

- 손과 팔을 바닥으로 떨어뜨립니다. 특별한 자세를 취하지 않습니다. 잠수복의 모양 과 두께에 따라 가장 적합하고 편안한 자세를 찾아 팔이(팔꿈치 위쪽) 몸과 함께 수 면 위로 떠오르도록 합니다.

  스태틱을 진행하는 동안 몸의 이완 상태를 확인하기 위해 위에서 설명한 두 가지 동작을 수시로 반복합니다. 이렇게 하면 부분적으로 이전에 취했던 이완 자세가 계 속 유지되지 않는다는 것을 쉽게 알 수 있습니다. 따라서 그동안 무의식적으로 몸 에 힘을 준 것이 분명하다면 다시 완전히 이완된 자세를 취할 수 있게 될 것입니다. 이미 언급한 것 외에 **스태틱의 마지막 단계에서** 점검해야 할 새로운 부위는 다리와 발입니다. 수면 위로 떠오르기 직전의 단계에서는 본능적으로 다리를 뻣뻣하게 하 고 발을 수면 위로 들어 올려 등이 아치형으로 굽는 경향이 있다는 것을 쉽게 알 수 있습니다. 이 동작은 절대 피해야 합니다. 이 부위를 조절하는 데 집중하고 복부 근육을 사용해 허리를 곧게 펴고 다리를 완전히 이완하려고 노력해야 합니다. 어떤 경우에는 스태틱 자세가 끝날 때 프리다이버가 엎드린 자세(수면)에서 수직 자세로 넘어가면서 발을 수영장 바닥에 대고 출수할 준비를 합니다. 에너지 절약의 관점에 서 볼 때, 이 동작은 퍼포먼스를 최적화하기 위해 피해야 할 동작이기도 합니다. 먼 저 손을 수영장 가장자리에 대고 고개를 들어 숨을 쉬는 방식으로 스태틱을 진행 하는 동안 취한 자세에서 바로 출수하는 것이 좋습니다.

- 개인적으로 저는 스태틱을 할 때 다음 네 단계로 나누어 진행합니다.
  스태틱 초반: 첫 번째 단계입니다. 얼굴이 물에 들어가자마자 머리와 어깨를 살짝 움직여 이 부위가 이완되었는지 확인합니다. 머릿속으로 '나는 이완되었다, 나는 편

안하다, 나는 긴장하지 않는다.' 이 말을 여러 번 반복하는데, 한마디 한마디마다 긴장을 풀기 위한 약간의 움직임이 따릅니다. 이 단계는 약 30~40초 동안 지속됩니다. 종종 저는 이 말을 멈춘 것을 깨닫지 못하는 경우가 있습니다. 그 이유는 '마음 속으로 다른 생각'을 했기 때문입니다. 여기서 스태틱의 두 번째 단계가 시작됩니다

스태틱의 중심 구간: 가장 긴 단계입니다. 전체 무호흡 시간의 약 80%를 차지합니다. 이 부분에서 만약 저의 마음이 다른 것에 사로잡혀 있고 다른 것에 대해 생각하고 있다면 시간은 빠르게 지나갑니다. 눈은 거의 닫혀있으며, 마치 황홀경에 빠져 있는 것 같습니다. 느리게 흘러가는 시간에서 시선을 돌릴 수 없다면 이완 기법(시각화, 정신 수련, 자율 수련, 카타바시스 등)을 사용합니다.

스태틱의 '거의' 마지막 단계: 아마도 가장 관리하기 어려운 부분일 것입니다. 이 시점에서 숨을 쉬고 싶은 충동이 강하게 느껴지고 눈은 크게 떠집니다. 이 고군분투의 단계를 극복하기 위해 정신적으로 '할 일'을 찾아야 합니다. 중심 구간(2단계)에 사용되는 정신 운동은 모자란 공기 때문에 이제 도움이 되지 않습니다.
그래서 저는 손과 손가락을 사용하는 게임처럼 아주 간단한 것을 하며(보며) 시간을 보내려고 합니다. 코치의 이야기나 안내를 듣는 것도 큰 도움이 될 수 있습니다. 이 경우, 이전 단계의 무아지경에 빠진 후 감각(시각/촉각/청각)이 다시 활성화됩니다. 이것은 시간에 대해 생각하는 것으로부터 내 주의를 멀어지게 하여 퍼포먼스를 증진시킵니다.

스태틱 마지막 10초: 출수 전 마지막 단계입니다. 이 순간에는 출수 후 숨을 쉬고 싶은 본능을 계속 억제하며 머리를 수면(물속)으로 다시 가져옵니다. 저는 다시 집중하고 어깨, 목덜미, 목을 다시 이완하려고 스스로에게 '말'합니다(왜냐하면, 아마도 다시 긴장된 자세를 취했을 것입니다). 수면 위로 출수할 때 올바른 호흡법(호기 단계 조절 및 최대 흡입)을 취합니다.

- **스태틱 전 최종 호흡 때 저는 공기로 완전히 채우지 않고** 최대 용량의 약 80%에서 멈춥니다. 이는 완전히 폐를 가득 채운 상태로 스태틱을 시작하게 되면 제 몸(흉부)이 '터질듯한' 느낌을 받아 제 생각의 흐름에 몸을 맡기고 몸으로부터 멀어지는 것이 어려워지게 되기 때문입니다. 그리고 이로 인해 시간은 결코 지나가지 않습니다.

스태틱 종목의 많은 정상급 선수들이 스태틱 시작 전, 패킹 기술을 사용해 폐에 공기를 최대한 채워 큰 압력이 가해지는 것은 사실입니다.

자신에게 가장 적합한 것을 찾아보라고 말해 주고 싶습니다.

만약 스태틱 시작 후 폐에 공기를 너무 많이 채워서 불편함을 느끼게 되면 부드럽게 숨을 조금 내쉬어 폐 압력에 의한 불편함을 피할 수 있습니다.

스태틱의 마지막 단계에서 숨을 내쉴 필요가 있다고 느끼면(주로 횡격막 수축에 의해 입으로 밀려온 폐의 공기 때문에 발생) 이 공기를 내보내면 되지만, 바로 스태틱을 멈추고 출수해 호흡을 시작해야 합니다. 이렇게 숨을 내쉬고 나면 전보다 약간 나아진 것 같은 이상한 느낌이 들면서 계속 스태틱 상태를 유지할 수 있다는 생각이 들 수 있습니다. 하지만 스태틱의 마지막 단계에서 이러한 감각에 속지 않도록 주의해야 합니다. 숨을 내쉬고 나면 (비록 미미하게나마) 어떤 느낌이 들더라도 우리의 자율성이 급격히 감소하여 LMC 또는 BO의 잠재적 위험이 증가합니다 (5장 참조).

- 예상되는 무호흡 시간이 도전적이며 이로 인해 심리적으로 스트레스를 받는 경우, 스태틱을 정신적으로 다루는 유용한 방법은 **이정표를 통해 최대 스태틱에 도달하는 것**입니다. 스태틱을 시작할 때 스스로에게 말을 걸고 분할한 시간이 자신을 만족시킬 수 있다는 확신을 갖도록 합니다. 이 시간은 정신적으로 쉽게 도달할 수 있어야 합니다. 이 목표가 달성되면 우리는 그 다음 도달 범위 내의 이정표를 생각하게 됩니다. 그리고 그 목표에 도달하면 또 다른 이정표를 설정합니다. 이렇게 해서 최종 목표 시간에 도달할 때까지 반복합니다.

- 고압산소 의사와 상담한 후, **가끔 순수 산소로 호흡한 후 스태틱을 진행해 보세요.** 시간이 엄청나게 늘어납니다. 키에티 대학에서 실시한 의학 테스트에서 저는 순수 산소로 6분간 호흡한 후 19분 56초 동안 숨을 참았습니다.

  저는 이 전문 분야에서 정신적 장벽을 가진 학생들이 이 테스트를 한 후 스스로 극복하는 것을 보았습니다. 때때로 습관과 독창적인 사고는 우리가 정신적으로 어떻게 기능하는지 조사하고 이해하는 데 사용될 수 있습니다

- 스태틱을 진행할 때 **시계 사용 여부** 또는 **시간 모니터링 여부**에 대한 질문도 자주 받습니다. 안타깝게도 우리는 매우 감정적인 존재이기 때문에 숨 참기 중 시간을 확인할 필요성이나 유용성을 둘러싼 규칙은 존재하지 않거나 확립될 수 없는 것 같

습니다.

개인적으로 저는 다이빙 시계 없이 스태틱 훈련을 할 수 없습니다. 왜냐하면, 스태틱 훈련 중간에 생각에서 '깨어나거나' 가상 여행에서 현실로 돌아와서 정신적으로 주의가 산만해질 때, 가장 먼저 하는 질문이 '내가 얼마나 오래 숨을 참았지?'입니다. 이 질문에 대한 답을 찾지 못하고 시간을 확인하지 못하면 저는 급격하게 제 자신에게로 '돌아옵니다'. 그 순간부터 시간의 흐름에 대한 지각이 흐려지고, 적어도 기존의 신호(예: 4분 후 수중 금속음과 같은 신호, 그 후 30초마다 신호)가 정확한 잠수 시간을 알려줄 때까지는 정신이 혼미해집니다.

하지만 시계를 보면서 시간을 확인할 수 있으면 저는 즉시 집중력을 회복할 수 있습니다. 그리고 실제로 이런 집중력이 흐려지는 순간에 저는 팔을 약간 움직여 시간을 확인한 후 마음을 가볍게 하고 '재시작'합니다. 이것은 저에게 매우 중요하지만 모든 사람에게 효과가 있는 것은 아닙니다. 실제로 스태틱 중에 시간을 알고 싶어 하지 않는 프리다이버들도 많이 있습니다. 왜냐하면, 이것이 그들을 시간의 개념에 묶어놓을 것이고, 그 생각에서 벗어날 수 없게 되기 때문입니다.

두 개의 동일한 스태틱 시리즈를 한 번은 시계를 보면서(또는 특정 시간에 고정 신호를 수신할 때), 다른 한 번은 시간을 확인하지 않고 진행한 후 비교하면 무엇이 최상의 결과를 보장하는지 이해하는 좋은 방법이 될 수 있습니다.

테스트는 한 번만 하고 멈추지 말고 최고의 결과를 얻기 위해 어떤 방법으로 선택해 훈련할지 결정하기 전에 많은 훈련을 통해 여러 번 테스트를 반복하시기 바랍니다.

참고: 이 장에서 스태틱 트레이닝을 위한 모든 연습과 테이블(표)은 주요 운동을 더 잘 이해하기 위해 설계되었습니다. 퍼포먼스와 회복 시간은 프리다이버의 기술 수준에 따라 다릅니다.

3.2 스태틱을 위한 워밍업

　　다이나믹 종목과 마찬가지로 **스태틱을 위한 워밍업도 목표**(트레이닝 테이블, 서브맥스 또는 맥스 퍼포먼스)**에 따라 달라집니다.**

　　종종 수준 높은 선수들은 대회에서 맥스 퍼포먼스를 시도하기 전에 수중 워밍업을 하지 않습니다. 실제로 공식 경기 몇 분 전에는 특별한 호흡 기술과 드라이 스태딕 빈갈아 진행히며 경기를 준비합니다.

　　반면 어떤 선수들은 맥스 퍼포먼스 시도 전 수중 워밍업을 진행합니다. 대부분의 경우 워밍업은 엠티렁 상태에서 수행됩니다.

　　최근에는 트레이닝에서 테이블 또는 시리즈 훈련의 실행이 예상되는 워밍업을 자주 볼 수 있습니다.

　　위의 내용은 다른 프리다이빙 종목과 마찬가지로 모든 선수에게 적용되는 유효한 규칙이 없다는 것을 알려드리기 위한 것입니다. 스태틱 종목의 경우 특히 더 그렇습니다. 정신적인 요소로 인해 워밍업 순서는 전적으로 주관적입니다.

　　스태틱(맥스 또는 테이블)을 수행하기 전에 가장 좋은 워밍업 방법을 찾기 위해 프리다이빙에서 일반적으로 제공되는 각 방법(워밍업 유무, 엠티렁 상태 또는 수동적 들숨 후 등)을 변경하고 테스트해 보는 것이 좋습니다. 항상 동일한 방식으로 워밍업하는 개인적인 습관에 갇히지 말고 다양한 방법으로 놀고, 시도하고, 바꿔보세요. 이런 식으로 시행착오와 몇 달간의 테스트를 거쳐 어떤 워밍업이 자신에게 더 적합한지 합리적으로 결정할 수 있을 것입니다.

　　워밍업 후 수행할 훈련 유형에 따라 최상의 감각을 얻고 이를 최대한 활용하기 위해 어떤 유형의 워밍업이 필요한지 모두가 이해하고 인지하는 것이 중요합니다.

　　저는 개인적으로 스태틱을 위한 워밍업이 꼭 필요합니다. 만약 워밍업을 하지 않고 바로 스태틱을 시작하면 3'30" 후에 숨을 쉬어야 합니다. 몇 달 동안 워밍업 없이 훈련도 해보고 스태틱 기록이 높은 여러 친구들이 워밍업을 하지 말라고 권유도 했지만, 워밍업을 하지 않으면 좋은 느낌이 들지 않았고 기록은 항상 짧았습니다.

　　결국 스태틱에 대한 다양한 접근 방식을 테스트한 결과, 저는 트레이닝 테이블과 맥스 퍼포먼스 전 워밍업을 하는 방식을 선택했습니다.

　　제 스태틱 워밍업은 3가지 동작으로 구성되며 워밍업 사이의 회복 시간은 약 2분입니다. 이 세 가지 동작을 하는 동안에는 시간을 확인하지 않고 제가 '느끼는 대로' 합니다. 첫 번째 워밍업에서는 수축이 느껴지고 숨을 쉬고 싶은 충동이 생기면(한계에 도달하지는 않았고 여전히 숨 참을 여유가 충분한 상태) 출수해 숨을 쉽니다. 출수 후에야 시간을 확인하는데, 첫 번째 워밍업 기록은 보통 3'15"에서 3'30" 사이입니다. 2분 정도 회복한 후 두 번째 워밍업을 시작합니다. 여전히 시간을 확인하지 않고 첫 번째 워밍업 스태틱에서 숨을 쉬게 했던 것과 같은 감각을 유지하며 동일한 수축 및 호흡 충동을 느낄 때 출수합니다. 두 번째 워밍업 기록은 항상 4'10"에서 4'30" 사이로 끝납니다. 그런 다음 2분간 회복 후 마지막 워밍업을 시작합니다. 이때는 보통 5'15"에서 5'30"의 기록으로 이전 스태틱과 같은 느낌으로 출수합니다. 이 순간부터 저는 훈련 시리즈 또는 맥스 퍼포먼스를 진행할 준비가 됩니다.

제가 교육을 진행하면서 보통 학생들이 원하는 대로 워밍업을 하게 하면 휴식 시간이 너무 길어지는 것을 발견했습니다. 어떤 경우에는 워밍업 시간이 최대 20분까지 소요되며, 총 스태틱 시간은 6~7분을 넘지 않았습니다.

저는 워밍업을 진행하는 동안 총 스태틱 시간이 총 회복 시간의 합보다 훨씬 길어야 한다고 생각합니다. 실제로 워밍업을 하는 동안 학생들에게 최대 2분의 회복 시간을 주었더니 거의 모든 학생이 긴 회복 시간의 무의미함을 쉽게 깨달았습니다. 또한 달성한 결과는 때때로 이전에 얻은 결과보다 훨씬 더 높았습니다.

워밍업을 위한 다른 아이디어:

- 워밍업을 진행하는 동안 고정된 회복 시간을 유지하면서 프리다이버는 항상 동일한 '공기 갈증' 상태일 때 출수합니다. 아마 매번 스태틱 시간이 길어질 것입니다. 제 경험에 의하면 회복 시간은 2분을 넘지 않아야 합니다.
- 워밍업 단계에서 횡격막 수축 횟수를 세고 워밍업마다 그 횟수를 점차 늘리려고 노력해 보세요.

3.3 스태틱 중 컨트랙션(수축) 관리

스태틱 종목의 경우 **횡격막 수축(컨트랙션)**은 매우 강렬하게 느껴지며 명확하고 정확하게 나타납니다. 그러나 다른 종목(다이나믹 또는 수심)에서는 실행에 필요한 근육 움직임이 특정 방식으로 수축을 숨기거나 은폐하여 인식을 약화시킬 수 있습니다. 하지만 스태틱 종목은 그렇지 않습니다.

우리는 횡격막 수축에 근육 수축으로 대응하는 것은 절대로 피해야 합니다. 근육 수축의 경향은 일반적으로 팔을 가슴에 강하게 밀착시키고, 어깨를 귀 쪽으로 들어 올리고, 다리를 쭉 뻗어 마치 수축 자체에 대한 장벽을 만들고자 하는 것으로 스태틱에서 이것은 최악의 자세입니다!

대신 횡격막 수축을 느낄 때는 그 반대로 긴장을 풀어야 합니다. 약간의 상상력을 발휘하여 횡격막 수축을 긴장을 풀라고 안내하는 친구의 신호로 해석해 보세요. 이것이 수축을 해석하고, 수용하고, 그것이 우리를 장악하여 근육이 직접적으로 그리고 부정확하게 '대면'하는 것을 방지하는 방법입니다. 그렇지 않으면 우리는 이 도전에서 실패할 것입니다.

각 수축은 최대한의 신체적 이완 또는 적어도 그러한 상황을 목표로 하는 훈련으로 충족되어야 합니다.

역설적이게도 우리는 종종 자신도 모르게 횡격막 수축을 유도합니다. 이것이 사실임을 깨닫는다면 수축이 시작되기 전에 복부, 횡격막, 어깨, 흉부, 혀에 집중하여 모든 것을 이완하고 자신을 놓아줄 수 있습니다. 이렇게 하면 수축이 지연됩니다.

우리의 노력에 대해 약간의 만족감을 얻는 데 도움이 되는 해석은 수축이 우리가 훈련하고 있다는 사실을 증명하고, 극한의 조건과 한계까지 숨을 참는다는 사실을 증명함으로써 우리의 의지의 표현이라고 생각하는 것입니다. 하지만 이러한 신호를 과소평가해서는 안 됩니다. 사실 수축의 정확한 의미를 파악하기 위해 중요한 것은 그들과 함께 살도록(익숙해지도록) 스스로 훈련하는 것입니다.

저는 보통 2'30"에서 3'15" 사이에 첫 수축이 시작되는 것을 느낍니다. 저는 이 신호를 즉시 물 밖으로 나가라는 의미가 아니라 내 몸이 조심하라고 보내는 신호이며 완전히 긴장을 풀라는 '초대'로 해석합니다.

스태틱에서 저의 최고 기록은 8'01"인데, 이때 2'35"에서 첫 수축을 느꼈고 횡격막 수축을 처리하고 몸을 이완하는 데 거의 5'30"을 보냈던 것을 완벽하게 기억합니다. 하지만 다른 경우도 여전히 발생합니다. 스태틱을 하는 동안 4분 후에 첫 번째 수축이 오면 기대에 부풀어 최고 기록에 도달하기를 바라지만, 불행히도 6분이 조금 넘은 후에 출수하기도 합니다.

실제로 각 횡격막 수축의 강도와 간격은 고려해야 할 중요한 변수입니다. 이러한 변수는 스태틱을 멈춰야 할 시점을 나타냅니다.

위에서 설명한 예들은 스태틱을 시작할 때 횡격막 수축을 느끼는 것이 더 낫다는 의미가 아닙니다. 대신 수축, 수축의 총 횟수 또는 '내가 수축을 참고 있는 시간'이 아니라 내 몸, 고개를 들어 숨을 쉴 때를 항상 결정하는 내 머릿속의 '작은 목소리'에 의해 머리를 들고 숨을 쉴 때가 됐는지를 결정하라는 의미입니다.

3.4 스태틱을 위한 트레이닝

많은 프리다이버에게 스태틱 훈련은 물속에 들어가서 이전 훈련 세션에서 도달한 기록보다 매번 더 높은 기록을 세우는 것을 의미합니다. 이는 마치 마라토너가 훈련을 위해 매일 42km를 달리면서 매번 이전보다 조금 더 빠른 기록을 세우는 것과 비슷합니다. 다행히도 이 책에서는 그렇지 않습니다! 진지하고 프로그램화된 훈련을 계획하려면 스태틱 훈련의 경우에도 '무호흡 시간' 또는 '회복 시간'과 같은 변수를 점진적으로 변경할 수 있는 테이블을 만들어야 합니다.

이러한 방식으로 테이블 A, B, C 그리고 D, E, F, G가 어떻게 작동하는지 살펴볼 수 있습니다. 첫 번째 단계는 이러한 테이블을 구성하고 가능한 개인별 '맞춤형'으로 만드는 것입니다.

즉, 적절한 워밍업 후 8회 스태틱 시리즈의 테이블 훈련을 수행하는 것이 유익하며(나중에 세 가지 테이블의 특성을 확인할 것입니다), 마지막 시리즈에서는 확실히 '밀어붙여야' 합니다. 마지막 스태틱에서 강렬한 수축이 동반된다면 그 테이블 훈련이 우리 수준에 맞게 잘 만들어졌다고 말할 수 있습니다. 만약 여덟 번째 스태틱에서 여유가 생기고 더 할 수 있다고 생각될 경우, 훈련을 더 어렵게 만들기 위해 매개 변수 중 하나를 변경하여 테이블을 재설계해야 합니다. 반대로 여덟 번째 스태틱에 도달하기 전에 시리즈를 중단할 경우, 이전에 설계한 테이블(매개변수)이 우리 수준에 적합하지 않으므로 테이블을 좀 더 쉽게 조정해야 한다는 의미입니다.

테이블 A, B, C에 대한 '기본 목표'가 정의되면 스태틱 훈련 중에 풀에서 사용할 각 테이블의 구체적인 목표(1, 2, 3)를 개발할 수 있습니다.

테이블 훈련 실행에 대한 일반 정보

• 회복 시간을 3분보다 길게 설정하지 마세요. 3분의 회복 시간이면 이미 모든 운동 시리즈를 실행하기에 충분합니다.

- 첫 번째부터 세 번째까지 목표의 순서를 반드시 따르지 않아도 원하는 목표를 안전하게 달성할 수 있습니다. 따라서 우리는 우리가 선호하는 것을 선택하고 수행합니다. 목표 3은 가장 어려운 난이도로, 1과 2보다 난이도가 더 빠르게 증가합니다.
- 목표 3을 달성할 때마다 이 목표에서 얻은 테이블은 목표 1, 2, 3을 향한 새로운 기본 테이블이 됩니다.
- 무호흡 시간 증가 및 회복 시간 감소는 개인의 수준 및 시리즈의 난이도에 따라 달라질 수 있습니다. 시즌 초반, 최대치에서 가장 멀리 떨어져 있고 개선의 여지가 조금 더 있을 때는 불과 2~3초의 차이가 운동의 효과에 결정적일 수 있는 시즌 말보다 변화가 더 클 수도 있습니다.
- 앞으로 나올 테이블의 시간은 스태틱 개인 최고 기록이 약 5분 정도인 프리다이버에게 적합합니다. 경고: 최대 기록이 같은 두 선수의 테이블은 다를 수 있습니다. 실제로, 순수 프리다이버보다 회복 능력이 뛰어난 스피어피셔는 개인 최고 기록이 동일하더라도 프리다이버보다 더 어려운 테이블을 수행할 수 있습니다.
- 앞서 언급한 바와 같이 이 테이블들은 순전히 참고용이며, 개인의 수준에 맞게 조정할 수 있습니다.

테이블 A

스태틱 시간이 동일하고 회복 시간은 줄어드는 시리즈

기본 테이블

스태틱	회복
3'30"	3'00"
3'30"	2'50"
3'30"	2'40"
3'30"	2'30"
3'30"	2'20"
3'30"	2'10"
3'30"	2'00"
3'30"	=

'스태틱' 열의 기록은 프리다이버 개인 최고 기록의 60%~70% 정도여야 합니다.

목표 1

스태틱	회복
3'30"	2'50"
3'30"	2'40"
3'30"	2'30"
3'30"	2'20"
3'30"	2'10"
3'30"	2'00"
3'30"	2'00"
3'30"	=

테이블 A의 목표 1: 스태틱 시간은 동일하게 유지하되, 회복 시간은 점진적으로 감소하여 최소 2분에서 마지막 간격으로 스태틱 횟수를 늘리도록 합니다.

목표 2

스태틱	회복
3'30"	2'50"
3'30"	2'40"
3'30"	2'30"
3'30"	2'20"
3'30"	2'10"
3'30"	2'00"
3'30"	1'50"
3'30"	=

테이블 A의 목표 2: 스태틱 시간은 동일하게 유지되는 반면, 마지막 회복 시간 2분의 최소한도를 넘어 시리즈의 마지막 스태틱 구간까지 점진적으로 감소합니다.

목표 3

스태틱	회복
3'30"	3'00"
3'30"	2'50"
3'30"	2'40"
3'30"	2'30"
3'30"	2'20"
3'30"	2'10"
3'30"	2'00"
3'30"	=

테이블 A의 목표 3: 스태틱 시간은 증가하지만 각 반복에서는 동일하게 유지되고 회복 시간은 기본 표 A와 동일합니다. 이 마지막 목표가 달성되면 '기본' 테이블 대체하여 후속 목표1, 2, 3 테이블을 시작할 수 있습니다.

테이블 B

스태틱 시간이 증가하고 회복 시간은 고정된 시리즈

기본 테이블

스태틱	회복
3'20"	2'45"
3'30"	2'45"
3'40"	2'45"
3'50"	2'45"
4'00"	2'45"
4'10"	2'45"
4'20"	2'45"
4'30"	=

'스태틱' 열의 시간은 프리다이버 개인 최고 기록의 40%에서 80%까지 이동합니다.

목표 1

스태틱	회복
3'30"	2'45"
3'40"	2'45"
3'50"	2'45"
4'00"	2'45"
4'10"	2'45"
4'20"	2'45"
4'30"	2'45"
4'30"	=

테이블 B의 목표 1: 스태틱 시간은 점진적으로 증가하는 반면 회복 시간은 동일하게 유지되며, 최대 무호흡 시간이 4'30"로 고정되어 반복 횟수도 증가합니다.

목표 2

스태틱	회복
3'30"	2'45"
3'40"	2'45"
3'50"	2'45"
4'00"	2'45"
4'10"	2'45"
4'20"	2'45"
4'30"	2'45"
4'40"	=

테이블 B의 목표 2: 숨을 참는 시간은 점진적으로 증가하고 회복 시간은 동일하게 유지되지만, 마지막 무호흡 시간도 증가합니다.

목표 3

스태틱	회복
3'20"	2'30"
3'30"	2'30"
3'40"	2'30"
3'50"	2'30"
4'00"	2'30"
4'10"	2'30"
4'20"	2'30"
4'30"	=

테이블 B의 목표 3: 숨을 참는 시간은 점진적으로 증가하고(기본 표 B에서와 같이), 고정 회복 시간은 감소합니다(기본 표 B와 비교). 또한 이 목표를 달성하면 이 목표가 '기본' 테이블을 대체하여 후속 목표 1, 2, 3 테이블을 시작할 수 있습니다.

테이블 C

스태틱 시간이 증가하고 회복 시간은 줄어드는 시리즈

기본 테이블

스태틱	회복
3'10"	2'45"
3'20"	2'40"
3'30"	2'35"
3'40"	2'30"
3'50"	2'25"
4'00"	2'20"
4'10"	2'15"
4'20"	=

목표 1

스태틱	회복
3'10"	2'35"
3'20"	2'30"
3'30"	2'25"
3'40"	2'20"
3'50"	2'15"
4'00"	2'10"
4'10"	2'05"
4'20"	=

테이블 C의 목표 1: 스태틱 시간은 증가하고 회복 시간은 일정하게 감소합니다. 회복 시간은 지속적으로 감소하는 값을 유지하지만, '기본' 테이블보다 10초 정도 낮은 초기 시간에서 시작합니다.

목표 2

스태틱	회복
3'30"	2'45"
3'40"	2'40"
3'50"	2'35"
4'00"	2'30"
4'10"	2'25"
4'20"	2'20"
4'30"	2'15"
4'40"	=

테이블 C의 목표 2: 스태틱 시간은 증가하고 회복 시간은 지속적으로 감소합니다. 숨 참기 시간은 지속적으로 증가하는 값을 유지하지만, '기본' 테이블보다 20초 정도 높은 초기 시간에서 시작합니다.

목표 3

스태틱	회복
3'20"	2'35"
3'30"	2'30"
3'40"	2'25"
3'50"	2'20"
4'00"	2'15"
4'10"	2'10"
4'20"	2'05"
4'30"	=

테이블 C의 목표 3: 지속적으로 스태틱 시간이 증가하고 회복 시간은 감소합니다. 숨 참기 시간은 지속적으로 증가하지만, '기본' 목표보다 10초 정도 높은 초기 시간에서 시작합니다. 회복 시간도 '기본' 목표보다 10초 낮은 초기 시간에서 시작합니다. 또한 이 목표를 달성하면 이 목표가 '기본' 테이블을 대체하여 후속 목표 1, 2, 3 테이블을 시작할 수 있습니다.

3.5 스태틱 훈련에 대한 다른 아이디어들

3.5.1 Top/Time 시리즈(Top=스태틱+회복)

탑/타임은 시리즈를 구성하는 숨 참기의 시작을 나타냅니다. 각 탑/타임에서 새로운 스태틱이 시작됩니다.

이 시리즈의 목적은 스태틱 시간은 최대로 늘리고(따라서 회복 시간은 줄어듭니다.) **전체 시리즈에서 총 탑 타임은 그대로 유지**하는 것입니다.

6분 탑 시리즈를 예로 들어보겠습니다. 이는 6분마다 새로운 숨 참기가 시작된다는 것을 의미합니다. 이 연습의 목적은 스태틱/회복 시간을 최대한 일관되게 유지하면서 정해진 시간(6분)을 관리하는 능력을 키우는 것입니다. 숨 참기 시간이 증가하는 만큼 회복 시간은 감소한다는 점을 기억하십시오. 다른 훈련과 마찬가지로 시리즈의 모든 렙을 비슷한 시간에 반복하기 위해서는 당연히 숨 참기를 '밀어붙이는' 수준까지 진행(노력)해야 합니다. 그렇지 않으면 훈련의 효과를 잃게 됩니다. 이 모든 훈련은 회복 능력의 한계 내에서(스태틱 시간의 증가로 인해 감소하는 이미 설정된 최대 시간 내에서) 수행되어야 합니다.

이제 개인 최고 기록이 약 5분에서 5분 30초인 프리다이버에 맞게 설계된 6회 스태틱이 포함된 6분짜리 탑테이블을 예로 들어 설명해 보겠습니다.

테이블 D

탑 6분×6

스태틱	회복
최대 3'50"	2'10"
최대 3'53"	2'07"
최대 3'55"	2'05"
최대 4'10"	1'50"
최대 4'15"	1'45"
최대	=

'스태틱' 열의 시간은 모두 최대 시간입니다. '회복' 열의 시간은 앞 열의 스태틱이 완료된 후 재시작까지 남아있는 총 시간입니다. 표 A, B, C와 달리 스태틱 시간 및 회복 시간이 정확하게 설정되어 있지 않습니다. 보시다시피, 스태틱 시간의 최대 범위는 3'50"에서 4'15" 사이입니다. 가장 낮은 시간과 가장 높은 시간 사이의 간격은 30초 미만입니다.

이 테이블 훈련에서 흔히 저지르는 실수는 회복할 수 없을 정도로 무리하게 숨을 참은 후 후속 숨 참기를 제시간에 시작하는 것입니다. 이 경우 회복할 수 있는 시간이 너무 짧아 숨을 참는 시간의 일관성이 보장되지 않게 되기 때문에 반드시 피해야 합니다.

따라서 위의 예시에서, 회복 시간을 1분으로 설정하고 스태틱 시간을 5분으로 늘리는 것은 그다음 스태틱 시간이 3분을 넘기기 어려울 경우에는 의미가 없습니다. 탑/타임 기록이 향상됨에 따라 기대치도 높아집니다. 높은 탑/타임 시리즈는 확실히 특정화 훈련과 전문화 훈련의 마지막 부분에 더 적합합니다.

기본 및 특정 훈련 기간 또는 우리가 특히 피로하거나 스태틱 상태에서 정신적으로 스트레스를 받거나, 최대치 스태틱 기록에 도달하기 어려운 훈련 시즌의 일부 동안에서는 낮은 탑/타임 시리즈를 강력히 추천합니다. 확실히 낮은 탑/타임 시리즈가 높은 탑/타임 시리즈보다 정신적으로 덜 어렵습니다.

그러나 이것이 덜 힘들고 절대적인 측면에서 훈련이 적다는 것을 의미하지는 않습니다. 숨을 참는 시간이 2'40"~2'45" 정도로 안정적인 3분 탑/타임 테이블을 예로 들어보겠습니다. 이는 회복 시간이 15~20초라는 것을 의미합니다. 다음 숨 참기를 시작하기 전에 이렇게 짧은 회복을 취하면 횡격막 수축이 금방 시작됩니다.

높은 탑/타임 시리즈는 반복 횟수를 낮추고, 낮은 탑/타임 시리즈는 반복 횟수를 늘립니다. 예를 들어 6분 탑 시리즈의 경우 8번의 스태틱이 포함될 수 있으며, 4분 탑 시리즈의 경우 최대 10~12회까지 반복할 수 있습니다. 8분 탑 시리즈는 4~6회 반복할 수 있습니다. 모든 것은 우리가 스태틱을 얼마나 밀어붙일 수 있는지에 달려있습니다.

저는 스피어피셔들의 경우 중간-낮은 탑/타임을 설정하고 반복 횟수를 늘리라고 조언합니다.

각 탑/타임 테이블의 목표나 진화는 항상 동일한 탑/타임 내에서 점진적으로 스태틱 시간을 증가시키는 것입니다.

3.5.2 회복 시간이 점진적으로 감소하는 최대 스태틱 시리즈

　　이 시리즈를 3.4항의 테이블 A에 제시된 시리즈와 혼동해서는 안 됩니다. 테이블 A의 경우 실행하기 전에 스태틱 시간이 고정되어 있습니다. 이 훈련 시리즈에서는 처음부터 무호흡 시간을 중요하게 고려하고, 가능하면 테이블 내에서 '밀어붙이기'를 통해 무호흡 시간을 늘립니다. 이는 한 반복과 다른 반복 사이에 회복 시간이 점진적으로 감소한다는 사실에도 불구하고 그렇습니다.

　　여기서도 먼저 예를 든 다음 개인 최고 기록이 약 5분에서 5분 30초인 프리다이버에게 적합한 7회의 스태틱으로 설계된 테이블에 대해 설명하겠습니다.

테이블 E

스태틱 시리즈

(정해지지 않은) 최대 스태틱 시간 및 회복 시간 감소

스태틱	회복
최대 4'00"	3'00"
최대 4'10"	2'30"
최대 4'10"	2'00"
최대 4'05"	1'30"
최대 3'45"	1'00"
최대 3'15"	30"
최대	=

　　위 테이블에서 최대 회복 시간 3분 대신 2분으로 바꾸고, 단계마다 30초 대신 15초씩 줄이거나 또는 최대 회복 시간을 1분으로 하고 5초씩 감소시키면서 동일한 운동을 할 수 있습니다. 이것들은 모두 예시입니다.

　　저는 스피어피셔들에게 위에서 설명한 테이블 유형(최대 회복 시간 2분, 회복 시간 15초씩 감소)을 따르거나 더 많은 횟수의 스태틱을 하도록 조언합니다.

　　만약 이 테이블 시리즈를 최대 시간과 최소 시간 간격을 15초로 설계할 경우 이를 수행하기 위해서는 높은 스태틱 수준을 유지하는 것이 필수적입니다.

훈련하는 동안 일관된 무호흡 시간과 회복 시간의 점진적인 감소가 결합된 효과를 우리는 '느낄 수 있을 것'입니다. 이것을 통해 우리는 허용 가능한 효율성 범위에서 실행 수준을 유지하기 위해 더 많은 노력을 기울이게 될 것입니다.

이 시리즈의 목표는 표를 반복할 때마다 무호흡 시간을 명확하게 올리는 것입니다.

이 훈련의 진화는 최소 회복 시간인 1분에 도달한 후 이어지는 스태틱에서 회복 시간(1분)을 유지하고 가능한 한 가장 스태틱 시간을 높게 유지하도록 하는 것입니다.

예를 들어 테이블 E를 변경하면 다음과 같은 결과를 얻을 수 있습니다.

테이블 F

스태틱	회복
최대 4'00"	3'00"
최대 4'10"	2'30"
최대 4'10"	2'00"
최대 4'05"	1'30"
최대 3'45"	1'00"
최대 3'47"	1'00"
최대	=

최소 회복 시간은 우리가 테이블을 얼마나 고농도의 이산화탄소 상태로 설계하고 싶은지에 따라 증가될 수 있습니다(예를 들어, 30초 회복으로 시리즈를 수행하는 경우).

3.5.3 회복 시간이 짧은 스태틱 시리즈

이 단락을 시작하며 10분 이상 호흡을 참을 수 있는 가장 강한 운동선수들이 가지고 있는 몇 가지 특성에 대해 생각해 보고자 합니다. 이들은 단지 2분의 회복 시간만으로도 자신들의 스태틱 시간을 쉽게 9분까지 밀어붙일 수 있습니다. 하지만 이런 숨 참기를 10회 반복하는 스태틱 시리즈가 얼마나 스트레스(정신적 피로)를 받을지 상상해 보세요! 각 반복의 마지막 몇 분 또는 몇 초의 훈련 효과를 얻기 위해 끝없는 훈련 세션을 진행해야 합니다. 이처럼 특정한 경우, 반복 훈련은 선수가 그 자체로 훈련이라기보다는 소위 '투쟁 단계'를 훈련하도록 유도하는 데 더 많은 역할을 합니다.

간단히 말해, 기록을 향상하기 위해 스태틱의 마지막 단계에서 어떻게든 '싸워야' 하며, 적절히 자극을 받으면 이 단계가 스태틱 기록의 증가에 영향을 미칩니다.

챔피언 이야기로 돌아가서, 이 선수들이 30초의 회복 시간으로 약 6~7분간 스태틱을 할 수 있다는 점을 생각해 봅시다(6장의 브랑코 페트로비치 인터뷰 참조).

이 경우 첫 번째 횡격막 수축이 다소 빨리(약 1분 후) 나타나고, 그 후 '투쟁 단계'가 시작되며 5분 동안 지속될 수도 있습니다.

이와 같은 훈련 방식이 위에서 언급한 더 긴 회복 시간을 갖는 스태틱(2~3분 회복, 9~10분 스태틱) 훈련에 비해 정신적으로 관리하기가 훨씬 쉬운 것으로 확인됐습니다.

이러한 이유로 높은 수준의 프리다이버들은 다음과 같은 방법을 사용해 스태틱 테이블 훈련을 진행합니다.

- 빈 폐(엠티렁)
- 반쯤 빈 폐
- 수동적 들숨
- 능동적 날숨
- 매우 낮은 회복
  - 한 번 들숨
  - 세 번 호흡
  - 30초간 회복

이 모든 것은 우리가 안전하게 사용할 수 있는 스태틱 훈련에 대한 아이디어입니다. 목표는 동일한 회복 순서로 동일한 테이블을 명확하게 다시 실행하면서 스태틱 시간을 늘리는 것입니다.

위에서 언급한 스태틱 테이블의 또 다른 버전은 **동일한 시리즈 내에서 회복 시간은 일정하게 유지하면서 스태틱 시작 시 공기의 양을** (점차적으로 적게) **변화시키**

는 시리즈를 수행하는 것입니다. 한 가지 예(얼마나 많은 테이블을 구성할 수 있는지에 대한 아이디어를 제공하기 위해)는 첫 번째 반복은 최대 흡입 후, 두 번째 반복은 약간 적은 공기로 진행한 다음 수동적 들숨 후 능동적 날숨(빈 폐)까지 계속하는 스태틱 시리즈가 될 수 있습니다.

다시 말하면 폐 가득 채우기, 능동적 들숨, 수동적 날숨, 능동적 날숨, 수동적 들숨, 빈 폐의 순서로 진행할 수 있습니다.

점진적인 날숨으로 진행하는 스태틱

3.6 스태틱에서의 심리적 장벽을 극복하는 방법

저는 대회에서 스태틱 종목으로 출전한 경험이 많지 않습니다. 세계 팀 선수권 대회에 세 번 참가해 스태틱 종목에 출전한 적이 있지만, 이 종목으로 개인전은 한 번도 참가해 본 적이 없습니다.

저의 궁극적인 목표가 수심 종목이었지만, 스태틱 훈련이 매우 중요하다고 생각했기 때문에 항상 이 분야를 훈련해 왔습니다.

훈련 시즌 동안, 특히 시즌의 마지막 부분에 접근하면서 최대 결과를 목표로 설정하기 시작했을 때 때때로 어려움을 겪었습니다. 여기서 말하는 어려움이란 피로감, 이미 몇 번이나 달성했던 스태틱 시간을 달성할 수 없음, 스태틱 중에 집중력을 되찾을 수 없고 마음이 시간에서 멀어지는 것 등을 의미합니다.

다시 말해 당연하고 좋은 느낌을 주던 '쉬운' 스태틱조차 어렵게 느껴졌습니다.

이런 경험은 그리 드물지 않습니다. 모든 레벨의 학생과 프리다이버들이 이런 경험을 여러 번 겪었는데, 중요한 대회에 임박해서 스태틱 기록이 '무너졌다'고 걱정하며 저를 찾아왔습니다.

이 문제는 스태틱의 정신적 측면과 밀접하게 연관되어 있으며, 특히 많은 기대가 달려있는 경우 상당히 열등한 결과로 이어지는 경우도 있습니다.

워크숍에서 저는 종종 학생들에게 다음과 같은 유형의 훈련을 제안합니다.

- 3분 회복으로 5번의 최대치 스태틱
- 몇 분간 휴식
- 30초 회복으로 5번의 최대치 스태틱

이 10번의 스태틱에서 30초 회복 시리즈의 스태틱 시간이 3분 회복 시리즈와 비교해 매우 유사하거나 경우에 따라 더 높은 기록을 보이는 경우를 어렵지 않게 볼 수 있습니다.

이 역설에 대한 설명은 높은 수준의 프리다이버가 매우 낮은 회복으로 스태틱 시리즈를 수행하도록 유도하는 것으로 설명할 수 있습니다.

스태틱 종목에서 '빅 타임(좋은 기록)'은 때때로 우리가 예상치 못한 순간에 찾아옵니다. 이 말은 누군가를 격려할 때 흔히 쓰는 말이 아닙니다.

그러나 스태틱을 훈련하는 데에 분명한 심리적, 신체적 그리고 동기 부여적 장애물이 있는 경우, 적어도 다시 시도하고 게임에 뛰어들 의지가 생길 때까지는 잠시 훈련을 중단하는 것이 좋습니다. 다이나믹이나 노리밋에 초점을 맞추고 드라이 트레이닝을 하고, 불필요한 스태틱을 피하는 등 어떤 식으로든 완전한 재설정이 필요할 것입니다. 만약 스태틱 테이블 훈련을 지속하고 싶다면 회복이 매우 짧거나 최종 호흡이 최댓값보다 낮은 훈련 테이블로 진행합니다.

위 3.5.3 단락에 설명된 모든 훈련이 권장됩니다. 여기에 스태틱과 다이나믹을 하나로 합친 모든 스톱-앤-고 훈련도 추천합니다.

스태틱에서 정신적 '투쟁'을 더 잘 관리하노톡 하는 훈련들은 총 수행 시간에 초점을 맞추지 않고 그것을 목표로 하지 않는 것입니다.

실제로, 집중은 오로지 특정한 감각들(수축, 수축 관리, 움직임…)에만 있습니다. 그러나 그 감각들을 넘어서 단순히 스태틱을 '밀어붙여야' 할 필요가 있습니다.

첫 번째 수축과 스태틱 종료 사이의 시간 증가시키는 횡격막 수축을 관리하는 스태틱 시리즈

다음 예시는 설명용으로 제시된 것입니다. 30초 호흡 후 진행하는 8번의 스태틱. 스태틱 시작 후 첫 번째 수축이 시작될 때까지 유지합니다. 이 순간부터 아래에 표시된 시간 동안 스태틱 상태를 계속 유지합니다. 이 표에서 중요한 것은 총 스태틱 시간이 아니라 첫 번째 수축 후 스태틱 상태가 끝날 때까지 경과한 시간입니다. 이 장의 시작 부분에서 설명한 대로 스태틱 상태의 여러 단계에 걸쳐 완전히 이완된 상태를 유지하는 것이 중요합니다.

테이블 G

30초 휴식 후 수축을 관리하는 스태틱 시리즈

첫 수축 후 스태틱 상태로 1분 유지	회복 30초
첫 수축 후 스태틱 상태로 1'10" 유지	회복 30초
첫 수축 후 스태틱 상태로 1'20" 유지	회복 30초
첫 수축 후 스태틱 상태로 1'30" 유지	회복 30초
첫 수축 후 스태틱 상태로 1'40" 유지	회복 30초
첫 수축 후 스태틱 상태로 1'50" 유지	회복 30초
…	…
첫 번째 수축 후 스태틱 시간	최대

테이블 G는 다음과 같은 목표로 수행할 수 있습니다.

목표 1: 첫 번째 수축 후 스태틱 시간을 일정하게 유지합니다(예: 첫 번째 수축 후 8번의 스태틱 모두 1분 30초 동안 지속되며, 여기서 1분 30초는 최대와 최소 사이의 평균 시간입니다).

목표 2: 피라미드 시리즈를 만들어 최소에서 최대까지 올라갔다가 하강합니다 (예를 들어, 첫 번째 수축 후 1', 1'10", 1'20", 1'30"… 그리고 최대치에 도달한 후 단계별로 10"씩 감소).

이 테이블은 예시입니다. 회복 시간은 일반적으로 첫 번째 수축에 빠르게 도달하기 위해 짧게 유지됩니다. 회복 시간을 단 한 번의 흡입으로 줄일 수도 있습니다. 이 훈련에서는 첫 번째 수축과 스태틱이 끝날 때까지의 사이에 다른 수축을 경험할 수 있습니다.

이 경우 횡격막 수축에 '저항하지 말고' 대신 우리 몸을 완전히 이완시키는 것이 중요합니다.

'나무늘보' 스태틱

스태틱 상태에서도 작은 움직임이나 동작을 포함하면 정신적으로 우리를 방해하는 것에서 벗어날 수 있습니다. 이것은 우리가 시간을 잊게 도와줍니다.

훈련 방법은 수영장 바닥에 몸을 대고 (웨이트 벨트를 착용하거나 숨을 내쉰 후) 완전히 긴장을 풀고 나무늘보처럼 매우 느린 속도로 손을 사용하여 앞으로 나아가는 것입니다.

종종 이 훈련을 통해 많은 학생이 몸을 움직임(따라서 신체적 노력)에도 불구하고 일반적인 스태틱보다 훨씬 더 오래 숨을 참는 걸 볼 수 있었습니다. 버디와 함께 같은 훈련을 할 수도 있습니다. 프리다이버는 스태틱 자세를 취하며 (물에 뜨게 해주는 웻슈트를 입고) 수면 위에 엎드립니다. 버디는 마치 마사지를 하듯(스트레스와 근육 수축이 있는 부위를 대상으로) 아주 살짝 움직이며 스태틱 상태에서 움직이는 상황을 재현할 수 있습니다.

숨 참기 인지하기

이 훈련에서 프리다이버는 스태틱이 끝날 때 시간을 확인하지 않고 자신이 달성했다고 상상한 스태틱 시간을 말해야 합니다(시계나 어떤 종류의 신호/알람도 사용할 수 없음).

다이빙 시간을 확인하지 않고 이 훈련을 수행하는 방법에는 두 가지가 있습니다.

1) 프리다이버에게 정해진 시간(보통 개인 최고 기록의 60%에서 80% 사이) 동안 스태틱을 하고, 해당 시간에 도달했다고 생각되면 멈추도록 요청합니다.
2) 프리다이버에게 '밀어붙이는' 스태틱을 진행하도록 요청하고, 본인이 생각하는 기록을 말하도록 합니다.

스태틱에서 시간을 세거나 상상하는 것은(지금까지 우리는 그 반대의 주장을 해왔기 때문에) 역설처럼 보일 수 있습니다. 대신 이러한 훈련은 어떤 이유로 든 '시간'에서 주의를 돌리는 데 도움이 됩니다. 실제로 이 특별한 테스트에서는 스태틱 시간 동안 시간의 흐름에 집중하거나 심지어 숫자를 세는 것에 대해 생각하기 시작할 때마다 우리는 산만해집니다. 저는 이 훈련을 통해 스태틱 장벽을 해소한 학생들이 정말 많이 봤습니다.

스태틱에서 첫 번째 벽을 넘다

제가 스무살 때쯤 이야기입니다. 그로부터 벌써 많은 시간이 흘렀지만 지금부터 말씀 드리려는 에피소드는 아직도 제 머릿속에 선명합니다. 저는 수영장에서 뛰어난 프리다 이버였고, 특히 제 친구 미셸 콜루첼리와 함께 스태틱인 연습을 자주 했었습니다. 미셸은 뛰어난 스피어피셔였고, 스태틱 훈련을 어떻게 하면 가장 잘할 수 있을지 아이디어를 제안해 주곤 했어요. 그는 저에게 코치 같은 존재였죠. 거의 모든 훈련 세션에서 저는 스태틱 7분을 넘겼습니다. 7분 신호가 들리고 얼마 지나지 않아서 출수했습니다. 제한계가 아니라고 '느꼈지만' 그 이상은 버틸 수 없었어요.

어쩌면 나는 두려웠을지도 모릅니다. 또는 힘들어하고 싶지 않았을 수도 있습니다. 더 간단히 말하자면 다이빙 시간이 만족스러워서 '왜 더 숨을 참아야 하지?!'라고 생각했습니다.

스태틱 중에 수신호로 안전 확인은 첫 번째 3분, 그 이후에는 종료 시까지 1분마다로 예정되어 있었습니다.

미셸은 7분이 제 한계가 아니라는 것을 알아차렸습니다. 어느 날 제가 라커룸에 시계를 두고 왔을 때(그래서 스태틱 동안의 안전 확인은 협의한 시간에 따라 이루어 졌습니다), 그는 항상 그렇듯이 첫 번째 신호를 3분에 주고 그다음 신호는 모두 1분이 아니라 1분 10초마다 줬습니다. 저는 평소처럼 다섯 번째 신호를 확인 후 출수했는데, 7분이 아니라 7분 40초의 기록을 갖게 됐습니다.

제 인생에서 7분 40초에 도달한 것은 그때가 처음이었고 정말 기뻤어요! 이 순전히 정신적인 트릭 덕분에 7분의 장벽이 무너졌습니다. 그때 저는 제 잠재력을 확신했고, 모든 것이 더 쉬워졌습니다.

4장

딥 프리다이빙

"당신이 심연을 오랫동안 응시하면 심연도 당신을 응시할 것입니다."
– 프리드리히 니체

이 장에서는 딥 다이빙을 위한 트레이닝 아이디어를 제시합니다. 일반적으로 수심 종목 훈련은 스태틱이나 다이나믹 종목을 위한 수영장 훈련처럼 딥 다이빙 시리즈와 같이 **테이블(반복) 훈련을 기반으로** 하는 경우는 **거의 없습니다.**

진정한 딥 다이빙 훈련은 우리 자신의 한계, 약점, 심리적 장벽 및 딥 다이빙을 특징짓는 실수들을 극복하는 것에 대한 작업입니다. 이러한 요소들은 우리가 최대 퍼포먼스에 도달하는 것을 방해하며, 모든 수심 다이빙 분야(CWT, CWTB, FIM, VWT, NLT)에 해당됩니다.

테이블 훈련은 경우에 따라 실질적인 이점이 있습니다. 4.4항에서는 수심을 늘리기 위해 바다에서 수행하는 테이블 훈련에 대해 설명할 것입니다.

딥 다이빙과 관련된 가장 일반적인 문제는 **특정 깊이 이후 이퀄라이징이 되지 않는 것으로,** 이 주제에 대해서는 4.2 단락 전체를 할애했습니다.

4.3항에서는 딥 다이빙을 실행할 때 흔히 볼 수 있는 다음과 같은 가장 일반적인 실수에 대한 해결책을 다룰 것입니다.

- **프리폴(Free fall) 중 유체역학 자세**의 불완전성
- 특정 깊이에서 유발되는 **스트레스와 근육 긴장**
- 최대 수심에서 **압력에 대한 적응**
- 하강 및 상승 **발차기**

4.1 딥 프리다이빙 소개

딥 다이빙을 위한 훈련을 더 효과적으로 하기 위해 중요하다고 생각하는 몇 가지 일반적인 조언을 하겠습니다.

4.1.1 테크닉에 관한 정보

- **딥다이빙 전 워밍업**과 관련하여 모든 선수에게 동일하게 적용되는 정확한 규칙은 딥 다이빙에도 없습니다. 스스로 어떤 유형의 워밍업이 최고의 퍼포먼스를 낼 수 있는지 이해하고 인식하는 것이 중요합니다. 이는 워밍업 후 이어질 운동 유형(최대치 다이빙, 반복 다이빙, 스피어 피싱 등) 또는 전문 분야에 따라 달라질 수 있습니다. 이는 워밍업이 훈련하고자 하는 종목에 따라 달라질 수 있다는 점을 강조하는 것입니다. 제가 아는 선수 중에는 CWT에서 맥스 다이빙을 하기 전에 워밍업을 하지 않고(한 번의 본 다이빙만 함) 대신 CNF 종목은 워밍업 다이빙을 하는 경우도 있고, CWT 또는 CNF 종목의 맥스 다이빙 전에는 FIM으로 워밍업을 하기도 합니다.

  또한 최근에는 점점 더 많은 운동선수들이 10~20m 깊이에서 **엠티렁 또는 FRC** 상태에서 잠시 멈춘 상태로 워밍업을 한다는 것을 기억하세요. 일부에 따르면 이러한 워밍업은 체내 혈액 이동 잘 준비시켜 더 효과적일 것이라고 합니다. 혈액 이동은 특정 깊이 이하에서 흉부가 압축되는 것을 막기 위해 수심에 따라 독립적으로 활성화되는 놀라운 자연 현상입니다.

  다음 상자에서 딥다이빙 전에 제가 선택한 워밍업의 세부 요소를 참조하세요.

내 딥다이빙 전 워밍업 방법의 변화

선수 생활 초기에 저는 CWT 나 다른 딥 다이빙 종목을 하기 전 수심을 서서히 늘려가는 5~6 회의 워밍업 다이빙을 했습니다. 이것이 다이빙 전에 몸을 준비하는 가장 좋은 방법이라고 생각했습니다. 최고의 기량을 발휘하기위해 반드시 필요하다고 믿었습니다. 유일한 문제는 워밍업을 위해 물속에 들어간 순간부터 본 다이빙을 시작할 때까지 45 분 이상이 소요된다는 것이었습니다. 이 시간 동안 저는 엄청난 정신적 스트레스를 받았습니다. "이를 뽑아 통증을 없애라."라는 말을 떠올리며 본 다이빙 전에 물속에 있는 시간과 워밍업 횟수를 점차 줄여 나가기로 결심했습니다.

바꾼 방식으로 지난 시즌에는 워밍업 다이빙 없이 수심 기록에 도전할 수 있는 상태에 도달했습니다. 그럼에도 불구하고 다이빙 중 제 감각은 훌륭했습니다.

하지만 스피어피싱의 경우는 다릅니다. 수심 30m 에 도달할 때까지 2~3 회에 걸쳐 점진적으로 수심을 늘려가며 워밍업을 해야 합니다. 만약 워밍업 없이 바로 깊은 수심에서 스피어피싱을 시작한다면 이후 몇 시간 동안 활동하는 데 큰 어려움을 겪게 될 것입니다.

- 딥 다이빙 중 프리폴 단계에서 팔의 위치와 관련해 정해진 규칙은 없습니다. 다른 종목과 마찬가지로 프리다이버 자신이 선호하고 가장 편안하다고 느끼는 자세를 취할 수 있습니다.

원칙적으로 하강 초기 단계에서 팔의 위치는 모든 딥 프리다이빙 종목에서 동일합니다. 모노핀과 바이핀 모두 부스트 단계에서 팔은 몸 앞쪽으로 완전히 뻗은 유체역학적 자세를 유지합니다.

다음 프리폴 단계에서는 대신 몇 가지 차이점이 있습니다.

어떤 장비를 사용하든 많은 선수가 팔을 몸통 옆에 두고 허벅지를 따라 손을 가져가는 자세로 하는 이완 상태를 선호합니다.

그러나 다른 몇몇 선수들은 최대 프리폴 속도를 보장하기 위해 몸의 유체역학적 자세를 개선하기 위해 팔을 몸 앞으로 완전히 뻗은 자세를 유지하기도 합니다(다음 사진 참조).

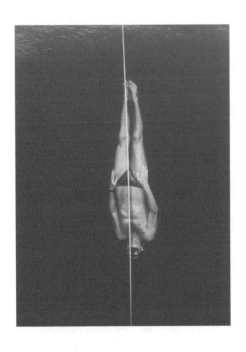

이는 CNF 및 FIM 종목에도 적용됩니다.

상승 단계에서는 일반적으로 바이핀 종목의 경우 팔을 옆구리에 붙이고, 모노핀 종목에서는 팔을 머리 뒤로 뻗습니다.

개인적으로 저는 모든 딥 다이빙 종목의 프리폴 단계에서 팔을 몸 앞으로 쭉 뻗는 것을 선호합니다. 저는 유체역학을 최대한 활용하고 최대 속도를 유지하며, 특히 손바닥을 살짝 움직여 방향을 바꾸는 것을 좋아합니다.

종종 팔 위치의 선택은 어깨 관절의 유연성 수준에 따라 달라집니다. 어깨 관절이 뻣뻣하고 단단할수록 팔을 뻗어 유체역학적 자세를 취하기가 더 어려워집니다. 이러한 이유로 많은 운동선수가 팔을 옆구리 쪽에 두는 경향이 있습니다.

만약 이런 경우라면 허벅지에 **고무 밴드**, 타이어 이너 튜브에서 잘라낸 두꺼운 검은색 고무 밴드 또는 피트니스 밴드(헬스장에서 사용하는 고무 밴드) 한 쌍을 착용하는 것이 좋습니다. 프리폴 시 밴드와 다리 사이에 엄지손가락을 끼워 팔이 몸에서 멀어지지 않도록 합니다.

- **딥 다이빙의 난이도를 높이기 위해 다양한 충전 시스템을 사용**해 다음과 같이 훈련할 수 있습니다.
    - 수동적 들숨 또는 수동적 날숨 후 다이빙하기
    - 하강 시 추진력을 향상시키기 위해 노 웨이트로 다이빙하기
    - 상승 시 추진력을 향상시키기 위해 오버 웨이트로 다이빙하기
    - 볼륨이 높은 마스크(마스크 이퀄라이징 기능을 훈련하기 위해) 사용
    - 짧은 핀 사용(바이핀킥의 민감도를 높이기 위해)
    - 작고 부드러운 모노핀 사용(모노핀킥의 민감도를 높이기 위해)

- **CWT 종목에서 핀을 차는 속도**에 대해 많은 논의가 있었습니다. 저는 확실히 가장 빠른 선수 중 한 명이었습니다. CWTB 종목 80m 다이빙에서 제 기록은 2'29"입니다. 모노핀을 착용한 개인 최고 기록은 100m(정확히 99.8m)까지 내려갔다가 다시 올라오는 데 단 2'12"였습니다.
    저는 항상 빠르고 민첩한 킥 스타일을 즐겼고, 또 가르쳤습니다. 몇 년 전까지만 해도 다이빙 시간이 길어질 수밖에 없는 매우 느리고 절제된 핀 킥을 사용하는 퍼포먼스를 보는 것이 일반적이었습니다.
    최근 몇 년 동안 대회와 기록들의 평균 속도가 많이 높아졌습니다. 하강 시 모노핀을 사용한 평균 속도는 초당 약 1.2m, 상승 시에는 최고 초당 1.8m에 이릅니다. 일반적으로 CWTB 종목에서 초당 1m 정도의 하강 및 상승 속도(모노핀을 사용하면 약간 더 빠름)면 탁월하다고 할 수 있습니다.
    CNF 종목에서의 속도는 핀 없이 수영하고 움직이는 프리다이버의 기술 수준에 따라 크게 달라집니다. 하강 시 좋은 수준의 프리다이버의 평균 속도는 초당 0.75m(4초마다 3m)가 적합합니다. 일반적으로 초기 단계에서는 속도가 약간 빨라지고, 프리폴 첫 단계에서는 속도가 약간 느려졌다가 다시 빨라질 수 있습니다. 상승하는 동안 평균 속도는 초당 0.75m로 거의 동일하게 유지될 수 있습니다.

VWT 및 NLT 종목에서 하강 속도는 (웨이트 무게를 올리거나 내리는 방식으로) 이 퀄라이징 기술에 맞게 명확하게 조정해야 합니다. 저는 150m NLT 시도에서 초반 40m까지 최고 속도에 도달했고, 평균 초속 3m가 조금 넘는 속도로 내려갔습니다. **상당한 깊이에서 진행하는 스피어피싱의 경우,** 평균 하강 및 상승 속도는 초당 1m 미만이어야 합니다.

- 자크 마욜은 종종 딥 다이빙(종목에 상관없이)은 덕다이빙에서 시작되는 것이 아니라 다이빙(퍼포먼스) 시작 전 준비(호흡, 이완, 시각화)에서 시작된다고 말하곤 했습니다. 이 단계는 다음과 같습니다.

하강하는 동안 얻을 수 있는 결과와 느낌을 가장 중요하게 생각합니다. 따라서 **다이빙을 준비하는 동안 취하는 자세는 기본적으로 중요**합니다.

스노클을 통해 입으로 숨을 쉬면서 엎드린 자세를 권장합니다. 이 자세에서 바로 덕다이빙을 할 수 있습니다. 다른 방법으로는 얼굴을 위로 향하게 한(등을 대고 누운) 자세에서 입으로 직접 호흡하는 것입니다. 이 경우 일반적인 덕 다이빙을 시작하려면 몸을 뒤집어 엎드린 자세를 취해야 합니다.

저는 물 밖으로 머리를 내밀고 숨을 쉬는 수직 준비 자세는 권장하지 않습니다. 이유는 덕다이빙 전 수평 자세를 취하기 위해서는 등을 미는 동작이 필요한데, 이 동작은 많은 근육을 사용하고 그로 인해 그 전까지 얻은 이완의 유익한 효과를 무효화하여 결과적으로 다이빙 전체에 영향을 줍니다.

내가 최대치 딥 다이빙을 준비하는 방법

CWT 종목의 경우, 공식 시도 약 15 일 전에 훈련 테이블을 통해 기록 수심에 도달합니다. 남은 2주 동안 목표 수심보다 약간 더 깊은 수심 최대(2~3m), 깊이에서 10회 정도 더 훈련했습니다. 덕분에 공식 기록 날에 매우 침착할 수 있었습니다. 물에 들어가는 순간에도, 특히 시작하기 전 스스로에게 이 말을 계속 반복했던 기억이 납니다. "내가 지금 시도하는 것은 이미 열 번도 더 해본 것인데 왜 지금 못하겠어?!"라고요. 이것은 저에게 엄청난 정신적 지지를 넘어 큰 자신감을 주었습니다. 오늘날 대회에서는 이런 식으로 최대치에 도전하는 선수를 보기가 어렵습니다. 종종 이전에 도달하지 못한 수심에 도전하는 경우도 많습니다. 대회에서 PB에 도전하는 기록 수립 방식이 옳은지 그른지는 말할 수 없지만, 시간이 지남에 따라 준비 방법이 저와 어떻게 달라졌는지 언급하고 싶습니다. 그리고 저는 그런 식으로 기록에 도전할 생각조차 하지 않았다는 점을 강조하고 싶습니다.

유일한 단점은 공식 기록을 세우기 위한 준비 과정에서 기록을 뛰어넘는 수심까지 다이빙을 많이 했기 때문에 체력적으로 매우 피곤할 때가 많다는 것이었습니다.

제가 기록을 세우기 위해 노력했던 몇 년 동안 저는 매우 피곤하고 헤모글로빈과 철분 수치가 매우 낮은 상태였지만, 여전히 의욕이 넘치고 동기부여가 되었습니다.

4.1.2 일반 및 안전에 관한 정보

- **수영장 종목과 비교했을 때, 수심 종목은 목표 수심에 적응하기 위해서는 오랜 기간의 준비가 필요합니다.** 이러한 환경적, 물리적 상황은 점진적으로 익숙해져야 하는 중요한 생리적 변화를 일으킵니다. 우리는 신체적 수준뿐만 아니라 정신적 이완 수준에서도 이에 적응해야 합니다. 서두르지 않아야 하며, 새로운 수심에 도달할 때마다 찾아오는 새로운 감각을 받아들이고 함께 생활하면서 점차 수심을 늘려가야 합니다.

- **수심 종목 훈련 시에도 '훈련 중' 자세를 촬영해 확인하는 것**은 기술적 또는 자세적 실수를 이해하고 제거하는 데 매우 중요합니다(특히 어려움, 한계 또는 기술적 격차가 있다고 느껴지는 수심에서).

- **딥 다이빙 후 수면에서 회복하는 시간은 타라바나(감압병)의 위험을 피하기 위해 매우 중요합니다(5장 참조).** 특히 40m 이상의 다이빙을 하거나 30m 이상의 수심에서 스피어피싱을 하는 경우, **다이빙 시간의 5배에 달하는 회복 시간**을 권장합니다. 이것은 매우 긴 시간이지만 매우 안전한 방법입니다. 의학 문헌에 따르면 안전한 회복 시간은 잠수 시간의 3배 이상이어야 한다고 명시되어 있습니다. 우리 자신과 몸이 우리에게 말하는 것에 귀를 기울이는 법을 배워야 합니다. 타라바나에 문제가 있었던 거의 모든 프리다이버와 스피어피셔들은 몸이 보내는 이상한 피로와 불편함의 신호를 기억하고, 그 전에 경험했던 감각을 회상합니다.

  저는 스피어피싱과 딥 다이빙 훈련 중에 수중 심박 수 모니터가 장착된 프리다이빙 컴퓨터를 가지고 정기적으로 다이빙하기 시작했습니다. 어떤 경우에는 다이빙 전에 이미 수면에서 예상 회복 시간을 초과했음에도 불구하고 다음 다이빙을 시작하기 전에 조금 더 숨을 쉬고 회복해야 한다고 느끼는 경우가 있어 놀라기도 했습니다.

  이 감각은 '심장 박동'에 의해 확인되며, 출발 시 최적의 조건에서 일반적으로 가지고 있는 것에 비해 심박 수가 여전히 높다는 것으로 확인할 수 있습니다. 반대로, 어떤 상황에서는 '안전한' 회복 시간이 몇 초 남았음에도 불구하고 완전히 준비가 되었다고 느낍니다. 이런 경우 심박 수 모니터는 출발할 때보다 약간 낮은 수치를 보여줍니다. 이것은 우리 몸이 우리에게 '말하고', 징후와 신호를 제공하며 우리는 그것을 인식하고 그것에 귀를 기울이는 법을 배워야 합니다. 그것이 어떤 종류의 문제도 피할 수 있는 가장 좋은 방법입니다.

- **특히 수심 훈련이나 고난도 스피어피싱을 진행할 때는 산소통을 챙기세요.** 산소 요법은 예방 목적으로도 사용됩니다. 수심 30m 이상에서 몇 시간 동안 스피어피싱을

한 후 항구로 돌아오기 전에 수심 5~10m 사이에서 10분 동안 일종의 산소 감압을 하는 스피어피셔를 어렵지 않게 볼 수 있습니다. 이것은 이제 수심 다이빙 대회가 끝난 후에도 확립된 절차입니다. 이러한 유형의 예방 요법을 시작하기 전에 고압산소 의사와 상담하세요.

- **침에 피가 섞여 나오는 것이 느껴지면 다이빙을 중단하세요.** 약간의 휴식으로 빠르게 해결할 수 있는 작은 문제라도 방치하면 매우 위험해질 수 있습니다(5장 참조).

- **바다에서 많은 시간을 보낼 때는 매시간 한 잔 정도의 물을 마시는 것**을 잊지 마세요. 타라바냐, 경련, 피로 및 이퀄라이징 등의 문제를 피하기 위해 탈수 상태가 되지 않도록 매우 조심해야 합니다(5장 참조).

- **덕다이빙 후에는 항상 스노클을 입에서 빼고 하강**하는 것을 잊지 마세요. 그렇지 않으면 잠수를 마치고 출수할 때 스노클 내부의 물을 비우기 위해 강제로 숨을 내쉬어야 합니다. 이렇게 하면 갑자기 산소 부분압이 낮아져 결과적으로 LMC 또는 BO이 발생할 위험이 있습니다(5장 참조). 또한 수면에서 몇 미터 떨어진 곳(위험이 더 큰 곳)에서 블랙아웃이 발생하면 스노클을 통해 폐로 물이 들어가고 폐가 물로 가득 차게 됩니다. 결과적으로 소위 '습식 블랙아웃(폐에 물이 차는 상태)'에서의 소생은 '건식 블랙아웃(폐에 물이 없는 상태)'에서의 소생보다 훨씬 더 복잡합니다.
제 친구 중 일부 높은 수준의 스피어피셔들은 항상 스노클을 입에 물고 다이빙하지만 BO를 경험한 적이 없습니다. 저는 이 나쁘고 위험한 습관 때문에 그들이 BO를 경험한 적이 없다고 확신합니다. 왜냐하면, 그들은 그동안 자신들의 한계에 가까운 상태로 상승한 적이 없었기 때문입니다. 따라서 운 좋게도 스노클에서 물을 비우기 위한 강제 호기로 인해 이 끔찍한 결과를 일으키지 않았습니다.

- **롱 다이빙을 하는 경우, 하강이 끝난 후 버텀에서 시간을 낭비하지 마세요.** 턴이 끝나면 바로 상승해야 합니다. 컴퓨터로 도달한 수심을 확인하는 등 어떤 이유로든 시간을 낭비하지 말아야 합니다! 버텀에서 수심을 확인하는 것은 불필요하며, 심지어 비생산인 행동일 수도 있습니다. 만약 우리가 생각했던 것보다 더 큰 깊이에 도달했다는 것을 '발견'하면 상승 전체가 정신적으로 매우 어려울 것입니다. 결국 버텀에서 예상하거나 상상했던 것보다 더 깊은 수심에 도달한 것을 확인하는 것은 매우 놀라운 일이 될 수 있습니다. 그러나 다이빙을 마치고 수면에서 그것을 '발견'하는 것은 확실히 큰 기쁨이 될 것입니다.

- **딥 다이빙과 스피어피싱을 통해 깊은 수심까지 다이빙을 할 때, 수면에서 약 8m부터 양성 부력을 유지할 수 있도록 조절**해야 합니다.

- **안전한 조건에서 훈련하거나 스피어피싱을 하는 것이 매우 중요**합니다. 버디 시스

템은 프리다이빙과 스피어피싱 모두에서 가장 중요한 시스템입니다. **버디 없이는 절대 혼자 프리다이빙 하지 마세요.** 시야가 확보되지 않는 상황에서는 다이빙 라인으로 되돌아갈 수 있는 랜야드, 부상당한 프리다이버를 수면 위로 끌어올리는 **카운터웨이트 시스템** 등 안전한 다이빙을 위해 모든 시스템과 보조 장치를 사용하는 것이 필수적입니다.

- **특정 수심에서의 이퀄라이징 문제를 어떤 대가를 치르더라도 무조건 극복해야 할 문제처럼 생각해서는 안 됩니다.** 어떤 경우에는 특정 수심에서부터 느껴지는 불편함을 신체가 보내는 분명한 메시지로 해석해야 하며, 이는 그 수심에 대한 부적합성으로 볼 수 있습니다. 다른 관점에서 볼 때, 이퀄라이징에 실패해 특정 수심 이상으로 내려갈 수 없는 것은 단순히 자기방어 메커니즘일 수 있습니다. 이러한 상황에 적응하고, 우리 자신을 이완시키고, 우리 몸이 이러한 환경 조건에 익숙해지도록 하면 다음 다이빙에서는 이퀄라이징이 더 쉬워질 수 있으며 절대적인 평온함 속에서 조금 더 깊게 하강할 수 있을 것입니다.

- 다이빙할 때 일반적으로 귀(중이) 이퀄라이징에 대해서만 중요하게 여기지만, 마스크와 다른 모든 공기 공간(접형골, 사골골, 전두엽 및 상악골)도 이퀄라이징해야 한다는 점을 기억하십시오. 이들은 귀를 이퀄라이징할 때 함께 이퀄라이징 됩니다.

  부비동염(축농증)이 있는 경우 잠수하는 동안 극심한 고통을 느끼며 그 존재를 깨닫습니다. 귀와 마스크는 우리가 직접 이퀄라이징해야 합니다.

  귀와 마스크를 동시에 이퀄라이징해야 하는 상황이라면 마스크를 먼저 이퀄라이징한 다음 귀를 이퀄라이징하는 것이 좋습니다. 이는 마스크 이퀄라이징에는 더 많은 양의 공기가 필요하기 때문입니다. 따라서 극한 상황에서는 먼저 마스크의 압력평형을 맞추면 적은 공기로 중이의 압력평형도 맞출 수 있습니다. 하지만 반대로 마스크보다 귀를 먼저 이퀄라이징하면 동일한 결과를 보장할 수 없습니다. 또한 마스크로 공기를 내쉴 때 공기 자체가 유스타키오 관을 '만나게' 됩니다. 따라서 마스크의 이퀄라이징 과정에서 실수로 중이도 이퀄라이징될 가능성이 매우 큽니다.

  이퀄라이징과 관련된 작은 문제만 발생하더라도 하강을 중단하고 상승해야 합니다.

  딥 다이빙 중에는 절대로 이퀄라이징을 강제로 실시해서는 안 됩니다.

  부적절한 이퀄라이징으로 인한 위험은 매우 높습니다(5장 참조).

  다음은 효과적인 이퀄라이징을 위한 몇 가지 일반적인 정보입니다.

  ○ 수면에서 이퀄라이징 후 하강을 시작하세요.

  ○ 수면에서 출발하기 전에 코로 숨을 내쉬면서 마스크 이퀄라이징을 합니다.

  ○ 10~12m마다 마스크 이퀄라이징을 실시해 최대 수심에서 얼굴에 완전히

밀착되지 않도록 합니다.
ㅇ 사용 가능한 모든 공기를 밀어넣지 않고 최소한의 공기를 사용해 아주 부드
럽게 중이를 이퀄라이징합니다.
- FIM 종목 훈련 시 안전상의 이유로 핀을 착용하고 다이빙을 하는 것이 좋습니다(물
론 피닝은 하지 않습니다).

단락이나 훈련법 옆에는 아래와 같은 기호가 표시되어 해당 단락이나 훈련 방
법이 다음과 같은 방식으로 구성되었거나 구성될 수 있음을 나타냅니다.

CNF	constant weight without fins
SNO	constant weight with pool or snorkelling fins
CWT	constant weight with bi-fins
MON	constant weight with monofins
FIM	free immersion
VWT	variable weight

고막천공과 함께한 No Limit 150m

Deeply에서 발췌(Idelson-Gnocchi 발행)

"비록 모든 준비가 Variable Weight(가변 중량) 다이빙을 위해 되어있었지만, 저는 No
Limits(무제한) 다이빙으로 도전하는 것을 선택했습니다."

저는 누구보다 먼저 수심 150m에 도달하고 싶었습니다. 저의 이전 기록은 138m였고,
150m 다이빙은 12m나 증가하는 것이었기 때문에 모두가 저를 당황스럽게 바라봤죠.
설상가상으로 저는 1996년 131m까지 하강한 이후 노리미트 다이빙을 해본 적이 없었
고, 버텀에서 리프트 백을 채우기 위해 탱크를 여는 연습도 제대로 해본 적이 없었습니
다. 하지만 저는 할 수 있다는 것을 알고 있었기 때문에 하겠다고 고집을 부렸습니다.

날씨가 안 좋아 목요일 훈련은 건너뛰고 금요일에 폭풍이 잠시 소강상태를 보이는 틈을 타 안테오 호가 포르토피노 앞의 다이빙 포인트로 돌아갔습니다. 10월 22일 저녁, 우리 모두는 마지막 훈련 세션을 위해 배에 탑승했습니다. 이것은 노리미트 기록 시도 전 마지막이자 첫 훈련 세션이었습니다. 저와 제 코치 마시모(마시모 주디첼리, NdA)는 130m까지 하강하기로 결정했습니다. 이 수심에서 마지막 이퀄라이징을 해야 하며, 바닥에서 30초간 정지한 후 리프트백을 채우기 시작합니다. 왼손으로 손잡이를 잡고 오른손으로 레버를 돌려 공기통을 연 다음 리프트백을 분리하면 열기구처럼 저를 다시 위로 끌어올리게 됩니다. 이러한 유형의 훈련 다이빙(150m가 아니라 마지막 이퀄라이징 수심인 130m까지만 하강하는 것)은 2시간의 추가 감압 시간을 수반하게 될 스쿠버 세이프티 다이버를 가장 깊은 150m까지 보내지 않아도 된다는 것을 의미합니다.

오후 5시의 늦은 시간에 안테오 호에 도착해 준비를 시작했는데 이것은 한 시간 반이 지나 모든 점검을 마쳤을 때 이미 날은 어두워져서 저는 칠흑 같은 어둠 속에서 다이빙하고 다이빙용 토치를 켜고 상승해야 한다는 것을 의미했습니다. 그래도 유일한 마지막 기회였기 때문에 저는 그 기회를 잡아야 했습니다. 제가 썰매를 잡고 다이빙을 시작했을 때 해는 이미 수평선 너머로 사라진 지 오래였습니다. 저는 아무 어려움 없이 목표 수심에 도달하고 계획대로 멈춰서 이퀄라이징을 시도했지만, 왼쪽 귀에 공기가 전혀 들어가지 않는다는 것을 깨달았습니다. 아무리 밀어도 공기가 들어가지 않았습니다. 격렬하게 세 번째 이퀄라이징을 시도를 했는데 갑자기 왼쪽 귀에서 쉿하는 소리가 크게 들렸습니다.

이런 경험은 처음이었기 때문에 저는 깜짝 놀랐습니다. 정해진 30초를 기다렸다가 세이프티 다이버에게 '오케이' 사인을 보낸 후 왼손으로 핸들을 잡고 오른손으로 압축 공기 탱크를 열고 리프트 백을 분리하는 복귀 동작을 수행했습니다. 저는 기분 좋게 상승해 세이프티 다이버들을 만났습니다. 배에 오르자마자 몇 년 동안 저를 치료해 온 의사 움베르토 베레티니에게 전화를 걸었습니다. 저는 그에게 이퀄라이징 문제에 대해 얘기하고 제 귀를 살펴봐 달라고 부탁했습니다. 저는 배의 의사와 함께 그의 의무실로 방문해 검사를 받았는데 검사 후 그는 "고막 자체가 약간 충혈됐지만, 그동안 다이빙을 많이 했기 때문이라고 볼 수 있습니다."라고 말했습니다.

그들은 아무도 본인 자신보다 더 나은 의사는 없다고 말했습니다. 저는 베레티니의 말을 믿기로 했지만, 여전히 왼쪽 귀에 이상한 감각과 이명이 들려 조금은 걱정스러운 마음으로 잠자리에 들었습니다. 토요일 아침 바다는 다시 매우 거칠어졌고, 안테오 호는 닻을 올리고 제노아 항구로 돌아왔습니다. 그날은 아무것도 할 수 없었습니다. 긴장감이 고조되면서 불안감도 커졌습니다. 저는 상황을 최대한 활용하기로 결심하고 마시모와 베레티니 박사에게 전화를 걸었습니다. 호텔 수영장으로 가서 머리를 물속에 넣고 양쪽 귀에 이퀄라이징을 시도했는데, 왼쪽 귀에서 공기가 새어 나오는 것을 모두 보았습니다. 제 코치와 의사는 얼굴이 창백해졌습니다. 베레티니는 고막이 파열되었으니 기록 시도를 멈춰야 한다고 말했습니다.

하지만 저는 받아들일 수 없었습니다. 멍청한 실수로 인한 작은 천공 때문에 모든 것을 포기하고 150m 도달하려는 시도를 중단하는 것은 받아들일 수 없었습니다. "아니요, 움베르토." 저는 의사에게 말했습니다. "나는 이렇게 집에 갈 수 없습니다. 적어도 시도는 해봐야 합니다."

예전에 엘바섬에서 자크 마욜의 코치 알프레도 굴리엘미Alfredo Guglielmi가 해준 얘기가 떠올랐습니다. 고막이 파열된 채로 손가락 하나를 외이도에 넣고 정기적으로 잠수하는 산호 잠수부들에 대한 이야기와 고막 없이 80m를 잠수해 이탈리아 해군 레지나 마르게리디호의 닻을 찾아낸 하기 스타티 소시오스Haggi Statti Georghios에 대한 이야기, 그리고 자크 마욜이 들려준 '파티아-티티아'라는 발사 고글과 대나무 창으로 고기를 잡는 폴리네시아 어부들은 아이들의 고막에 일부러 구멍을 내 이퀄라이징을 하는 데 어려움을 겪지 않도록 했다고 한 이야기도 떠올랐습니다. 분명히 고막이 손상된 상태로 다이빙하는 많은 프리다이버가 있었고, 저도 무슨 일이 일어날지 알고 싶었습니다. 베레티니 박사는 트라우마를 겪을 수 있는 열 쇼크에 대해 경고했습니다. 하지만 우리는 다음 날인 일요일에 기록 시도를 진행하기로 결정했습니다. 언제나 그렇듯 조건은 날씨였습니다. 마시모는 날씨에 대해 생각하지 말라고 했지만, 다른 생각을 하기가 어려웠습니다. 가끔 창밖을 내다보며 바다에 떠있는 안테오 호의 불빛이 보이는지 확인하곤 했지만 아무것도 보이지 않았어요.

마침내 저녁이 되자 포르토피노 앞바다에 배의 든든한 모습이 드러났고, 선장은 다음 날 아침 일찍 다이빙을 시도하기 위해 폭풍 사이의 공백과 해 질 녘의 상대적 고요함을 이용해 가능한 한 배를 정박하기로 결정했습니다. 저에게는 매우 중요한 다이빙이었지만, 이런 상태에서 기록을 세운 적이 없었기 때문에 심리적으로도 가장 어려운 다이빙이 될 것으로 예상했습니다.

NLT 훈련도 거의 하지 않았고, 고막도 한 번 파열된 상태였으며, 130m 너머에 어떤 일이 기다리고 있을지 전혀 몰랐어요. 하지만 저는 잃을 것이 없었습니다. 안테오 호와 완벽한 팀을 믿을 수 있었고, 고막의 작은 구멍이 저를 멈추게 하지는 않을 것이라고 확신했습니다. 가장 중요한 것은 제가 무명에 가까웠던 오랜 세월 동안 희생했던 모든 것을 생각했고, 프리다이빙 기록 역사상 가장 깊은 수심인 150m에 도달하는 것이 매우 중요하다고 느꼈습니다.

제게는 매우 길고 지루한 밤이었습니다. 제 알람은 새벽 5시에 맞춰져 있었고, 5시 30분이 되어서야 우리는 항구에 도착했습니다.

우리는 강력한 외부 모터를 갖춘 거대한 팽창식 보트를 사용했지만, 평소에는 몇 분이면 도달할 안테오 호에 도착하는 데 한 시간이나 걸렸습니다. 마시모는 나에게 상층 갑판으로 올라가 호흡과 이완에 집중하고 가능한 한 긍정적인 생각만 하라고 조언했습니다. 팀은 페데라치오네 심사위원과 공증인이 확인하고 측정한 하강선을 배의 선장에게 전달하고 하강선 설치 작업을 시작했습니다.

로프가 계획대로 설치되고, 비디오 카메라도 배치되어 작동할 준비가 되었습니다. 10시가 되자 저는 잠수복을 입고 다이빙 전 마지막 준비 단계를 시작하기 위해 브릿지로 내려오라는 지시를 받았습니다. 마시모와 의사의 눈빛에서 걱정을 읽을 수 있었습니다. 그들은 제 고막 천공에 대해 아는 유일한 사람들이었어요. 팀원들이 모두 긴장하고 있다는 것을 느낄 수 있습니다. 그들은 제가 기록 도전 수심에 도달한 적이 없고, 노리미트 훈련도 제대로 하지 못한 것을 알고 있었어요.

최근 제가 CWT 세계 신기록을 세운 것이 그나마 위안이 되긴 하지만 150m는 거의 두 배나 깊은 수심이었습니다. 저는 안테오 호의 탑 데크에서 편안하게 휴식을 취할 수 있었습니다. 대부분의 시간을 나 자신에게 비록 이 시도가 새로운 한계에 도달하는 것이지만. 난 잃을 것이 없으며 내가 할 수 있는 일만 하면 된다고 말하고 있었습니다. 그리고 고막이 다쳤으니 천천히 가야 한다고도 말했습니다. 물에 들어가기 전에 베레티니의사가 제게 다가와서 "움베르토, 절대 무리하지 말고 영구적으로 해를 끼칠 수 있는 행동은 하지 마세요. 통증이 느껴지면 썰매를 멈추고 다시 올라오세요."라고 말했습니다. 저는 윙크를 하며 걱정하지 말라고 말했습니다. 저는 일반적인 워밍업 다이빙을 건너뛰고 대신 수변에서 4분간 간단한 스태틱을 한 후 썰매에 올라탔습니다. 제가 5분 전 신호를 주자 지기는 카운트다운을 외치기 시작했습니다. 오피셜탑을 듣고 저는 썰매를 분리하라는 신호를 보냈습니다. 저는 하강 속도를 약간 늦추기 위해 브레이크를 가볍게 쥐었습니다. 내려오는 길에 후드 가장자리를 살짝 들어 귀에 물이 들어가도록 하여 베레티니가 걱정했던 열 충격을 피할 수 있었습니다.

저는 천천히 3~4m 정도 하강한 다음 "좋아, 움베르토. 이제 이퀄라이징을 해봐야겠어."라고 스스로에게 말했습니다. 막힌 코에 대고 조심스럽게 바람을 불었더니 손상된 고막에서 약간의 공기 방울이 새어 나왔지만, 양쪽 귀가 올바르게 압력 평형을 이뤘습니다. 저는 속으로 기뻐하며 스스로에게 말했습니다. "너의 폐에는 8L의 공기가 있고, 귀에서 조금씩 공기가 빠져나가더라도 걱정할 것 없어!" 저는 브레이크를 풀고 150m를 향해 하강했습니다. 그것은 내 인생에서 가장 아름다운 다이빙 중 하나였습니다. … 엔조 마이오르카가 50m, 자크 마욜이 100m, 그리고 제가 150m를 처음 달성한 사람이라는 것이 자랑스럽고 나에게는 영원히 잊지 못할 사건입니다!

4.2 딥 이퀄라이징

제가 안드레아 주카리에게 이 주제를 다뤄 달라고 부탁한 이유는 그가 현재 이퀄라이징 분야에서 최고의 전문가 중 한 명이라고 생각하기 때문입니다.

저는 이퀄라이징이 문제가 된 적이 없습니다. 마지막 한 번의 이퀄라이징으로 가능한 한 깊게 가는 것이 유일한 제한인 노리미트 종목에서 저는 항상 깊은 수심에서 이퀄라이징을 하는 것이 쉽고 자연스러웠기 때문에 항상 약간의 훈련으로도 충분했습니다. 저는 이 종목에서 단 한 번의 훈련 다이빙으로 150m의 기록을 세웠습니다.

저에게 이퀄라이징을 어떻게 하냐고 질문을 받았을 때 정확히 대답할 수 없었습니다. 저에게 이퀄라이징은 마치 말하는 것과 같은 '자연스러운' 일이었어요. 정확히 어떤 일이 일어났는지, 어떤 기관이 관여했는지 제가 완전히 인지하지 못한 채 저절로 활성화되는 메커니즘이었어요.

안드레아를 만나고 나서야 고막으로 공기를 밀어넣을 때 내 안에서 무슨 일이 일어나고 있는지, 어떤 부분이 관여하고 있는지 알게 되었습니다. 이퀄라이징 동작을 하는 동안 제 몸에서 무슨 일이 일어났는지 처음으로 제대로 알게 된 것입니다.

그의 조언과 지도 덕분에 저는 물속에서 이퀄라이징을 할 때만 본능적으로 작동하던 모든 기관을 자발적으로 움직일 수 있게 됐습니다(이 기관들은 물속에서 압력 평형을 맞출 때뿐만 아니라 하루에 수천 번, 하품을 하거나 삼키는 등의 동작으로 물 밖에서도 본능적으로 작동합니다). 자연스럽고 본능적인 이퀄라이징에서 이퀄라이징을 인지하는 단계로 이동해 갔습니다.

안드레아는 이퀄라이징에 대한 이해와 개선은 물 밖에서 시작된다는 말을 자주 반복했습니다. 제가 학생들에게 전수하는 이퀄라이징에 대한 접근 방식은 이제 그 덕분에 완전히 바뀌었습니다.

다음 단락에서는 안드레아 주카리가 몇 가지 이퀄라이징 문제에 대한 해결책을 제시합니다. 이퀄라이징 아카데미 교육 자료에서는 이퀄라이징 방법을 개선하기 위해 물 밖에서 훈련할 수 있는 몇 가지 연습 방법을 설명합니다. 이 자료는 이퀄라이징에 대한 학습에 매우 유용한 자료가 될 것입니다. 폐 환기와 관련된 기관에 대한 간략한 개요를 설명한 후, 그는 특히 특정 수심 이상에서 이퀄라이징을 방해하는 다양한 측면과 한계를 설명할 것입니다.

그런 다음 이퀄라이징 동작 중 공기가 통과하는 두 개의 '문', 즉 성문과 연구개에 대한 민감도를 높이고 연습할 수 있는 드라이 트레이닝 방법에 대해 설명합니다. 마지막으로, 이퀄라이징에 권장되는 동작에 대한 간략한 개요를 통해 마우스필에 대해 살펴봅니다. 이 기술은 성문과 상기도(구강) 사이에 충전된 공기의 관리를 통해 수행됩니다. 이 방법은 최근 이미 몇 년 동안 프리다이버들이 상당한 깊이에 도달하도록 이끌어오고 있습니다.

'기술적-기계적' 조언은 가장 넓은 의미에서 이퀄라이징 메커니즘을 이해하는 데 매우 유용하다는 생각을 가지고 있지만, 다른 한편으로 프리다이빙을 해석하는 저의 방식에 기반하여 이 기술의 비밀은 절대적인 정신적, 육체적 이완이라고 여전히 저는 생각합니다. 바로 이러한 이유로 저는 4.3항에서 신체 민감도를 극대화하고, 완전한 이완과 특정 수심에서 시작되는 스트레스 상황에 대한 해결책을 얻기 위한 훈련 방법에 대해 언급할 것입니다. 이 연습 방법들은 이 단락에서 안드레아의 조언과 결합하여 이퀄라이징으로 인한 한계로 형성된 장벽을 무너뜨리는 데 도움이 될 것입니다.

내 스스로 이퀄라이징을 제한했던 실수

2006년, 저는 이미 5년 동안 경기를 중단한 상태였습니다. 그 당시 카를로스 코스테와 마틴 스테파넥과 같은 위대한 챔피언들은 약 100m까지 마스크를 착용한 상태로 다이빙을 하는 데 성공했습니다.

저는 훨씬 더 얕은 깊이에 멈춰 있었습니다. 75m 이상 수심에서 마스크 이퀄라이징을 하는 것이 불가능했습니다. 어느 날, 저는 하강 중 우연히 45m 정도 수심부터 이를 갈기 시작하고 턱을 강하게 다문 상태에서 쭉 하강하며 이런 수축을 유지하고 있다는 것을 깨달았습니다. 약 30분 후 또 다른 다이빙에서 저는 똑같은 실수를 반복하고 있었습니다. 어느 정도 같은 깊이에서 거의 '자동'으로 습관처럼 턱을 닫고 이를 가는 나 자신을 발견했습니다. 저는 이때 하강을 멈추고 몸을 돌려 상승해 올라갔습니다.

다음 날 저는 40m 깊이에 컴퓨터의 알람을 맞추고 다이빙을 시작했습니다. 알람이 울린 지 조금 후에 제가 다시 턱을 조이고 있다는 것을 느꼈습니다. 저는 몸의 모든 부분을 완전히 이완시키는 데 모든 집중을 기울였고 놀랍게도 마스크 이퀄라이징을 하며 85m 마커에 도달했습니다. 그것이 마스크를 착용한 상태로 제가 했던 가장 깊은 다이빙이었습니다. 가장 좋았던 부분은 어쩌면 지난 20년 동안 내가 선수로 활동한 기간 내내 영원히 가지고 있었을지도 모르는 저 스스로를 제한하고 있었던 실수를 발견했다는 것이었습니다.

이는 자신을 아는 것과 자신의 말에 귀 기울이는 것이 얼마나 중요한지를 설명하기 위한 것입니다. 최고의 성과를 제한하거나 방해할 수 있는 이유는 주변에서 찾을 것이 아니라 먼저 우리 자신에게서 찾아야 합니다. 자신의 문제와 한계에 대한 해결책은 바로 나 자신입니다!

4.2.1 딥 이퀄라이징 트레이닝

프리다이빙에서 종종 더 이상 하강을 제한하는 주요 문제 중 하나는 특정 수심에서 이퀄라이징을 하기가 어렵다는 점입니다.

딥 이퀄라이징에 대해 이야기하기 전에 하강 시 압력의 영향을 받을 때 우리에게 어떤 일이 일어나는지 이해할 필요가 있습니다.

우리는 더 깊이 내려갈수록 주변 압이 10m마다 1바bar씩 증가한다는 것을 알고 있습니다. 해수면에서는 주변 압력이 1바, 10m에서는 2바, 20m에서는 3바 등입니다. 하강하는 동안 주변 압이 증가함에 따라 중이 내부의 공기는 부피가 감소합니다. 이것은 고막의 내굴곡(안쪽으로 구부러짐)으로 이어질 것입니다. 처음에는 불편함만 느끼다가 점차 통증으로 바뀌거나 고막이 최종 파열될 수도 있습니다. 이 문제를 어떻게 해결할 수 있을까요? 이퀄라이징으로 할 수 있습니다! 하강하는 동안 신체의 외부 압력이 증가하더라도 내부의 공기량이 변하지 않도록 하는 방식으로 특정 기술을 통해 귀(중이)에 새로운 공기를 주입합니다.

처음 25~30m에서는 엉성한 기술로도 이퀄라이징을 할 수 있습니다. 일반적으로 이 수심 이후부터 문제가 시작됩니다. 왜 이런 일이 발생할까요? 폐 부피가 감소하고 잔기량 부피에서 공기를 빼내는 것이 사실상 불가능하기 때문입니다. 나중에 이것이 무엇인지 살펴보겠지만, 먼저 폐활량과 관련된 몇 가지 기본 개념을 설명하겠습니다.

- **1회 호흡량**(Tidal volume): 편안한 상태에서 단일 호흡으로 마시고 내쉬는 공기량을 측정한 것입니다. 평균값은 일반적으로 4에서 6L 사이이며, 남성과 여성 사이의 평균 차이는 1L입니다.
- **예비 흡기량**(Inspiratory reserve volume): 1회 호흡량에서 흡기 후 추가로 들이마실 수 있는 공기량을 측정한 것입니다. 이는 '정상적인' 흡입 후 최대 강제 흡입에 의해 얻어집니다. 이 양은 남성의 경우 최대 3L가 될 수 있는 반면 여성의 경우 2L

정도로 적습니다.

- **예비 호기량**(Expiratory reserve volume): 정상 호기 후 강제 호기를 통해 계속해서 방출될 수 있는 공기량의 측정값입니다. 예비 호기량은 최대 1.5L에 도달할 수 있으며, 평균값은 남성 1.2L, 여성 0.8L입니다.
- **잔기량**(Residual volume): 최대 호기 후 폐에 남아있는 공기량을 측정한 것입니다. 잔기량은 폐 용적의 백분율(다음 상자에 표시됨)로, 횡격막 유연성이 제한된 사람의 경우 약 25%, 횡격막 유연성이 좋은 사람의 경우 약 20%입니다. 따라서 5L의 폐 용적과 유연한 횡격막이 있는 사람은 1L의 잔여 부피(5L의 20%)를 갖게 됩니다. 이 부피는 폐포에 공기가 존재하도록 하여 호흡과 호흡 사이에 정지되는 동안에도 혈액에 공기를 공급하는 중요한 역할을 합니다. 잔류 공기가 없다면 호흡할 때마다 혈중 산소와 이산화탄소의 농도가 크게 변동하여 호흡 과정에 불리할 것입니다.

호흡기 관련 질환을 치료할 때는 두 가지 이상의 용적을 고려하는 것이 편리할 때가 많습니다. 이러한 용적의 조합을 **폐활량**이라고 합니다.

- **흡기량**(inspiratory capacity): 정상적인 호기가 끝날 때부터 폐가 최대로 팽창할 때까지 개인이 흡입할 수 있는 공기의 양입니다. 따라서 1회 호흡량과 예비 흡기량의 합입니다.
- **폐활량**(Vital capacity): 최대 강제 흡입에서 시작하여 최대 강제 호기에 도달하는 단일 호흡에 동원할 수 있는 최대 공기량입니다. 따라서 1회 호흡량, 예비 호기량 및 예비 흡기량의 합입니다. 이 측정값은 개인의 체형에 따라 큰 영향을 받으며, 특히 개인의 키와도 관련이 있습니다. 일반적인 값은 남성의 경우 4~5L, 여성의 경우 3~4L이지만 키가 큰 개인의 경우 최대 7L의 값이 될 수 있습니다.
- **기능적 잔기량**(Functional residual capacity): 정상적인 호기 후 폐에 남아있는 공기의 양을 측정한 값입니다. 이 측정값은 일반적으로 남성의 경우 약 2.4L, 여성의 경우 1.8L입니다.
- **총 폐활량**(Total lung capacity): 잔기량과 폐활량의 합입니다. 한 번의 흡입 후 유지 및 내쉴 수 있는 총 공기량에 대한 측정값입니다.

다음 상자는 위의 폐측 정치에 대해 보기 쉽게 정리한 그래프입니다. 볼륨 또는 용량은 앞으로 논의될 주제에서 종종 언급될 것입니다.

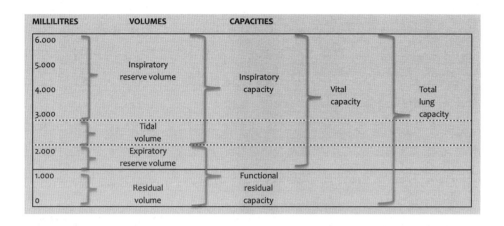

다음 표에는 주변 압(ATM)에 따른 다양한 폐 용적의 변화를 비교한 결과가 나와있습니다. 이 표를 보면 하강 중에는 잔기량의 깊이는 변하지 않으며, 동일한 횡격막 유연성을 가정할 때 잔기량이 25% 또는 20%라고 가정할 수 있습니다. 이 경우 다음 예시와 마찬가지로 잔기량의 값은 다양한 이퀄라이징 기동을 수행하기 위해 폐에서 공기를 얻는 것이 실질적으로 불가능한 것으로 식별됩니다.

ATM: ambient pressure(주변압)

LC: lung volume(폐 용량)

	깊이	ATM	LV	LV	LV	LV
	0m	1bar	3L	5L	7L	9L
	10m	2bar	1.5L	2.5L	3.5L	4.5L
	20m	3bar	1L	1.7L	2.3L	3L
25%	30m	4bar	0.75L	1.25L	1.75L	2.25L
20%	40m	5bar	0.6L	1L	1.4L	1.8L

이 표는 3L에서 9L까지의 폐 용량과 20%의 잔기량을 가진 프리다이버가 40m 깊이에서 잔기량에 도달한다는 것을 보여줍니다. 그런데 우리는 앞에서 25m에서 30m 사이에서 이퀄라이징에 어려움을 겪게 된다고 얘기했는데, 왜 다를까요? 왜냐하면, 이 표는 노즈 클립의 사용을 가정한 것이기 때문입니다. 만약 압력 평형이 필요한 마스크를 사용할 경우에는 이퀄라이징의 한계에 영향을 미치게 됩니다(줄어듭니다). 이를 잘 살펴보겠습니다.

시중에 나와있는 다양한 소형 프리다이빙 마스크의 평균 용량은 약 80cc(0.08L)

로 추정됩니다. 마스크를 채우는 코의 크기에 따라 공기의 양이 조금씩 달라질 수 있습니다. 과학적인 테스트를 실시한 결과, 같은 모델의 마스크를 사용하는 사람마다 공기량 차이가 15cc까지 차이가 났습니다. 따라서 아래 표에서는 80cc의 기준값을 사용합니다.

우리가 수면 위에 있을 때는 마스크 내부에 공기가 들어있습니다. 수심 10m에서는 주변 압력이 두 배가 되므로 그 깊이의 폐 용량에서 8cc의 공기를 마스크 안으로 밀어넣습니다. 20m로 내려가면 다시 폐 용량에서 8cc의 공기를 마스크에 더 넣어야 합니다.

다음 표에서 어떤 일이 일어나고 우리가 한계에 도달하는지 자세히 살펴보겠습니다. 총 폐 용량이 3L라고 가정하고 압력 평형이 필요한 마스크를 착용할 경우 한계는 잔기량에 의해 표시됩니다.

MV: mask volume(마스크 용량)
LV: lung volume(폐 용량)
Real LV: real lung volume(실제 폐용량)
LV − MV = Real LV

깊이	ATM	LV	MV	LV − MV = Real LV
0m	1bar	3.00L	0.08L	
10m	2bar	1.50L	0.08L	1.42L
20m	3bar	1.00L	0.16L	0.84L
25m	3.5bar	0.86L	0.27L	0.59L
30m	4bar	0.75L	0.31L	0.44L
40m	5bar	0.60L	0.39L	0.21L

수심 25m에서 노즈클립을 사용한 잔기량은 0.86L여야 하지만, 마스크 압력 형형 후 부피는 0.59L로 줄어듭니다. 이 값은 이미 잔기량인 0.6L(3L의 20%)보다 약간 낮습니다. 이 경우 프리다이버는 40m 대신 25m에서 잔기량에 도달하게 됩니다.

다음 표에서 폐 용적을 5L, 7L, 9L로 늘렸을 때 어떤 일이 일어나는지 살펴봅시다.

깊 이	ATM	LV	MV	LV − MV = Real LV
0m	1bar	5.00L	0.08L	
10m	2bar	2.50L	0.08L	2.42L
20m	3bar	1.67L	0.16L	1.51L
29m	3.9bar	1.28L	0.30L	0.98L
30m	4bar	1.25L	0.31L	0.94L
40m	5bar	1.00L	0.39L	0.61L

깊 이	ATM	LV	MV	LV − MV = Real LV
0m	1bar	7.00L	0.08L	
10m	2bar	3.50L	0.08L	3.42L
20m	3bar	2.33L	0.16L	2.17L
21m	3.1bar	2.26L	0.24L	2.02L
30m	4bar	1.75L	0.31L	1.44L
31m	4.1bar	1.71L	0.32L	1.39L
40m	5bar	1.40L	0.39L	1.01L

깊 이	ATM	LV	MV	LV − MV = Real LV
0m	1bar	9.00L	0.08L	
10m	2bar	4.50L	0.08L	4.42L
20m	3bar	3.00L	0.16L	2.84L
30m	4bar	2.25L	0.31L	1.94L
32m	4.2bar	2.14L	0.33L	1.81L
40m	5bar	1.80L	0.39L	1.41L

표에서 볼 수 있듯이 폐 용량이 5, 7, 9L인 프리다이버는 각각 29, 31, 32m에서 잔기량에 도달합니다. 우리는 이미 잔기량이 한계 수심을 설정한다고 언급했으며, 그 한계 수심을 넘어서면 이퀄라이징을 수행하기 위해 폐에서 공기를 끌어(밀어)올리는 것이 사실상 불가능해집니다. 하지만 이것이 이퀄라이징의 한계를 의미하는 것은 아닙니다.

4.2.2 이퀄라이징에 관련된 체내 기관들

이퀄라이징의 다양한 기술을 설명하기 전에 관련된 기관에 대해 간략히 설명하겠습니다. 우리 몸에는 이퀄라이징에 관여하는 세 개의 '주요' 공기 공간이 있습니다.

- 비강nasal cavity
- 구강oral cavity
- 폐lungs

이 세 공간은 다음 두 개의 문으로 연결됩니다.

- 연구개soft palate: 비강과 구강을 연결
- 성문glottis: 구강과 폐를 연결

연구개와 성문은 이퀄라이징 동작에서 중요한 역할을 합니다. 둘 다 미주 신경에서 신호를 받습니다. 따라서 기본적으로 전자의 움직임은 후자의 움직임에 대응하게 됩니다. 이것은 보통 자연스럽게 발생합니다. 예를 들어 음식을 삼킬 때의 행동을 생각해 보세요. 음식이 인두 부위에 도달하면 연구개는 위쪽으로 닫혀 음식이 흘러나와 비인두 부위로 침범하는 것을 방지하고, 성문이 닫히는 동안 후두개는 음식이 식도(위장에 도달) 대신 기관(결과적으로 폐)으로 들어가는 것을 방지하기 위해 아래로 내려갑니다.

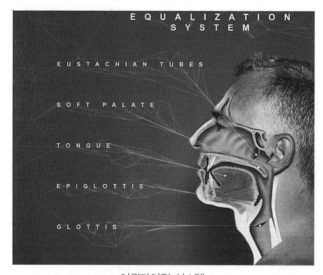

이퀄라이징 시스템

이퀄라이징에서 연구개와 성문을 독립적으로 움직일 수 있는 능력은 더 복잡한 기술을 성공적으로 수행하기 위한 열쇠입니다. 이퀄라이징 아카데미 교육 자료에는 성문과 연구개에 대한 인식을 높이고, 자발적으로 조작할 수 있는 가능성을 높이기 위한 모든 연습 방법이 설명되어 있습니다. 여기서는 몇 가지만 예를 들어 설명해 드립니다. 이러한 연습의 목적은 이퀄라이징을 위해 무엇을 해야 하는지 이해함으로써 안전과 수행능력을 극대화하고 이퀄라이징 기술 오류를 대폭 줄이는 것입니다.

간단히 말해서, 이퀄라이징을 쉽게 하려면 이퀄라이징 중에 어떤 일이 일어나는지, 관련된 모든 신체 부위에서 어떤 감각이 느껴지는지 정확하게 이해할 수 있어야 합니다.

이퀄라이징은 물 밖에서 먼저 배웁니다.

연구개

연구개는 이퀄라이징 동작에서 프리다이버에게 중요한 역할을 합니다. 연구개를 구성하는 근육 중 두 개는 유스타키오 관 입구에 연결된 근육으로, 중이와 고막으로 통하는 통로입니다.

유스타키오 관은 비강 안에 있습니다. 우리는 하강 중에 연구개를 열어두어 이 관에 자발적으로 영향을 미치고 따라서 이퀄라이징을 할 수 있습니다.

그렇지 않으면 구강에 엄청난 양의 공기가 저장되어 있음에도 불구하고 이퀄라이징을 유지하는 것이 불가능합니다.

입천장은 구강의 상부 벽으로 앞쪽 3분의 2는 경구개, 뒤쪽 3분의 1은 연구개로 구성되어 있습니다. 이 두 부분은 일반적으로 육안으로는 잘 구분되지 않지만(연구개가 혈관이 더 많이 분포되어 있어 더 강렬한 붉은색을 띠는 것처럼 보일 수 있지만), 만져보면 잘 구별됩니다.

연구개가 이완되면 구강과 비강이 연결되는 위치를 취하게 됩니다. 이 연결은 연구개를 뒤쪽으로 움직여 닫을 수 있습니다.

이것은 우리가 입을 열고 닫을 때 매일 무의식적으로 완전히 이루어집니다. 하강하는 동안과 다이빙하는 동안 연구개는 항상 열려있어야 합니다. 그러나 그렇게 하려면 우리는 그것을 인식해야 합니다.

이제 연구개를 더 잘 인식하는 데 도움이 되는 두 가지 간단한 연습 방법을 설명해 드리겠습니다.

연습 1: 연구개 인식(1)

깊게 숨을 들이마신 후 뺨을 부풀린 상태로 잠시 숨을 참습니다. 그런 다음 살짝 다문 입술을 통해 폐에서 공기를 아주 천천히 내뱉습니다. 숨을 참는 순간부터 천천히 숨을 내쉬는 동안 공기는 오직 입술을 통해서만 나옵니다. 구강은 약간 압력을 받게 됩니다(볼이 부푼 상태를 유지합니다). 공기가 코를 통해 빠져나가지 않기 때문에 무의식적으로 연구개를 닫고 구강과 비강 사이의 연결을 차단했다는 것을 의미합니다.

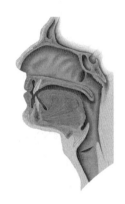 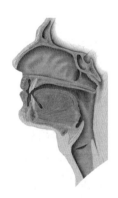

연구개가 열린 상태(왼쪽)와 닫힌 상태(오른쪽)

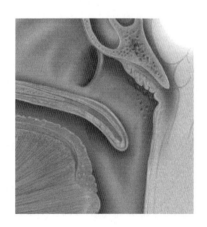 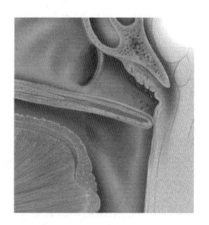

연구개가 열린 상태(왼쪽)와 닫힌 상태(오른쪽)

연습 2: 연구개 인식(2)

깊게 숨을 들이마신 후 뺨을 부풀린 상태로 잠시 숨을 참습니다. 그런 다음 입을 다물고 코로 공기를 아주 천천히 내뱉습니다. 뺨을 부풀린 채 숨을 참는 동안 연구개는 닫힙니다. 코로 숨을 내쉬기 시작하면 무의식적으로 연구개가 열리고 구강과 비강 사이의 통로가 열립니다.

성문

성문은 후두 근처에 있으며 성대 사이에 위치하는 공간입니다. 호흡과 발성 그리고 소화기관과 기도를 분리하는 역할을 합니다. 우리가 숨을 쉴 때 성문은 열린 상태로 유지되어 공기가 드나들 수 있습니다.

프리다이버에게 성문의 역할은 매우 중요합니다. 성문은 이퀄라이징 동작에도 관여하며, 마우스필이라는 특정 이퀄라이징 방법을 사용하기 위해 공기를 구강에 충전하는 단계에서 폐에서 '상층부(구강)'로 공기를 이동시키는 데에도 관여합니다. 이것은 나중에 더 자세히 살펴볼 것입니다.

이제 방금 읽은 내용을 더 잘 이해하고 성문 민감도를 높이는 데 도움이 되는 몇 가지 연습을 설명하겠습니다.

연습 1: 성문 인식(1)

거울 앞에서 실시합니다. 숨을 깊게 들이마시고 마지막에 입을 벌리고 혀를 내민 상태로 숨을 참습니다. 10까지 세고 혀를 내민 채로 작은 숨을 여러 번 내쉬기 시작합니다. 올바르게 수행하면 어떤 기관도 움직이는 것을 볼 수 없을 것입니다. 이는 작업이 전적으로 성문에 의해 이루어지기 때문입니다. 폐에서 공기가 나오지 않을 때 성문은 닫혀있으며 호흡할 때 열립니다.

연습 2: 성문 인식(2)

깊게 숨을 내쉰 후, 입을 벌리고 혀를 완전히 내밉니다. 이제 '가짜 흡입'을 하여 배(횡격막)를 위로 당겨 올리세요. 움직임이 올바르면 후두 아래의 인후 기저부(목젖)가 보조개처럼 움푹 들어가게 됩니다. 이렇게 되면 성문이 완전히 닫힌 상태가 됩니다. 흡입의 움직임으로 인해 흉강에는 말 그대로 횡격막을 빨아들이는 진공 효과가 생깁니다. 성문이 닫히지 않으면 이런 일이 일어날 수 없습니다. 성문을 여는 순간 횡격막은 내려갑니다. 이 연습 중에는 말을 할 수 없습니다. 사실, 성문이 닫힌 상태에서 소리를 내는 것은 불가능합니다!

나중에 우리는 마우스 필 및 프렌젤 등의 이퀄라이징 기술 조작을 위해 성문이 꽤 오랜 시간 동안 완벽하게 닫힌 상태를 유지해야 한다는 것을 알게 될 것입니다. 그러나 이때 문제가 발생합니다. 혈중 이산화탄소 농도가 증가하면 뇌는 성문을 열도록 '명령'합니다. 이에 대한 해결책으로 점차적인 혈중 이산화탄소 증가에도 불구하고 성문을 닫힌 상태로 유지할 수 있도록 성문의 개방을 제어하는 특정 훈련이 있습니다.

연습 3: 성문 조절

다리를 약간 구부리고 모노핀 자세에서와 같이 팔을 머리 뒤로 뻗은 채 등을 대고 눕습니다. 2분간 정상적으로 호흡한 후 완전히 숨을 내쉽니다. 숨을 내쉴 때 성문을 닫고 흉부의 모든 근육을 이완합니다. 횡격막이 자동으로 위로 올라가는 (빨아들이는) 느낌을 받을 수 있어야 합니다. 입을 벌리고 혀를 완전히 내민 상태에서 20초 동안 숨을 내쉰 상태를 유지합니다(숨을 참습니다). 그런 다음 숨을 들이마시고 1분간 다시 숨을 쉽니다. 그 후 완전히 숨을 내쉬고 마지막에 성문을 닫고 25초 동안 모든 흉부 근육을 이완합니다. 이와 같은 방식으로 최대한 숨을 참을 수 있을 때까지 계속합니다.

성문 제어를 위한 테이블	
호 흡	2'
숨 참기	20"
호 흡	1'
숨 참기	25"
호 흡	1'
숨 참기	30"
호 흡	1'
숨 참기	35"
호 흡	1'
숨 참기	40"

위 테이블을 통해 스태틱을 훈련하면 다음과 같은 효과를 동시에 얻을 수 있습니다.

1) 성문이 닫힌 상태를 유지하는 능력이 향상됩니다.

2) 흉부 유연성을 단련시킵니다.

3) 횡격막의 유연성을 증가시킵니다.

4) 숨을 내쉰 상태에서의 스태틱 능력이 증가돼 결과적으로 일반적인 스태틱 능력을 향상시킵니다.

4.2.3 잠금 및 공기 이동

잠금

비강과 구강의 압력을 높여야 하는 모든 '가압' 이퀄라이징 방식에서는 기본적으로 이 공간(비강과 구강)들로 공기를 이동시키고 자연적인 출구를 통해 공기가 빠져나가지 않도록 해야 합니다.

손가락이나 노즈클립을 사용해 콧구멍을 막아 공기가 비강 밖으로 빠져나가지 않도록 합니다.

구강에서 공기가 빠져나가는 것을 피하는 것은 더 복잡합니다. 우리는 다음 네 가지 잠금 방식을 사용할 수 있으며, 하나는 입술을 사용하고 다른 세 개는 혀를 사용하여 수행합니다.

- 입술 잠금
- T 잠금
- Ca 잠금
- H 잠금

언어 치료는 프리다이빙 강사가 더 명확하게 지도하는 데 도움이 됩니다. 예를 들어, 제가 학생에게 '혀를 위쪽 앞니에 대고 혀의 바깥쪽 가장자리가 치관을 따라 완벽하게 닫히도록 하세요.' 이렇게 말한다고 가정해 봅시다. 처음 다섯 단어 이후에 학생은 지시를 이해하지 못할 것이라고 상상할 수 있습니다. 대신에 'T라는 글자를 발음해 보세요.'라고 말한다면 학생은 혀를 특정 위치에 쉽게 가져갈 수 있습니다. 왜냐하면, T라는 글자를 발음하는 모든 사람이 혀를 그 위치에 두기 때문입니다. 실제로 P를 발음하라고 하면 입술을 사용할 것이고, T는 혀끝을 위쪽 앞니에 대고, 마지막으로 Ca는 혀의 윗부분이 경구개가 끝나고 연구개가 시작되는 지점에 대게 됩니다. H 잠금은 혀의 뿌리 부분, 즉 혀의 뒷부분으로 연구개를 밀봉하는 것으로 수행됩니다.

이탈리아어에는 이 잠금으로 발음되는 자음이 없으며, 아랍어 'H'와 스페인어 'Iota (J)'가 이 방식으로 발음됩니다. 이는 혀가 연구개를 닫아 혀의 뒷부분에서 생성되는 거친 소리입니다.

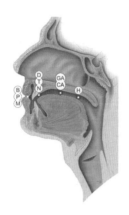

각 잠금의 위치

공기 이동 방식

공기 이동은 이퀄라이징을 수행하기 위해 폐에서 구강으로 공기를 능동적으로 이동시키는 데 사용되는 동작을 말합니다. 프리다이버는 머리를 아래로 향한 상태로 하강하며, 적극적인 동작을 수행하지 않으면 폐에서 구강으로 공기가 이동하지 않는다는 것을 기억하세요.

공기 이동 방식에는 다음과 같이 두 가지가 있습니다.

리버스 패킹 방식은 폐의 압력을 낮춰 공기를 입으로 '빨아들이는' 공기 이동 방식입니다. 이 기법은 프리다이버가 잔기량에 도달하는 수심을 넘어서도 사용할 수 있지만, 직관적이지 않고 관리하기가 더 어렵습니다.

복부 수축 방식은 복부 수축을 통해 폐에서 입으로 공기를 '밀어내는' 공기 이동 방식입니다. 이 기법은 프리다이버가 잔기량에 도달하는 수심까지만 사용 가능하지만, 리버스 패킹에 비해 이동시킬 수 있는 공기의 양이 더 많습니다.

또한 복부 수축 방식은 더 직관적이며, 고급 이퀄라이징 기술과 결합하면 리버스 패킹보다 더 깊은 하강이 가능합니다.

주의: 이러한 동작들은 올바르게 수행하지 않으면 폐와 기관에 손상을 입힐 수 있습니다. 절대적인 측면에서 다른 기술보다 나은 기술은 없습니다. 어떤 선수들은 리버스 패킹을 사용해 매우 깊은 다이빙을 하고, 저를 포함한 다른 선수들은 복부 수축 방식을 선호합니다.

4.3 딥 이퀄라이징 테크닉

유스타키오관을 열어 중이와 비강이 소통할 수 있도록 만드는 몇 가지 이퀄라이징 테크닉들이 있습니다.

비강 내 압력을 증가시키는 '가압' 방식 또는 유스타키오관에 연결된 근육의 '기계적' 조작을 통해 유스타키오관을 열 수 있습니다. 아래에서 다양한 이퀄라이징 기술을 빠르게 소개하겠습니다.

발살바Valsalva

발살바는 복부 수축을 기반으로 하는 이퀄라이징 기술입니다.

이 방식은 복부 수축을 통해 폐의 부피는 감소되고 압력은 증가시킵니다.

성문이 열려있기 때문에 입술이나 입천장에 붙은 혀에 의해 닫혀있는 구강 내에서도 동일한 압력 증가가 일어납니다. 코를 잡으면 비강은 닫히고, 연구개가 열려있기 때문에 비강에서도 동일하게 압력이 증가합니다. 이로 인해 유스타키오관이 열리고 중이 압력 평형(이퀄라이징)이 이루어집니다.

하지만 발살바 방식으로 프리다이버가 수심 10~12m를 넘어 이퀄라이징을 하기는 매우 어렵습니다. 보다 쉽게 이퀄라이징을 하고 더 깊은 수심으로 하강하려면 발살바 방식은 완전히 포기해야 합니다. 이러한 이유로 발살바 기술에 대해 더 이상 설명하지 않을 것입니다.

전통 프렌젤Traditional Frenzel

전통 프렌젤은 혀를 구강 내 상단과 후방으로 밀어 올리는 것을 기반으로 하는 이퀄라이징 기술입니다. 폐에서 구강으로 공기를 이동시키고 성문을 닫은 후 혀를 피스톤처럼 위로 밀어 올림으로써 부피 감소와 압력 증가가 만들어집니다. 코를 잡아 막고 연구개가 열린 상태로 유지되면 증가된 압력은 비강으로 전달됩니다. 비강의 압력 증가로 인해 유스타키오관이 열리고 이퀄라이징이 수행됩니다. 유스타키오관을 '기계적' 조작으로 열 수 있는 일부 사람들의 경우 더 낮은 압력으로도 개방될 수 있습니다.

핸즈프리Handsfree

핸즈프리는 텐서 근육tensor muscle 수축 또는 외부 이소골근external peristaphyline muscle의 수축을 통해 '기계적'으로 자발적으로 유스타키오관을 열 수 있는 이퀄라이징 기술입니다. 당연히 성문은 닫혀있어야 하고, 연구개는 중이로 공기가 통과할 수 있게 열려있어야 합니다. 연구개가 열려있어야 중이 쪽으로 공기가 통과할 수 있습니다. 핸즈프리 이퀄라이징은 고급 프렌젤, 순차적 프렌젤 및 마우스필의 공기 관리 기술과 결합할 수 있습니다.

어드밴스드 프렌젤Advanced Frenzel

어드밴스드 프렌젤 기술은 특정 깊이에서 'N' 발음을 통해 공기를 구강 내로 이동시키는 기술로, 이를 'N 차지'라고 합니다.

N 차지 수행 시 코를 잡고 혀의 뒷부분을 낮춰 구강 내에 충전된 공기의 양을 최대화합니다. 이때 성문은 닫고 연구개가 열린 상태를 유지하면서 혀를 T 위치에서 Ca, 그리고 H로 점진적으로 밀어 올려 부피를 감소시키고 압력은 증가해 비강으로 이동하게 됩니다.

비강의 압력이 증가하면 유스타키오관이 열리게 되고, 하강하는 동안 한 번의 공기 이동으로 여러 번의 이퀄라이징을 수행할 수 있습니다. 이 기술은 연속적 또는 약하고 지속적인 압력 증가 방식을 통해 유스타키오관을 열어두는 연습을 할 수 있습니다.

시퀀셜 프렌젤Sequential Frenzel

시퀀셜 프렌젤 기술은 특정 깊이에서 'M' 발음을 통해 공기를 구강으로 이동시키는 기술로 이를 'M 차지'라고 합니다. M 차지를 통해 구강의 부피를 증가시켜 공기를 볼에 저장합니다. M 차지 완료한 후, 혀를 입의 상단과 후방으로 밀어 올려 압력을 증가시킵니다. 성문을 닫고 연구개를 연 상태로 유지하면서 코를 막아 비강에 증가된 압력을 동일하게 전달합니다. 비강의 압력 증가로 인해 유스타키오관이 열리고 이퀄라이징이 수행됩니다. 각각의 이퀄라이징 후에는 혀의 잠금을 해제해야 합니다. 이를 통해 전 후방 구강이 소통하고 공기가 뒤쪽으로 이동할 수 있게 됩니다. 이렇게 하면 새로운 이퀄라이징이 가능하며, 구강 내 공기가 소진될 때까지 이 과정을 반복할 수 있습니다. 이 기술 역시 하강하는 동안 한 번의 공기 이동으로 여러 번의 이퀄라이징을 수행할 수 있습니다.

마우스필Mouthfill

마우스필은 특정 깊이에서 'M' 발음을 통해 공기를 구강으로 이동시키는 기술입니다. 이를 'M 차징'이라고 합니다. 동시에 뺨을 부풀리고 턱을 열고 혀의 뒤쪽 부분을 낮추어 구강의 부피를 최대로 늘립니다. 그런 다음 성문을 닫습니다. 천천히 턱을 닫고 뺨을 수축하고 혀를 먼저 T 위치에서 Ca로, 그다음 H 위치로 밀면 구강의 부피가 점차 감소하면서 공기가 완전히 소모될 때까지 구강 내에 약하고 일정한 압력이 유지될 수 있습니다. 연구개가 열려있고, 코를 잡아 막은 상태로 비강에서도 동일한 압력 증가가 일어납니다. 비강의 지속적인 압력으로 인해 하강하는 동안 유스타키오관이 열리고 이 열린 상태를 유지할 수 있습니다.

이퀄라이징 기법 – 요약 테이블						
명 칭	발살바	프렌젤	어드밴스드	시퀀셜	마우스필	핸즈프리
유스타키오관 개방 방식	압력	압력	압력	압력	압력	근육
		압력	압력	압력	압력	
		근육	근육	근육	근육	
압력 발생 근원	폐	구강	구강	구강	구강	없음
성문	열림	닫힘	닫힘	닫힘	닫힘	닫힘
연구개	열림	열림	열림	열림	열림	열림
혀	T 또는 Ca 또는 H	T 또는 Ca 또는 H	T에서 Ca, H로 점진적으로	T 또는 Ca 또는 H	초반에는 아래로 낮춘 상태에서 T, Ca, H로 점진적으로 이동	상관 없음
차징	–	N – 리버스 패킹	N	M – 리버스 패킹	M – 리버스 패킹	N – M – 리버스 패킹
구강 내 공기량(0~6)	0	1	3	4	6	1에서 4까지

4.3.1 프렌젤

프렌젤의 이퀄라이징 방식은 처음에 항공 우주 분야에서 개발되었습니다. 제2차 세계대전 당시 독일 공군 사령관이었던 헤르만 발터 고트홀트 프렌젤Herman Walter Gotthold Frenzel은 폭격기 조종사에게 유용한 특정 이퀄라이징 방법을 발견했습니다. 이 방식은 몇 년 동안 군사 기밀로 유지되었습니다.

그러던 중 이탈리아 다이빙의 아버지인 두일리오 마르칸테Duilio Marcante와 이탈리아 고압 의학의 선구자인 조르지오 오다글리아Giorgio Odaglia도 이 방법을 발견하고 바로 스쿠버 다이빙에 적용했습니다. 마르칸테와 오다글리아는 프렌젤에 대해 전혀 몰랐고, 프렌젤도 마르칸테와 오다글리아를 전혀 알지 못했습니다.

따라서 우리가 프렌젤이라고 부르는 이퀄라이징 방법은 이탈리아에서 마르칸테-오다글리아라는 이름으로 더 잘 알려져 있습니다.

저는 이 책에서 프렌젤이라는 명칭을 사용해 설명하겠습니다.

프렌젤 메커니즘

프렌젤은 비강의 압력 증가로 인해 유스타키오관이 열리는 '가압' 이퀄라이징 방식입니다.

이퀄라이징에 필요한 부피 증가는 구강과 비강으로만 제한되며, 연구개가 열린 상태로 소통이 이루어집니다. 외부로 압력이 빠져나가지 않도록 코를 막고 구강 내 잠금(잠금 T, 잠금 Ca 또는 잠금 H)을 수행해야 합니다. 폐 쪽으로도 압력이 빠져나가지 않도록 성문을 닫아야 합니다.

혀를 위쪽으로 움직여 입천장 아래 갇힌 공기를 압축하면 구강 내부에 압력이 증가합니다. 이와 같은 혀의 움직임은 구강에 공기가 있는 상태에서 비강과 연결되어 있는 구강의 부피를 감소시켜 압력을 발생시키기 때문에 구강에 미리 공기를 충전해야 합니다.

유스타키오관이 열리고 구강과 중이가 연결되면 관을 열기 위해 비강에서 발생한 압력이 아주 작은 공간인 중이에도 분산되어 고막이 바깥쪽으로 구부러지는 현상이 발생합니다.

프렌젤 이퀄라이징은 아래 두 가지 방법으로 수행할 수 있습니다.

- 100% 압력 · 50% 압력 50% 근육

100% 압력으로 수행하는 프렌젤 메커니즘은 다음과 같습니다.

1) 혀를 3개의 잠금 T, Ca 또는 H 중 하나에 위치시킵니다.

2) 코를 잡습니다.

3) 연구개를 엽니다.

4) 폐에서 구강(및 비강)으로 공기를 이동시킵니다.

5) 성문을 닫습니다.

6) 혀를 입의 위쪽과 뒤쪽으로 움직여 혀가 입전장에 더 가까이 붙도록 합니다.

혀가 입천장을 향해 움직이면 비강과 연결된 구강의 부피가 줄어들게 됩니다. 이러한 부피 감소는 압력을 증가시켜 유스타키오 관을 열게 합니다. 유스타키오 관이 열리면 일부 공기가 중이로 들어가 구강, 비강, 중이의 세 공간 사이의 압력 균형을 맞출 수 있습니다.

구강과 비강 내부의 압력 증가로 인해 유스타키오관이 열리기 때문에 이를 100% 압력을 이용한 프렌젤이라고 정의합니다.

오토벤트~otovent~에 연결된 압력계를 사용해 확인해 본 결과, 100% 압력을 이용한 프렌젤 방식으로 이퀄라이징을 하려면 20~30mmHg의 압력이 필요하다는 것을 알 수 있었습니다.

50% 압력과 50% 근육으로 수행하는 프렌젤 메커니즘

1) 혀를 3개의 잠금 T, Ca 또는 H 중 하나에 위치시킵니다.

2) 코를 잡습니다.

3) 연구개를 엽니다.

4) 폐에서 구강(및 비강)으로 공기를 이동시킵니다.

5) 성문을 닫습니다.

6) 혀를 입의 위쪽과 뒤쪽으로 움직여 혀가 입천장에 더 가까이 붙도록 합니다.

7) 동시에 우리는 유스타키오 관을 여는 경향이 있는 구개범장근~tensor veli palatine muscle~을 수축시킵니다.

또한 이 경우에도 혀가 입천장을 향해 움직이면 구강 내부의 부피가 감소하여 압력이 증가합니다. 그러나 이번에는 구개범장근의 '기계적' 움직임이 '가압' 움직임으로 생성된 압력에 추가돼 이 두 요소의 합이 유스타키오관의 개방을 결정합니다.

이러한 이유로 이 이퀄라이징 방식을 50% 압력과 50% 근육으로 수행하는 프렌젤로 정의합니다.

유스타키오관이 열리면 첫 번째 경우처럼 일부 공기가 중이로 들어가 구강, 비강, 중이의 세 가지 공기 공간 사이의 압력 균형을 맞추는 역할을 합니다.

'기계적(근육)' 움직임이 있기 때문에 유스타키오 관을 여는 데 필요한 압력이 더 낮습니다. 오토벤트에 연결된 압력계를 사용하여 이러한 방식으로 이퀄라이징을 하려면 약 10~15mmHg의 압력이 필요하다는 것을 알 수 있었습니다.

실제로 저는 오토벤트에 연결된 압력계로 직접 테스트를 실행하여 이 두 가지 프렌젤의 차이를 발견했습니다. 저는 가능한 낮은 압력으로 이퀄라이징의 값에 집중했습니다. 그 결과 사용된 잠금 방식(위치)에 따라 값이 달라지지 않는다는 것을 발견했습니다.

저는 핸즈프리를 이퀄라이징을 할 수 있고, 입천장 근육도 매우 효율적으로 제어할 수 있기 때문에 다양한 동작의 최소 압력 값을 측정하면서 입천장 근육을 움직여 유스타키오 관의 개방 여부를 의식적으로 결정할 수 있었습니다. 이를 통해 저는 다음과 같은 사실을 알게 되었습니다.

- 혀의 움직임으로만 튜브가 열리는 100% 압력을 이용한 프렌젤 방식은 가장 큰 압력이 필요합니다.
- 혀와 근육의 움직임으로 튜브가 열리는 50% 압력, 50% 근육 프렌젤 방식은 적은 압력이 필요합니다.
- 근육의 움직임만으로 튜브가 열리는 핸즈프리 방식은 압력이 필요하지 않으며, 이 경우 압력은 0mmHg의 값이 표시됩니다.

최근 몇 년간 다양한 프리다이빙 강습과 워크숍을 진행하면서, 다수의 프리다이버를 대상으로 이 방법을 시험해 보았습니다. 이 과정에서 각 이퀄라이징 방법을 수행하기 위해 필요한 최소 압력값이 특정 범위에 집중되는 것을 관찰했습니다. 일부 프렌젤 기법을 사용하는 사람들은 20~30mmHg, 다른 프렌젤 기법을 사용하는 사람들은 10~15 mmHg, 핸즈프리 기법을 사용하는 사람들은 0 mmHg가 필요했습니다. 이 결과는 제 가설을 증명했습니다.

프렌젤의 잠금

프렌젤 이퀄라이징 기법은 다음 그림과 같이 혀를 T 잠금, Ca 잠금 또는 H 잠금 상태로 배치하여 수행할 수 있습니다.

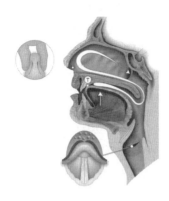

T 잠금, 성문 닫힘, 코 막음

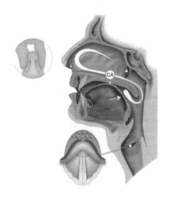

Ca 잠금, 성문 닫힘, 코 막음

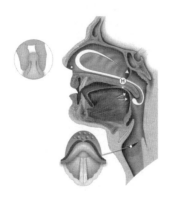

H 잠금, 성문 닫힘, 코 막음

프렌젤의 한계

구강 내 압력을 생성하려면 먼저 폐에서 공기를 끌어올려야 합니다. T, Ca 또는 H 잠금만 사용하는 경우, 최상의 시나리오의 경우 성문이 닫혀있는 상태에서 한 번의 공기 이동 후 두세 번의 이퀄라이징을 수행할 수 있습니다. 그런 다음 재충전이 필요합니다. T잠금 상태에서 이퀄라이징을 하려면 폐에서 구강으로 공기를 이동시킨 후 혀가 입천장의 앞부분에 밀착될 때까지 두세 번 이퀄라이징을 할 수 있습니다. 뒤쪽에 여전히 공기가 있어야 하지만, T잠금으로만 이퀄라이징을 할 수 있다면 혀 뒤의 공기를 사용할 수 없으므로 다시 폐에서 입으로 공기를 이동시켜야 합니다.

혀를 Ca 잠금 상태에서 프렌젤을 사용하여 이퀄라이징을 하면 혀가 입천장의 중앙 부분에 밀착될 때까지 일반적인 두세 번의 이퀄라이징을 할 수 있습니다. 그 뒤에는 여전히 공기가 남아있어야 하지만 이전보다 약간 적을 뿐, 어떻게 사용해야 할지 모를 수 있습니다.

혀를 H 잠금 상태에서 프렌젤을 사용하여 이퀄라이징을 하면 몇 번의 이퀄라이징을 한 후 혀 뒤에 더 이상 공기가 남지 않습니다.

그렇다면 이 기술의 한계는 무엇일까요? 이는 어떤 공기 이동 기술을 결합하느냐에 따라 달라집니다.

복부 수축 방식을 사용하면 더 이상 폐에서 구강으로 공기를 이동할 수 없는 수심(보통 약 25~30m)에 도달하면 다이빙이 끝납니다. 반대로 리버스 패킹을 사용하면 더 깊은 수심까지 잠수할 수 있습니다.

참고: 이 교재에서 소개할 모든 이퀄라이징 기술은 폐에서 구강 및 비강으로 공기를 이동시키는 기술로, 항상 복부 수축과 결합됩니다.

그 이유는 무엇일까요? 복부 수축 방식은 올바르게 수행할 경우 최고의 테크닉이며, 진화한 이퀄라이징 테크닉과 결합하면 더 깊이 잠수할 수 있다고 믿기 때문입니다. 또한 복부 수축은 리버스 패킹보다 배우기도 쉽습니다.

4.3.2 어드밴스드 프렌젤

우리는 프렌젤 이퀄라이징 기법의 주요 한계가 사용되는 공기 이동 방식, 즉 복부 수축 또는 리버스패킹과 관련이 있다는 것을 앞에서 확인했습니다. 더 이상 공기를 이동시키지 못하는 순간부터 이퀄라이징을 계속할 수 없습니다. 반면 어드밴스트 프렌젤과 같은 발전된 이퀄라이징 기술을 사용할 경우 특정 깊이에서 일정량의 공기를 구강으로 가져온 후 그 공기를 사용하여 중이, 구강, 비강 및 사강(dead space, 주변 압력의 증가에 따라 크기가 감소하지 않는 뼈로 둘러싸인 공간)을 여러 번 이퀄라이징할 수 있습니다. 이 방식으로 마지막 이퀄라이징 가능 수심을 극복할 수 있습니다. 얼마나 극복할 수 있을까요? 이는 충전이 수행되는 깊이와 충전 중 이동되는 공기의 양에 따라 달라지는데, 후자(충전 가능한 공기의 양)에 따라 가능한 이퀄라이징 횟수가 달라지기 때문입니다.

이 개념을 더 깊이 이해하기 위해 어드밴스드 프렌젤의 메커니즘부터 살펴보도록 하겠습니다.

어드밴스드 프렌젤의 메커니즘

특정 깊이에서 코를 잡고 N차징을 수행해 폐에서 구강 및 비강으로 공기를 이동시킵니다. 구강과 비강에 공기가 가득 채운 후 성문을 닫습니다.

N차징을 하는 동안 'N(엔)' 소리를 발음하는데, 이는 이 자음을 발음함으로써 성문이 발성 상태에 있고(열리고) 연구개도 열리게 됩니다. 이 트릭을 사용하면 연구개와 성문을 의식적으로 제어하지 않더라도 충전하는 동안 연구개를 열고 성문을 발성 상태로 유지할 수 있습니다. N차징을 하는 동안 혀는 T잠금 상태에 있습니다. 차징하는 동안 T잠금 상태를 유지하고, 혀의 뒷부분을 아래로 내리는 것이 중요합니다. 이렇게 하면 구강에 저장할 수 있는 공기량이 증가합니다. 충전이 끝나면 성문을 닫습니다.

앞서 설명한 일반 프렌젤에서 사용되는 N차징와 다른 점은 혀의 뒷부분을 내리면서 차징을 수행한다는 점입니다.

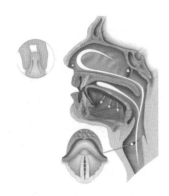

어드밴스드 프렌젤의 N차징

N차징이 수행되고 성문이 닫히면 T 잠금을 유지한 상태로 몇 번의 프렌젤 이퀄라이징을 수행합니다. 이 이퀄라이징이 끝나면 혀의 앞부분은 입천장에 붙지만, 뒤쪽에는 여전히 공기가 남아있게 됩니다.

이때부터 Ca 잠금의 프렌젤 이퀄라이징이 수행되고, 몇 번의 이퀄라이징 후 혀의 중간 부분도 입천장에 붙게 됩니다.

마지막으로 H 잠금을 사용한 몇 번의 프렌젤 이퀄라이징이 수행됩니다.

경구개(입천장)과 혀의 형태는 사람마다 약간 다르기 때문에 T, Ca 또는 H 잠금을 사용해 가능한 이퀄라이징 횟수는 사람마다 다를 수 있습니다. 구강 내 공기 관리의 개념과 혀의 움직임을 이해하는 것이 중요한데, T 잠금에서 혀와 입천장 사이의 공기량이 감소하면 혀가 위쪽으로 밀려나면서 Ca 잠금과 이후 H 잠금으로 진행하게 됩니다.

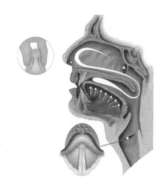

어드밴스드 프렌젤 이퀄라이징 기술

어드밴스드 프렌젤은 두 가지 방식으로 관리할 수 있습니다.

첫 번째 방식은 압력을 줬다–뺐다 하는 방식입니다. T 잠금으로 이퀄라이징을 하고, 압력이 생성되고, 이관이 열리고, 하강하고, 볼륨이 감소하고, 이관이 닫히고, 다시 T 잠금으로 이퀄라이징을 계속 수행합니다(여기서 T 잠금에 대해 말할 때 정확한 포인트가 아닌 영역을 나타냅니다). 이퀄라이징의 결과로 이관이 열리고, 하강하고, 이관이 닫히고, Ca 잠금으로 이퀄라이징하고, 이관이 열리고, 하강하고, 이관이 닫히는 등의 과정을 거칩니다. 즉, 일반적인 프렌젤과 같은 방식으로 여러 번의 이퀄라이징이 수행되며, 혀의 잠금은 T에서 Ca로, 그리고 H로 변경됩니다.

두 번째 방식은 일정한 가벼운 압력을 계속 유지하는 방식입니다. N차징을 완료한 후 혀를 입의 위쪽과 뒤쪽을 향해 지속적이고 유동적으로 밀면 공기량은 점점 줄어들면서 가볍고 일정한 압력이 유지돼 이관이 열린 상태를 유지합니다. 공기가 다 소모되고 혀가 입천장에 완전히 밀착될 때까지 이관을 열어둔 채로 이 작업을 수행합니다. 이 방법은 '유동적 관리' 방법 입니다(관련 연습 참조).

이퀄라이징 가능 수심은 충전하는 동안 이동하는 공기의 양과 충전 깊이에 의해 결정되기 때문에 항상 동일합니다. 충전 순간부터 구강 내의 공기가 완전히 소모될 때까지 지속적으로 동일한 이퀄라이징을 수행했다면 (일반 프렌젤을 사용할 때 발생하는) 후속 이퀄라이징을 지연시키는 실수는 발생하지 않을 것입니다.

어드밴스드 프렌젤의 장점

어드밴스드 프렌젤을 수행할 경우 일반 프렌젤보다 공기 이동 횟수가 훨씬 적습니다.

또한 일반 프렌젤에서 프리다이버들은 종종 복부 수축을 이용하는 공기 이동 방식에서 실수를 저지르며(에어 시프트 기동에 대한 단락 참조), 수축이 끝난 후 복부를 이완시키는 대신 수축시킨 상태를 유지합니다. 잠시 후 복부를 더욱 수축하여 구강으로 공기를 추가로 이동시킨 다음 다시 같은 동작을 반복하여 흉곽이 짓눌리는 듯한 느낌을 받기 시작합니다. 이 상황에서는 복부 근육이 이완되었을 때보다 더 얕은 깊이에서 잔기량 수심에 도달합니다. 이것은 복부가 수축되어 횡격막이 자유롭게 올라가지 못하기 때문에 발생하므로 깊이 증가로 인해 발생하는 폐의 공기량 감소를 동반하지 않습니다. 또한 이 실수로 인해 더 이상 공기를 이동할 수 없는 순간이 더 일찍 오게 됩니다.

반면 어드밴스드 프렌젤을 수행하는 경우에는 다음과 같은 순서로 진행됩니다. 복부 수축, 공기 이동, 성문 잠금, 복부 이완, 이퀄라이징, 이퀄라이징, 이퀄라이징, 이퀄라이징…. 다시 복부를 수축하고 공기를 이동하고, 성문을 닫고, 복부를 이완한 후 여러 번의 이퀄라이징을 진행할 수 있습니다. 거의 모든 다이빙은 복부가 수축되지 않은 상태에서 수행되며, 공기 이동 중에만 복부가 수축됩니다.

일반 프렌젤에서는 공기를 이동하고 성문을 닫은 후 복부 근육이 이완될 수 있지만, 바로 다시 공기 이동을 위해 복부를 수축해야 하기 때문에 수축과 이완 대신 계속 수축하고 있는 실수를 저지르기가 훨씬 더 쉽습니다.

또 다른 중요한 장점은 다음 단락에서 설명할 어드밴스드 프렌젤 기술의 잠재력 입니다.

어드밴스드 프렌젤의 잠재력

반비례에 대한 간단한 수학적 설명은 다음 개념을 이해하는 데 도움이 될 것입니다. 한 변수가 증가하면 다른 변수의 **비율이** 감소하여 곱이 변하지 않는 경우(예: 한 변수가 세 배 커지면 다른 변수는 세 배 작아지는 경우) 두 변수는 **반비례합니다.** 수학적으로 직접 비례는 y/x = k로 표현됩니다. 이는 'y가 x에 직접 비례한다.' 또는 'y는 x에 **직접 비례한다.**'라는 의미이며, 여기서 k는 방정식에서 상수입니다. 'k'는 **비례상수**라고 부르는 0이 아닌 값입니다.

직접 비례상수(Cpd)는 특정 이퀄라이징 기법의 잠재력을 나타냅니다. 이는 특정 깊이 x에서 차징할 경우, 이 이퀄라이징 기술을 통해 k 배의 압력 증가를 이퀄라이징할 수 있을 것이라는 의미입니다.

아래 예시를 통해 조금 더 명확히 설명하겠습니다.

마스크를 착용할 경우 어드밴스드 프렌젤의 잠재력

Cpd = 1.5

10m: N차징

20m: 마스크 이퀄라이징을 포함해 도달한 최대 수심

10m에서의 압력은 2bar, 20m의 압력은 3bar

3/2 = 1.5 Cpd

Dc		Cpd			Dmax
10m	2 bars	X 1.5	=	3 bars	20m
20m	3 bars	X 1.5	=	4.5 bars	35m
30m	4 bars	X 1.5	=	6 bars	50m

Dc = depth of the charge(차징 수심)

Cpd = constant of direct proportionality(비례상수)

Dmax = maximum depth(최대 깊이)

노즈클립을 사용할 경우 어드밴스드 프렌젤의 잠재력

Cpd = 2

10m: N차징

30m: 마스크 이퀄라이징 없이(노즈클립 사용) 도달한 최대 수심

10m에서의 압력은 2bar, 30m의 압력은 4bar

4/2 = 2 Cpd

Dc		Cpd				Dmax
10m	2 bars	X 2		=	4 bars	30m
20m	3 bars	X 2		=	6 bars	50m
30m	4 bars	X 2		–	8 bars	70m

Dc = depth of the charge(차징 수심)

Cpd = constant of direct proportionality(비례상수)

Dmax = maximum depth(최대 깊이)

어드밴스드 프렌젤의 진화

실제 다이빙에서 마우스필의 마지막 단계 이퀄라이징(잠금 관리)은 어드밴스드 프렌젤과 매우 유사합니다. 따라서 마우스필을 잘하려면 어드밴스드 프렌젤을 관리하는 방법을 배워야 합니다.

4.3.3 시퀀셜 프렌젤

어드밴스드 프렌젤과 마찬가지로 시퀀셜 프렌젤도 일반 프렌젤 이퀄라이징 기술의 한계를 극복할 수 있게 해줍니다. 더 이상 폐에서 구강으로 공기를 이동시킬 수 없는 수심(보통 25~30m)에 도달하면 다이빙은 끝납니다.

시퀀셜 프렌젤의 메커니즘

일반 프렌젤 또는 핸즈프리 이퀄라이징으로 다이빙을 시작합니다. 잔기량 수심에 도달하기 전에 복부를 수축하여 폐에서 입으로 공기를 이동시킵니다. 입술 잠금을 사용하여 입천장과 혀, 뺨 사이에 공기를 저장합니다. 혀와 입천장 사이의 공간은 이퀄라이징을 위한 '작동' 공간(컴퓨터가 사용 중인 정보를 저장하여 빠르게 액세스할 수 있도록 하는 컴퓨터 램ram처럼)이 되고, 혀와 뺨 사이의 공간은

이퀄라이징을 위한 공기를 저장하는 공간(데이터를 보관하는 컴퓨터 메모리처럼)이 됩니다. 충전이 끝나면 성문을 닫습니다.

이 시점에서 우리는 잠금 중 하나(T, Ca 또는H)를 사용해 일반 프렌젤 방식의 이퀄라이징을 두세 번 수행합니다. 이렇게 하면 혀와 입천장 사이에 저장된 공기를 사용해 프렌젤을 할 수 있습니다. 혀 잠금 뒤에 있는 공기(혀와 입천장 사이)가 줄어들면 혀 잠금을 풀어 뺨과 혀 사이에 들어있던 공기의 일부가 혀와 입천장 사이의 공간으로 이동하도록 합니다. 혀 잠금을 다시 실행해 다시 두세 번의 프렌젤 이퀄라이징을 수행합니다.

구강 내 공기가 모두 없어질 때까지 이런 방식으로 계속 진행합니다.

하강이 끝날 때까지 그리고 혀 잠금을 제거할 때까지 성문을 닫은 상태를 유지하는 것이 중요합니다.

마스크를 착용할 경우 시퀀셜 프렌젤의 잠재력

Cpd = 2

10m: M차징

30m: 마스크 이퀄라이징을 포함해 도달한 최대 수심

10m에서의 압력은 2bar, 30m의 압력은 4bar

4/2 = 2 Cpd

Dc		Cpd			Dmax
10m	2 bars	X 2	=	4 bars	30m
20m	3 bars	X 2	=	6 bars	50m
30m	4 bars	X 2	=	8 bars	70m

Dc = depth of the charge(차징 수심)

Cpd = constant of direct proportionality(비례상수)

Dmax = maximum depth(최대 깊이)

마스크를 착용한 시퀀셜 프렌젤 방법

다음 예시에서는 다이빙(하강)할 때 마스크 압력 평형과 함께 혀 잠금(T, Ca 또는 H)을 사용해 시퀀셜 프렌젤을 진행하는 단계를 설명합니다.

예

수면에서 시작하여 다음을 수행합니다.

1) 일반 프렌젤을 이용해 사전 이퀄라이징을 합니다.
2) 20m 수심까지 일반 프렌젤로 이퀄라이징하고 마스크 압력 평형도 진행합니다.
3) 약 20m 지점에서 코를 잡고 M차징을 합니다.
4) 차징이 끝나면 성문을 닫고 하강이 끝날 때까지 성문을 닫은 상태를 유지합니다.
5) (종이와 마스크의) 이퀄라이징을 두세 번 수행합니다.
6) 입술 잠금은 유지한 상태로 입 앞부분(혀에서 입술까지)에 존재하는 공기를 사용
   해 이퀄라이징을 하기 위해 이 수심까지 사용했던 혀 잠금(T, Ca 또는 H)을 풀어
   줍니다.
7) 구강 내 공기가 모두 없어질 때까지 마지막 두 가지 동작을 반복합니다.

이 방법을 바다에서 테스트해 본 결과, 20m에서 차징으로 50m의 수심까지 도달할 수 있음을 확인했습니다. 프리다이버의 해부학적 차이와 실행의 세부 사항에 차이가 있을 수 있지만, 이 수심을 참고로 사용할 수 있습니다. 시퀀셜 프렌젤을 잘 수행할 경우, 약 2의 직접 비례 계수(Cpd)를 관리할 수 있습니다(50m에서는 6기압, 20m에서는 3기압, 압력 간의 관계는 6/3기압). 이를 통해 다음 값들이 파생되어 테스트되었습니다.

이와 달리 충전 후 마스크 이퀄라이징이 필요하지 않는 경우 더 깊은 수심에 도달할 수 있습니다. 위에서 설명한 직접 비례상수의 값을 고려할 때 이것은 위험한 조작이 아닙니다.

이에 대해 자세히 설명해 드리겠습니다.

노즈클립을 사용할 경우 시퀀셜 프렌젤의 잠재력

Cpd = 2.5
10m: M차징
40m: 마스크 이퀄라이징 없이 도달한 최대 수심
10m에서의 압력은 2bar, 30m의 압력은 4bar
4/2 = 2 Cpd

Dc		Cpd			Dmax
10m	2 bars	X 2.5	=	5 bars	40m
20m	3 bars	X 2.5	=	7.5 bars	65m
30m	4 bars	X 2.5	=	10 bars	90m

Dc = depth of the charge(차징 수심)

Cpd = constant of direct proportionality(비례상수)

Dmax = maximum depth(최대 깊이)

노즈클립을 착용한 시퀀셜 프렌젤 방법

다음 예시에서는 다이빙(하강)할 때 마스크 압력 평형 없이(노즈클립 사용) 혀 잠금(T, Ca 또는 H)을 사용해 시퀀셜 프렌젤을 진행하는 단계를 설명합니다.

예

수면에서 시작하여 다음을 수행합니다.

1) 일반 프렌젤을 사용하여 사전 평준화합니다.
2) 20m 수심까지 프렌젤을 사용하여 이퀄라이징합니다.
3) 약 20m 지점에서 시퀀셜 프렌젤을 위한 M차징을 수행합니다.
4) 차징이 끝나면 성문을 닫고 하강이 끝날 때까지 성문을 닫은 상태를 유지합니다.
5) (중이의) 이퀄라이징을 두세 번 수행합니다.
6) 입술 잠금은 유지한 상태로 입 앞부분(혀에서 입술까지)에 존재하는 공기를 사용해 이퀄라이징을 하기 위해 이 수심까지 사용했던 혀 잠금(T, Ca 또는 H)을 풀어 줍니다.
7) 구강 내 공기가 모두 없어질 때까지 마지막 두 가지 동작을 반복합니다.

바다에서 이 방법을 테스트해 본 결과, 20m에서 차징하면 수심 65m까지 도달할 수 있음을 확인했습니다. 따라서 노즈클립을 사용할 경우 약 2.5[7.5기압(65m)/3기압(20m)]의 직접 비례 계수(Cpd)를 관리할 수 있습니다. 마스크를 사용하지 않을 경우 중이 이퀄라이징을 위해 더 많은 공기를 사용할 수 있습니다.

참고 사항

시퀀셜 프렌젤의 가장 큰 어려움은 이퀄라이징을 관리하는 동안 성문을 닫은 상태로 유지하는 것입니다. 이 어려움은 이퀄라이징이 지연될 경우 성문 위쪽에 생기는 가벼운 진공 효과와 관련이 있습니다. 또한 프렌젤에 의해 발생하는 과도한 압력이나 프렌젤에서 학습된 혀의 운동 방식(한두 번의 이퀄라이징 후 성문이 열렸다 닫히는 방식)의 자동화 때문일 수도 있습니다.

다시 말해, 시퀀셜 프렌젤을 배우려면 모두 고급 이퀄라이징 방식들과 마찬가지로 시간과 노력이 필요합니다. 우선 이퀄라이징을 지연시키지 않아야 하며, 둘째로 가능한 부드럽게 이퀄라이징 하기 위해 자신의 이퀄라이징 인지 능력을 높여야 합니다. 이 두 가지 모두 일반 프렌젤을 통해 연습할 수 있습니다.

이 기술을 올바르게 관리하는 방법을 익히면 훨씬 더 편안하게 시퀀셜 프렌젤을 사용할 수 있습니다.

특히 혀의 뒷부분을 제어하는 데 어려움을 겪는 프리다이버, 어드밴스드 프렌젤의 잠금 위치 변경 및 마우스필을 배우는 데 관심이 없는 프리다이버에게 최고의 솔루션이 될 수 있습니다. 많은 프리다이버들이 여전히 볼에 공기를 채우는 것만 보고 시퀀셜 프렌젤을 마우스필로 혼동하는 것은 재미있는 일입니다(시퀀셜 프렌젤과 마우스필은 볼에 공기를 채우는 부분은 동일하지만 각각 다른 이퀄라이징 기술입니다).

4.3.4 마우스필

마우스필은 지난 몇 년 동안 확립되어 오늘날 많은 프리다이버가 사용하는 기술입니다.

프리다이빙 커뮤니티에서 사용하는 전문 용어에 따르면 마우스필은 다음과 같은 이퀄라이징 기법입니다.

1) 일정량의 공기가 혀와 입천장 사이뿐만 아니라 뺨과 구강 내부에도 충전됩니다.
2) 하강할 때 구강 내 부피(공기)를 관리해 일정한 과압이 서서히 생성되도록 합니다.
   이 일정한 과압을 통해 충전 순간부터 최대 수심까지 유스타키오관이 개방된 상태를 계속 유지할 수 있습니다.

이 기술의 이름(마우스필)은 입안에 충전된 공기만을 지칭하고 공기를 관리하는 방법에 대해서는 언급하지 않기 때문에 혼란을 야기할 수 있습니다.

이러한 이유로 많은 프리다이버는 특정 수심에서 볼에 채우면 모두 마우스필을 한다고 생각하지만, 어떤 경우에는 시퀀셜 프렌젤 또는 어드밴스드 프렌젤 방식을 사용하고 있습니다.

시퀀셜 프렌젤의 경우, 볼에 공기를 채운 후 T, Ca 또는 H 잠금으로 이퀄라이징을 계속합니다.

어드밴스드 프렌젤의 경우 이퀄라이징은 다음 순서로 혀 잠금을 변경하며 수행됩니다. T-T-Ca-Ca-H-H.

마우스필은 일정한 압력을 유지한다는 점에서 시퀀셜 프렌젤 및 어드밴스드 프렌젤과 다릅니다.

하지만 이것뿐만이 아닙니다.

또 다른 중요한 차이점은 충전할 수 있는 공기량으로, 마우스필은 충전할 수 있는 공기의 양이 훨씬 더 많으며, 이는 놀라운 깊이에 도달할 수 있는 가능성을 의미합니다. 마우스필은 딥 프리다이버들의 전매특허 기술입니다.

마우스필 기술

프렌젤과 마찬가지로 마우스필에서도 다음 사항이 필요합니다.

- 구강 내부의 공기
- 성문 잠금
- 연구개 개방

마우스필을 사용한 다이빙에서는 일반적으로 프렌젤 또는 핸즈프리를 사용하여 특정 수심까지 하강합니다. 이는 다이빙 중에 도달하고자 하는 목표 수심에 따라 달라집니다(마우스필 잠재력 단락 참조).

목표 수심에 도달한 후 마스크를 착용한 경우 코를 잡아야 합니다. 노즈클립을 사용하는 경우에는 이 과정이 필요하지 않습니다.

이 시점에서는 연구개가 열린 상태에서 복부 수축을 통해 공기를 폐에서 구강과 비강으로 이동시킵니다. 이것이 소위 M차징이라고 불리는 마우스필입니다.

마우스필을 위한 M차징

마우스필을 위한 M차징은 구강 내로 최대한 많은 양의 공기를 이동시키는 것입니다. 여기에는 볼을 부풀리고 턱을 낮추는 것을 포함해 구강 내 모든 부피가 포함됩니다. 이로 인해 공기 관리 및 이퀄라이징 중에 초반에는 T, Ca 또는 H 잠금을 사용할 수 없으며, 마지막 부분에서 사용할 수 있게 됩니다.

마우스필 차징(충전) 기술

충전 단계에서는 성문을 반쯤 닫아 단방향 밸브처럼 작동할 수 있도록 하는 것이 유용합니다. 이렇게 하면 충전이 완료되고 공기가 폐로 돌아갈 수 없게 성문을 닫기가 더 쉬워집니다.

연구개가 열리고 후두개가 반쯤 닫혀있도록 하기 위해서는 M(엠)이라고 발음하는 것이 도움이 됩니다.

마우스필 충전 중에는 시간 순서대로 다음과 같은 일이 발생합니다.

- 고개를 약간 뒤로 젖힙니다.
- 약간의 크런치 동작과 동시에 복부 수축을 통해 'MMMMM(엠…)'이라고 소리를 내며 폐에서 구강 및 비강으로 공기를 이동시킵니다.
- 이때 코 벽(콧볼)이 바로 부풀어 오르는데, 이는 연구개가 열려 있다는 신호입니다.
- 볼을 서서히 부풀립니다.
- 입술이 계속 밀착된 상태로 혓바닥을 포함한 턱과 혀를 최대 지점까지 내립니다.

사용 가능한 볼륨을 증가시키기 위해 마우스필을 최대로 충전하기 위해서는 볼과 입술의 근육을 이완시키는 것이 중요합니다.

마우스필 관리

마우스필 M차징이 완료되면 구강과 비강의 가벼운 과압으로 인해 비강과 중이를 연결하는 유스타키오관이 열립니다. 따라서 구강과 비강에 연결된 중이가 압력 평형을 이룹니다. 이때가 바로 마우스필 관리가 시작되는 순간입니다.

하강하는 동안 계속해서 구강과 비강 내에 적당한 압력을 유지하여 유스타키오관이 열려있는 상태를 유지해 중이의 압력이 균형을 이루도록 합니다. 이는 하강하면서 외부 압력이 증가해 구강의 공간이 줄어들기 때문에 필요한 조치입니다.
마우스필을 관리하는 동안 시간 순서대로 다음과 같은 일이 발생합니다.

- 머리를 중립 위치로 되돌립니다.
- 위쪽 치아가 아래쪽 치아에 닿을 때까지 턱을 닫습니다.
- 뺨을 수축시킵니다.
- 이때까지 완전히 이완되어 있던 혀끝을 T 잠금으로 옮기고, 유동적이고 점진적인 움직임으로 Ca 잠금, 그다음 H 잠금으로 옮깁니다.

충전 순간부터 하강이 끝나는 순간까지, 마우스필을 관리 동안 다음 사항이 매우 중요합니다.

- 성문은 닫힌 상태로 유지됩니다.
- 수심이 증가함에 따라 부피가 감소함에도 불구하고 코 벽이 부풀어 있는 상태가 유지됩니다.

마우스필 관리가 끝나면 혀가 입천장에 완전히 밀착되고 구강 내에는 공기가 남아있지 않게 됩니다.

마우스필 관리 전략

마우스필 관리의 모든 단계는 구강과 비강 내의 압력을 일정하게 유지하는 것이 목표이기 때문에 천천히 그리고 점진적으로 이루어집니다. 압력이 최고조에 달하면(과하면) 성문이 쉽게 열리고 이동된 공기가 낭비될 수 있습니다.

마우스필을 배울 때 직면하는 또 다른 빈번한 문제는 중이의 이퀄라이징에 대한 인식이 없다는 것입니다. 일반 프렌젤과는 달리 약간의 과압으로 발생하는 고막에서 느껴지는 약간의 불편함이 느껴지지 않으며, 이퀄라이징과 관련된 어떤 감각도 느껴지지 않습니다. 통증이 없다는 것은 이퀄라이징이 올바르게 이루어지고 있다는 유일한 신호입니다. 이로 인해 경험이 적은 프리다이버는 이퀄라이징이 제대로 이루어지지 않을까 걱정하게 되고, 중이를 이퀄라이징하기 위해 구강과 비강에 과도한 압력을 가하는 실수를 저지르게 됩니다. 이로 인해 성문 위와 아래 공간의 압력 차이가 커져 성문이 열리게 됩니다.

성문이 열리면 마우스필을 관리하는 데 사용되어야 할 구강 내 공기가 다시 폐로 들어가게 됩니다. 잔기량 깊이를 통과한 후에 이런 일이 발생하면 마우스필을 재충전할 수 없게 되어 하강을 계속할 수 없게 됩니다.

성문 개방과 관련된 또 다른 문제는 마우스필 충전이 완료된 후 복부 근육이 완전히 이완되지 않아서 발생합니다. 실제로 복부의 수축은 주변 압력의 증가로 인해 폐 내 공기 부피가 감소함에 따라 횡격막이 점차 위로 밀려 올라가는 것을 막아 폐 내에 강력한 음압 생성합니다. 이 경우, 성문 위와 아래의 높은 압력 차이로 인해 성문이 열리게 됩니다.

마우스필 잠재력

마스크를 착용한 상태로 마스크 압력 평형을 유지하며 다이빙할 경우 마우스필의 직접 비례상수(Cpd)는 3.5입니다. 이것은 상당히 깊은 수심에 도달할 수 있는 것을 의미합니다.

마스크 압착 상해를 입을 수 있기 때문에 마우스필을 관리하는 동안 마스크를 압력 평형을 해야 합니다

마스크 압력 평형을 위해 코를 잡은 손을 약간 그리고 짧게 풀어주는 것으로 충분합니다. 코를 '약간' 그리고 '순간적으로' 풀어주는 이유는 구강과 비강의 압력을 갑자기 감소시키지 않기 위해서입니다.

마우스필을 잘 관리하는 프리다이버는 마스크를 착용한 상태로 10m에서 마우스필을 차징하고(0~10m에서는 일반 프렌젤 또는 핸즈프리 방식 사용), 60m까지 관리할 수 있습니다.

Cpd = 3.5

10m: M차징

60m: 마스크 이퀄라이징을 포함해 도달한 최대 수심

10m에서의 압력은 2bar, 60m의 압력은 7bar

7/2 = 3.5

Dc		Cpd			Dmax
10m	2 bars	X 3.5	=	7bars	60m

Dc = depth of the charge(차징 수심)

Cpd = constant of direct proportionality(비례상수)

Dmax = maximum depth(최대 깊이)

10m에서 마우스필을 충전한 뒤 60m까지 하강하는 것은 분명 좋은 성과이지만, 최고의 결과는 아닙니다. 이는 훈련을 통해 누구나 이룰 수 있는 목표이며, 각자가 가진 볼의 공기 저장 용량과 비강 및 부비강의 데드 스페이스가 연결되어 있어야 함을 나타냅니다.

차징 시점을 더 깊은 수심으로 이동하기 전에 인내심을 가지고 10m에서 차징 후 60m에 도달하는 것을 목표로 연습하는 것이 매우 중요합니다.

아래에서 더 깊은 수심에서 차징 후 마우스필 관리를 잘 유지한 결과의 데이터를 확인할 수 있습니다.

Cpd = 3.5

Dc		Cpd			Dmax
10m	2 bars	X 3.5	=	7 bars	60m
20m	3 bars	X 3.5	=	10.5 bars	95m
30m	4 bars	X 3.5	=	14 bars	130m

Dc = depth of the charge(차징 수심)

Cpd = constant of direct proportionality(비례상수)

Dmax = maximum depth(최대 깊이)

호기 훈련이 잘된 프리다이버라면 30m에서 마우스필을 충전하는 것이 여전히 가능합니다. 따라서 우리의 추론을 바탕으로 변형 가능한 마우스필 충전 메커니즘을 살펴보겠습니다.

깊이	압력	마우스필 차징 전 구강 내 공기	리필	마우스필 차징 후 구강 내 공기
0m	1 bar	0 c.c.	0 c.c.	0 c.c.
10m	2 bars	0 c.c.	400 c.c.	400 c.c.
20m	3 bars	268 c.c.	132 c.c.	400 c.c.
30m	4 bars	300 c.c.	100 c.c.	400 c.c.

마우스필 총 충전량이 400cc라고 가정해 보겠습니다. 이 값이 마우스필 평균값이기 때문에 400cc를 예로 사용합니다.

수심 10m, 즉 2bar에서 마우스필을 차징할 경우 이는 곧 400cc의 공기가 구강으로 이동한다는 것을 의미합니다.

우리는 20m까지 하강하면서 구강과 비강의 부피 감소를 마우스필로 관리하기 시작합니다. 20m에서 주변 압력은 3bars이며, 보일의 법칙에 따르면 400cc는 268cc가 됩니다. 이 깊이에서 구강과 비강의 공기량을 400cc로 되돌리기 위해서는 132cc를 리필해야 합니다. 20m에서 리필을 수행한 후 다시 400cc의 공기를 마우스필에 사용할 수 있게 됩니다.

우리는 30m, 즉 4bar의 압력까지 계속해서 하강합니다. 이때 400cc의 공기는 300cc로 줄어듭니다. 단지 100cc만 리필하면 다시 400cc의 마우스필을 갖게 됩니다. 다시 말해서 30m의 수심에서는 400cc로 되돌리기 위해 100cc의 공기만 충전하면 된다는 사실을 알 수 있습니다.

노즈클립을 사용할 경우 마우스필의 잠재력

마스크 대신 노즈클립을 사용하면 어떻게 될까요? 마우스필을 사용하는 동안 마스크의 이퀄라이징을 위해 사용되는 공기를 중이 이퀄라이징 용도로만 사용할 수 있습니다.

이것이 대부분의 선수들이 마스크가 아닌 노즈클립을 사용하는 이유입니다. 마우스필과 노즈클립의 정비례 상수는 4입니다.

Cpd = 4

10m: M차징

70m: 노즈클립을 착용한 상태로 도달한 최대 수심

10m에서의 압력은 2bar, 60m의 압력은 7bar

8/2 = 4

Dc		Cpd			Dmax
10m	2 bars	X 4	=	8bars	70m
20m	3 bars	X 4	=	12bars	110m
30m	4 bars	X 4	=	16bars	150m

Dc = depth of the charge(차징 수심)

Cpd = constant of direct proportionality(비례상수)

Dmax = maximum depth(최대 깊이)

4.3.5 핸즈프리

핸즈프리 이퀄라이징 방식은 손을 사용해 코를 잡지 않고도 이퀄라이징을 수행할 수 있어 '핸즈프리'라고 불립니다. 즉 손이 자유로워집니다. 유스타키오관은 압력의 증가를 통해 열리는 것이 아니라 '근육' 운동을 통해 열립니다.

폐는 관여하지 않으므로 **성문은 닫히고 연구개는 열린 상태**가 되어 구강과 비강이 연결됩니다. 유스타키오 관을 의도적으로 개방해 구강과 비강을 중이와 연결합니다. 이런 식으로 압력이 다른 두 공간이 연결되고, 공기는 압력이 더 높은 곳에서 낮은 곳으로 이동합니다. 이러한 공기의 이동은 중이 내부의 공기 압력과 부피의 균형을 유지하여 고막을 중립 위치(압력 평형 상태)로 되돌릴 수 있게 합니다.

핸즈프리 방식은 이퀄라이징이 지연될 경우 이관을 다시 열 수 없으므로 프렌젤보다 더 자주 수행해야 합니다.

프리다이버들이 사용하는 핸즈프리 이퀄라이징 방식은 다음과 같이 4가지 유형으로 분류할 수 있습니다.

- 순수Pure
- 거짓False
- 혼동Confused
- 고급Advanced

순수 핸즈프리

순수 핸즈프리 이퀄라이징이 가능한 사람들은 연구개 수축을 통해 유스타키오관을 열 수 있습니다. 연구개에는 5개의 근육이 있으며, 그중 두 개의 근육이 연구개와 관을 연결합니다. 이 두 근육은 텐서 벨리 팔라티니tensor veli palatini 근육과 레바터 벨리 팔라티니levator veli palatini 근육입니다. 이 근육들이 수축하는 순간 유스타키오관이 자동으로 열립니다.

유스타키오관의 생리적 기능 중 하나는 환기로, 중이 내의 공기가 교환될 수 있도록 하는 것입니다. 이는 대략 15~20분마다 한 번씩 일어납니다. 이런 방식으로 우리는 매일, 하루에 여러 번 유스타키오관을 열고 닫습니다. 이를 수행하지 않으면 귀 안의 공기가 시간이 지남에 따라 오래되고 감염될 수 있습니다.

또한 중이 안에서는 점액이 지속적으로 생성됩니다. 만약 유스타키오관이 정상적인 환기 기능을 수행하지 못해 간헐적으로 유스타키오관을 열 수 없다면 점액이 쌓이고 나오지 못해 다른 문제를 일으킬 것입니다.

실제보 5세 미만의 어린이들 사이에서 중이염이나 귀의 염증이 잦은 경우가 있는데, 이는 아직 두개골이 발달 단계에 있어서 유스타키오 관이 수평에 가깝고 삼키는 동작이 비교적 부드러우며 텐서 근육의 활동이 완전히 정상적이지 않아 발생하는 문제입니다. 이 문제로 어린이들은 유스타키오관이 적절히 열리고 닫히지 않기 때문에 환기 기능도 제대로 작동하지 못해 중이에 잦은 염증이 발생합니다.

이것은 무엇을 의미할까요? 즉, 현재 중이에 염증과 관련된 문제가 없는 모든 성인의 경우 텐서 근육이 정상적으로 작동해 환기 기능을 수행하는 것이므로 '100% 근육' 방식으로 이관을 열 수 있다는 의미입니다.

따라서 우리 모두는 잠재적으로 핸즈프리가 될 수 있습니다. 이미 핸즈프리 방식을 사용하는 사람과 그렇지 않은 사람 사이의 유일한 차이점은 이관의 크기(크거나 작음)가 아니라 의식적, 자발적으로 텐서 근육을 수축시키는 '스위치'를 찾는 것에 관련된 것입니다.

연구개가 수축할 때마다 귀 안쪽에서 가벼운 소음이 들립니다. 일반 프렌젤을 하는 사람들이 느낄 수 있는 것과 같은 소음입니다. 우리는 이 소음이 고막에서 나는 것으로 생각하였었는데, 실제로는 평소 붙어있던 유스타키오관의 벽이 서로 떨어질 때 발생하는 것입니다. 액체로 젖은 관이 분리될 때 매우 작은 '딸깍' 소리를 냅니다. 이 소리는 프렌젤이나 핸즈프리로 이퀄라이징을 수행할 때 발생합니다.

이퀄라이징 빈도와 관련하여 핸즈프리 방식으로 이퀄라이징하는 프리다이버는 일반적인 프렌젤을 사용하는 프리다이버보다 3~4배 더 높은 이퀄라이징 속도가 필요합니다.

거짓 핸즈프리

거짓 핸즈프리는 실제 핸즈프리가 아니며 이 방식을 사용하는 사람들은 손으로 코를 잡지 않고도 이퀄라이징을 할 수 있지만, 실제로는 마스크의 저항을 사용해 프렌젤 이퀄라이징을 수행합니다. 이를 위해 마스크를 얼굴에 꽉 맞게 착용한 상태로 하강합니다. 마치 프렌젤을 하듯 혀를 위로 밀어 올리면 구강 내부의 부피가 줄어들고 공기가 비강으로 올라간 후 코를 통해 마스크로 빠져나가 마스크 내부의 저항을 생성합니다. 이렇게 하면 구강, 비강, 마스크의 압력이 증가하여 이관이 열리고 공기가 중이로 들어가 압력 평형을 이루게 됩니다. 아마도 거짓 핸즈프리는 50%의 압력과 50%의 근육 움직임을 사용하는 '프렌젤'의 일부일 것입니다. 실제로 압력만 사용한다면 마스크의 저항만으로 중이 이퀄라이징을 할 수 없을 것입니다.

혼동 핸즈프리

혼동 핸즈프리 방식을 사용하는 사람은 손으로 코를 잡고 이퀄라이징을 하지만 자신이 무엇을 하고 있는지 모르고, 더 나아가 이퀄라이징 중에 움직일 필요가 없는 일부 장기를 움직입니다. 좀 더 자세하게 설명하자면 이들은 연구개를 수축시켜 유스타키오 관을 열지만, 동시에 혀를 마치 프렌젤을 연주하려는 것처럼 H 잠금으로 가져옵니다. 이것은 그가 관을 열기 위해 압력을 생성한다는 것을 의미하지는 않습니다.

혼동 핸즈프리와 순수 핸즈프리의 차이점은 무엇일까요? 순수 핸즈프리는 구강 내 다른 기관은 움직이지 않고 연구개만 수축하며 유스타키오관을 열지만, 혼동 핸즈프리는 연구개를 움직이기 위해 모든 기관을 조금씩 움직입니다. 순수 핸즈프리 방식을 수행하는 사람의 입안을 관찰하면 이퀄라이징을 할 때 확인할 수 있습니다(물론 물 밖에서 입을 벌리고 확인합니다!). 그는 혀의 뒷부분은 움직이지 않은 채 연구개만 열 수 있습니다.

혼동 핸즈프리의 문제점은 무엇인가요? H 잠금 앞의 구강에 저장할 수 있는 공기의 양이 많든 적든 간에 손실됩니다. 이 공기는 이퀄라이징에 사용되지 않습니다. 즉, 잔기량에 가까워지면 공기가 폐에서 구강으로 이동하고 유스타키오관이 한두 번 열립니다. 그런 다음 다시 성공한다고 가정할 경우(호기 능력이 얼마나 훈련되었는지에 따라 다름) 공기가 다시 이동하고 유스타키오관이 한두 번 열린 후 그 시점에서 하강은 끝나게 됩니다.

어드밴스드 핸즈프리

어드밴스드 핸즈프리는 유스타키오관을 자발적으로 열고 지속적으로 열린 상태를 유지할 수 있습니다. 유스타키오관이 열릴 때 나는 전형적인 '딸깍딸깍' 소리가 나지 않으며, 관이 계속 열려있는 동안 비강과 중이 사이의 부피는 일정한 균형을 유지합니다. 따라서 비강 내부에 중이로 '빨려 들어갈' 수 있는 공기가 있을 때까지 압력 평형은 계속됩니다. 다시 말해 이퀄라이징 '모드'를 '유지'할 수 있게 됩니다.

핸즈프리 이퀄라이징 한계

핸즈프리 이퀄라이징 기술을 사용하면 다른 기술보다 더 깊이 들어갈 수 있다고 잘못 알려져 있습니다. 이것은 잘못된 것입니다. 각 이퀄라이징 기술의 한계는 유스타키오관을 여는 방법이 아니라 일단 열고 나서 구강과 비강에 충분한 공기가 중이로 들어가 압력을 평형하게 만드는 것입니다. 이는 '압력'에 의해 이루어지거나 또는 핸즈프리와 같은 '근육'의 움직임에 의해 이루어집니다.

4.3.6 침수 이퀄라이징

기도 침수 이퀄라이징은 매우 침습적인 기술입니다. 수심 측면에서 엄청난 잠재력을 가지고 있지만 주로 패트릭 무지무Patrick Musimu와 관련이 있습니다.

성문을 닫은 후 부비동을 포함한 상부 기도 공간으로 물을 주입합니다. 물은 액체이기 때문에 비압축성이므로 나머지 하강 동안 더 이상 이퀄라이징을 유지할 필요가 없습니다. 하지만 이 방식은 딥 프리다이버들 사이에서도 널리 사용되지는 않습니다. 기도에 물이 차면 불편할 뿐만 아니라 플랑크톤 등에 의해 내부 기도가 감염에 노출될 수 있기 때문입니다.

4.4 패킹

폐 패킹은 혀인두 흡입 기술입니다. 이것은 의사에 의해 처음 개발되었으며, 근이영양증 및 척추 부상으로 인해 호흡 근육의 심각한 질병에 걸린 환자들이 호흡할 수 있도록 하는 방법으로 혀의 리드미컬한 움직임만을 기반으로 하기 때문에 자연적인 기술입니다. 이러한 질병의 영향을 받는 환자들이 올바르게 호흡

할 수 있도록 하는 다른 방법은 기계식 인공 호흡기에 의존하는 것입니다.

프리다이빙에서 이 강제 환기는 폐의 공기량을 더 늘리기 위해 최종 호흡이 끝나고 수행됩니다.

패킹 테크닉

패킹에는 두 가지 기술이 있습니다. 하나는 기술 자체의 이름을 딴 것으로 프리다이빙에서 처음 사용되었으며, 다른 하나는 흡입을 이용한 것입니다.

첫 번째 기술은 말 그대로 공기를 먹는 것입니다. 최종 호흡을 완료한 후, 연구개와 후두개를 닫고 입술을 닫아 입안에 공기를 저장한 다음 턱과 볼을 동시에 움직이고 후두개를 열어 폐 안으로 공기를 보냅니다. 이 동작을 X번 반복하여, 폐 안으로 밀어 넣을 수 있는 공기의 최대량에 도달했다고 느낄 때까지 연구개를 닫은 상태를 유지합니다.

'흡입' 기법은 빨대로 액체를 마실 때와 유사합니다. 혀를 입천장에서 떨어뜨리고 아래로 내려 구강 내부에 과압을 만들어 외부의 공기를 빨아들입니다. 연구개와 혀 사이로 공기가 들어오면 입술을 닫고 성문을 열어 폐로 공기를 보낸 후 성문을 다시 닫습니다.

다른 패킹 기법과 같이 폐가 최대 용량에 도달했다고 느낄 때까지 연구개를 닫은 상태에서 X회 반복합니다. 첫 번째 기술이 두 번째 기술보다 더 많은 공기가 이동합니다.

패킹의 잠재적 위험성

앞서 살펴본 바와 같이, 깊은 최대 흡기가 끝날 때 폐 내부의 압력은 약 20mmHg입니다. 흡기하는 동안 우리는 횡격막을 아래로 내리고 호흡 근육을 통해 흉곽을 들어 올려 폐 용적을 확장함으로써 일정량의 공기를 저장할 수 있습니다. 이론적으로는 더 많은 공기가 폐에 들어갈 수 있지만, 이 정도에 도달하면 횡격막을 더 아래로 내리고 흉곽을 위로 올리는 데는 한계가 있기 때문에 그렇게 할 수 없습니다. 따라서 패킹을 통해 폐의 실제 최대 용량에 도달할 때까지 폐에 더 많은 공기를 추가할 수 있습니다. 이것은 폐 부위가 아닌 구강에서의 작용을 통해 이루어집니다.

잠재력을 최대한 발휘하여 패킹을 수행하면 흡기 예비량과 비교하여 4L의 공기를 더 확보할 수 있습니다.

따라서 이는 다이빙 중 추가적인 공기 비축량을 나타내며 에너지 측면에서는 다이빙 중 산소 소비량 부분에서, 수심 측면에서는 마지막 공기 이동을 수행하는 부분에서 모두 유용합니다. 하지만 장점만 있는 것은 아닙니다. **부정확하고 현명하지 못한 방법으로 패킹할 경우 매우 위험할 수 있습니다.**

저는 최종 호흡만 했을 때와 패킹을 했을 때 폐 내부의 흉강 내 압력이 어떻게 변하는지를 이해하기 위해 몇 가지 테스트를 실시했습니다.

점차적으로 패킹을 늘렸을 때 결과는 선형적이지 않았습니다.

패킹 초반에는 낮은 압력 증가와 함께 특정 지점까지 부피도 일정한 증가를 보였습니다. 하지만 특정 시점 이후부터는 부피는 거의 증가하지 않으면서 압력은 매우 크게 증가했습니다. 이 시점은 폐가 저장할 수 있는 공기의 양이 최대치에 도달했음을 의미하는 것으로 이때부터는 거의 압력만 증가합니다. 이것이 우리가 절대 도달해서는 안 되는 '레드 존'입니다.

인지 능력이 좋은 프리다이버는 횡격막이 내려가는 것을 멈추고 흉벽이 더 이상 확장되지 않는다는 것을 느낄 수 있기 때문에 이 순간을 알아차릴 수 있어야 합니다.

과도한 패킹으로 이 레드존에 도달하면 폐 조직이 손상될 수 있습니다. 또한 심장눌림증 및 심장에서 폐로 가는 혈압에 문제가 발생할 수 있습니다. 심장눌림증이나 혈압 문제는 패킹으로 인한 블랙아웃의 원인이 되기도 합니다.

이 문제들에 대해 알아보겠습니다.

심장눌림증

패킹을 통해 공기를 계속 들이마시면 폐 내부의 공기가 팽창하고 어느 순간까지는 횡격막을 더 아래로 내리고 흉곽을 들어 올릴 수 있습니다. 하지만 이것이 더 이상 불가능해지면 폐는 심장이 있는 몸 안쪽을 향해 계속 확장됩니다. 심장은 종격동이라는 가상의 공간에 둘러싸여 있는데, 폐의 부피가 커지면 폐가 바이스로 죄듯 심장을 압박하게 됩니다. 이를 의학에서는 심장압전이라고도 합니다. 심장압전은 혈류를 제한하고 일부 극단적인 상황에서는 장기 부전으로 이어질 수 있습니다.

혈압 문제

심장은 혈액에 30mmHg의 압력을 만들어 폐 내부로 밀어넣습니다. 폐 내부의 정상 압력은 20mmHg인데, 패킹으로 인해 압력이 30mmHg로 높아지면 혈액은 더 이상 폐포 내부의 기압을 이길 수 없어 폐 내부로 들어가지 못합니다. 혈액이 들어가지 못하면 심장으로 돌아가지 못합니다. 심장으로 돌아가지 못하면 뇌로도 가지 못해 우리가 저산소증을 경험하게 됩니다.

패킹이 딥 다이빙에 미치는 영향

잠시 폐활량, 특히 잔기량과 수심과의 관계에 대해 다시 한번 살펴보겠습니다. 앞서 다이빙 중에 노즈클립을 사용하면 마스크 공간의 이퀄라이징을 할 필요가 없기 때문에 더 깊은 수심에서 잔기량에 도달할 수 있다고 언급했습니다. 이제 입수 전에 패킹을 하면 어떻게 되는지 분석해 보겠습니다.

예를 들어 폐활량이 7L라고 가정해 봅시다. 조금만 연습하면 패킹을 통해 9L에 쉽게 도달할 수 있습니다. 주의하세요! 잔기량은 패킹 후 총 용적의 25%로 계산해서는 안 되며, 패킹으로 인한 증가분이 없는 초기 용적을 기준으로 계산해야 합니다. 따라서 잔기량은 여전히 1.75L입니다. 실제로 폐에 공기를 강제로 주입하더라도 호기 시에는 초기 잔기량에 도달하게 됩니다.

다음 표에서 마스크를 착용하고 다이빙하는 동안 어느 수심에서 잔기량에 도달하는지 확인할 수 있습니다(앞서 언급한 마스크 이퀄라이징 변수는 혈액 이동의 영향으로 인해 사라지는 경향이 있습니다). 이것은 순전히 참고용 데이터이며, 일반적으로 훈련된 프리다이버의 평균입니다.

영향을 줄 수 있는 변수는 많이 있습니다.

수 심	주변 압	폐활량
0m	1bar	9L
10m	2bars	4.5L
20m	3bars	3L
30m	4bars	2.25L
40m	5bars	1.8L
41m	5.1bars	1.76L

마스크 대신 노즈클립을 사용하여 다이빙하면 50m 후에 잔기량에 도달합니다. 또한 이 수심은 다른 요인에 따라 달라지기 때문에 매우 정확하지 않습니다. 전반적인 개념을 이해하는 것이 중요합니다.

참고 사항

앞에서 패킹에 대해 설명했듯이, 우리는 언제 패킹을 해야 하는지 분석해야 합니다. 일부 프리다이버들은 특정 수심에서 이퀄라이징과 공기 이동 문제를 보완하기 위해 패킹을 사용하는 경우가 점점 더 많아지고 있습니다. 더 깊은 수심에서 공기를 이동시킬 수 있기 때문에 패킹을 통해 몇 미터를 더 하강할 수 있는 것은 사실이지만, 얼마 지나지 않아 이퀄라이징 문제가 다시 발생합니다. 먼저 이퀄라이징과 관련된 문제를 해결하는 데 집중하여 정확하고 의식적으로 이퀄라이징을 할 수 있다면 특정 수심 내에서 패킹의 필요성은 사라질 것입니다. 패킹은 상당한 깊이를 극복한 후 사용하는 것이 더 유용할 수 있습니다.

따라서 당신의 목표가 50~60m까지 다이빙하는 것이라면 패킹을 통해 어려움과 실수를 우회하기보다는 올바른 호흡법과 이퀄라이징 관리하는 배우는 것이 좋습니다.

이퀄라이징에 대한 나의 견해

저는 이퀄라이징이 단순히 수압이 증가할 때 반 비례해 감소하는 숫자와 공기량만의 문제라고 생각하지 않습니다. 물론 무시할 수 없는 물리 법칙이 있지만, 프리다이빙의 역사에서 공기량으로 인한 이퀄라이징의 한계를 전혀 알지 못했던 선수들이 깊은 수심에 도달했던 것도 사실입니다. 그들은 특히 현대의 이퀄라이징 방법에 대한 지식이 전혀 없었습니다. 이 선수들은 오늘날 수치로만 생각하면 설명할 수 없는 수심을 극복했습니다. 안드레아 주카리Andrea Zuccari가 설명한 4.2항의 깊은 수심 이퀄라이징에 대한 내용은 제 생각에 훌륭하고 독특합니다. 그렇게 생각하지 않았다면 이 책에서 그에게 이렇게 중요한 주제를 할당하지 않았을 것입니다. 앞서 말했듯이 그의 말을 듣고, 그가 작성한 표와 이 장에 제시된 표를 연구하고, 새로운 이퀄라이징 방법을 이해하기 위해 육지와 물에서 그와 함께 연습하면서 이퀄라이징에 대해 많은 새로운 것을 배우고 '친밀하게' 발견할 수 있었습니다.

그러나 저는 이 모든 지침이 우리 몸의 민감도를 높이고 정신적, 육체적으로 긴장을 풀 수 있는 능력을 최대한으로 훈련할 수 있도록 물에서 먼저 필요한 훈련을 한 후에 진지하게 받아들여야 한다고 굳게 확신합니다.

안젤라 반디니Angela Bandini의 스포츠 업적을 살펴보겠습니다. 1988년, 폐활량이 3.5L도 안 되는 이 소녀는 모든 남성 프리다이버를 제치고 107m까지 잠수하는 놀라운 기록을 세웠습니다. 어떻게 이런 일이 가능했을까요? 그녀는 패킹도 하지 않았고 심지어 마우스필에 대해서도 전혀 몰랐습니다. 하지만 그녀는 자신의 몸을 느끼고 긴장을 풀 수 있는 기묘한 능력을 가지고 있었습니다.

저는 딥다이빙 전에 폐에 공기의 양을 늘리기 위해 패킹을 한 적이 없습니다. 프리다이빙을 할 때나 기록을 세울 때 마우스필 기술을 사용한 적이 없습니다. 하지만 1999년에 단 한 번의 훈련 다이빙으로 150m 노리미트 다이빙을 성공했습니다.

이 모든 것은 제가 선수 생활을 하면서 수년간 연습해 온 호흡, 프라나야마 그리고 이완을 위한 노력 덕분에 가능했습니다. 적절한 호흡만큼 더 높은 수준의 이완을 이끌어 낼 수 있는 것은 없습니다.

그리고 우리가 물속에 들어갈 때 우리가 누구인지, 무엇을 하고 있는지, 우리 몸이 우리에게 말하는 것에 완전히 집중하게 되면 모든 한계가 어떤 식으로든 '사라질' 것입니다. 확실히 그것은 패킹과 같은 소위 '강제' 방식보다 훨씬 더 '명상적'이며, 다른 측면에서 중요한 결과를 달성하는 데 더 긴 방법입니다.

패킹에 필요한 모든 것을 배우는 데는 몇 시간밖에 걸리지 않지만, 프라나 야마를 연습하는 방법을 배우려면 몇 년이 필요합니다. 제 생각에는 후자의 방향이 대기압에서 살아 숨 쉬도록 만들어진 우리 몸이 수중 깊은 곳에서 만나는 장벽을 더 쉽게 극복해 줄 수 있다고 생각합니다.

'머리를 숙이고 물속으로 잠수하면 몸은 우리를 따라온다'는 자기 성찰의 요소가 풍부한 이 중요한 문단의 내용에 대해 이 단락에서 부연 설명을 하고자 합니다.

가장 아름다운 감정들은 완전히 긴장을 풀고 일종의 무아지경에 빠졌을 때 찾아옵니다. 이러한 상황에 처하면 가장 많이 퍼져있는 감각을 느낄 수 있을 뿐만 아니라 무엇보다도 핀킥, 하강 위치, 하강 방향, 특히 이퀄라이징 등 프리다이빙이 쉽고 정상적으로 이루어집니다. 더 이상 어려움은 없고 순수한 즐거움만 있을 뿐입니다.

옛날이야기가 생각납니다. 꿀벌은 구조, 모양 및 무게로 인해 날 수 없어야 한다고 합니다. 그러나 꿀벌은 날아갑니다. 그리고 아마도 자신이 날 수 없다는 것을 모르기 때문에 날아다닐 것입니다.

이퀄라이징으로 설명할 수 없는 깊이까지 하강했을 때, 아마도 제 자신에게 집중했기 때문에 그 수심에 도달할 수 있었던 것 같습니다. '나 자신'을 느낄 수 있었고, 그것은 딥 다이빙의 어려움을 극복하기에 충분했습니다.

저는 다이빙을 할 때 약 100~110m까지는 핸즈프리 이퀄라이징을 사용하고, 그 이후에는 마르칸테-오다글리아(저는 프렌젤보다는 이렇게 부르는 것을 더 좋아합니다.)로 전환합니다.

마욜의 추천에 따라 저는 침수 이퀄라이징을 사용하여 110m와 127m까지 두 번의 다이빙을 했습니다. 두 번의 다이빙 모두 80m에서 노즈클립을 제거한 후 목표 수심에 도달할 때까지 아무것도 하지 않고 하강을 계속했습니다. 물이 완전히 찼을 때 느껴지는 독특한 감각입니다. 수심은 증가하지만 이퀄라이징의 필요성을 느끼지 않았습니다. 자신을 잘 아는 것이 매우 중요하며, 무엇보다도 강력한 자제력을 갖는 것이 중요합니다. 이러한 수심, 특히 기도가 완전히 침수된 상태에서 초점을 잃는 것은 매우 위험할 수 있습니다.

항상 그렇듯이 경기 중에 또는 펀다이빙을 할 때 첫 번째 이퀄라이징은 덕다이빙 전에 머리가 아직 수면에 있을 때, 즉 고개를 숙이고 수직 하강 자세를 취하기 전에 수행합니다. 두 번째 이퀄라이징은 머리가 약 50cm 수심에 잠기고 몸통은 여전히 수면에 일부 남아있을 때 수행합니다.

이 논의를 마무리하는 마지막 팁은 어려운 깊이까지 내려가지 않고도 딥 이퀄라이징의 일반적인 측면을 훈련할 수 있는 방법에 대한 것입니다.

이 훈련 방법은 수동적 또는 능동적 날숨 후 폐가 비어있는 상태에서 하강하는 것입니다. 이러한 훈련을 통해 다이빙을 재현할 수 있는 장점은 수심 20m는 물론 35~40m의 바다나 딥탱크에서도 타라바나(감압병)의 위험 없이 반복적으로 수심 훈련을 할 수 있다는 점입니다.

반대로, 유일한 단점 또는 한계는 이러한 수심에서는 프리다이버가 훨씬 더 깊은 수심에서 느끼게 되는 정확한 심리적 상황을 훈련할 수 없다는 것입니다. 때때로 수심으로 인한 스트레스로 인해 이퀄라이징을 하지 못할 수 있다는 점을 고려한다면 바다에서 훈련할 때 이런 점들을 고려해야 합니다.

이퀄라이징 개선을 위한 10가지 규칙

1. 본능적인 이퀄라이징을 피하고 의식적인 이퀄라이징으로 전환하세요. 이퀄라이징은 단계를 따라 올바른 순서대로 수행하면 됩니다.

2. 이퀄라이징의 문제점을 파악합니다.
   - 다음과 같은 이유로 폐에서 입으로 공기를 가져올 수 없습니다.
     - 성문 개방으로 인한 구강 내 공기 손실
     - 복부 근육이 수축
     - 공기 충전 시 성문이 열리지 않는 경우
   - 입안에는 공기가 있지만, 귀 쪽으로 공기를 가져올 수 없는 경우
     - 연구개가 닫혀있는 경우
     - 혀가 H 잠금 상태에서 뒤쪽이 막혀있는 경우(입안에 공기를 가둬 이퀄라이징에 사용할 수 없음)

3. 5~6m마다 폐에서 입으로 공기를 가져옵니다(차징).

4. 모든 차징 후 복부 근육을 완전히 이완하고 잔기량에 가깝게 복부 이완 조절 능력을 증가시킵니다.

5. 코가 항상 공기로 가득 차있는 것처럼 느끼려고 노력하고(연구개가 열린 상태를 유지하도록), 폐에서 입으로 공기를 옮길 때마다 그것이 가득 차있는 것을 감지하려고 노력하세요.

6. 이퀄라이징 빈도를 높이세요.

7. 최소한의 압력으로 부드럽게 이퀄라이징합니다.

8. 하강하는 동안 리필을 수행해 가능한 입에 공기를 최대한 가득 채운 상태로 잔기량 수심에 도달하도록 하세요.

9. 마지막 차징 후에는 T, K, H 잠금 위치에서 피스톤처럼 혀를 적절히 사용하세요.

10. 이퀄라이징 기술을 개선하기 위한 첫 번째 단계는 무엇보다도 오토벤트Otovent를 사용하여 물 밖에서 많은 연습을 하는 것입니다.

4.5 수심 트레이닝

이전 단락에서 살펴본 이퀄라이징 문제 외에도 특정 수심을 극복하는 동안 마주치는 한계는 종종 우리가 인지하지 못하고 있는 기술적 실수로 인해 발생할 수도 있습니다.

지금부터 이러한 실수를 인식하고, 직면하고, 해결하여 수심을 늘릴 수 있는 방법을 살펴보겠습니다.

4.5.1 자신의 한계 수심 근처에서의 이완 및 그 수심의 압력 적응

학생들과 함께 다이빙 라인을 따라 CWT 또는 VWT 썰매를 타고 내려가는 동안 학생들의 신체적 이완이 수심에 반비례한다는 것을 쉽게 알 수 있습니다. 깊이가 깊어질수록(정신적으로도 확실히) 근육 스트레스의 수준이 특히 어깨와 목 부위에서 높아집니다. 그 이유는 다음과 같습니다.

- 깊이에 대해 인식하고 걱정하는 것과 연결된 정신적 스트레스
- 깊은 수심에서 마우스필을 충전하는 문제
- 압력으로 인한 압박감

신체적, 정신적 측면에서 하강하는 동안 일반적으로 발생하는 문제는 학생들이 바닥을 보기 위해 고개를 과도하게 젖히는 등을 아치형으로 수축시키도록 만드는 것입니다. 이러한 잘못된 자세는 이완과 방해하고 이퀄라이징에도 영향을 주며, 하강하는 동안 신체의 저항을 증가시킵니다(속도 감소 및 다이빙 시간 증가).

학생이 조금 더 깊이 들어가려는 시도로 인해 이와 같은 잘못된 자세가 보이면 저는 손을 학생의 머리에 대고 바로잡으려고 노력합니다.

때로는 머리의 위치가 몸과 일직선이 되기 전에 앞으로 90도 회전하기도 하며 어떤 때는 학생이 너무 긴장해서 자세를 바꿀 수도 없습니다.

머리를 뒤로 과도하게 젖히면 등이 자동으로 아치형으로 변합니다.

딥 프리다이빙 중에도 등이 아치형으로 굽는 것은 횡격막의 움직임에 영향을 미

치는 주요 원인 중 하나입니다. 여러 번의 이퀄라이징 후 수심이 깊어지면 횡격막은 이미 위쪽(머리 쪽)으로 위치하게 됩니다. 이 상황에서 공기를 이동시키기 위한 횡격막의 추가 복부 근육이 이완된 경우에만 가능합니다.

복직근은 횡격막을 위로 끌어올리는 데 관여하고 지지력을 제공하기 때문에 복부 이완이 중요합니다. 복직근이 막히거나 수축하면 움직일 수 없습니다. 등 쪽, 특히 요추 부분이 아치형으로 되면 복부 스트레칭을 유발하여 이동성과 내전성을 크게 감소시킵니다.

올바른 자세

잘못된 자세

이퀄라이징의 빈도가 수심에 반비례한다는 점을 감안할 때, 깊은 수심에서 이퀄라이징을 학습한다는 것은 한 번의 이퀄라이징과 다음 이퀄라이징 사이에 수십 미터의 거리를 확보해야 한다는 것을 의미합니다.

따라서 새로운 깊은 수심에서 저항과 긴장을 없애고 이퀄라이징을 할 수 있게 되면 훨씬 더 깊이 내려갈 수 있게 해줍니다.

하강 중 몸에 힘이 들어가 일자로 하강하지 못하는 문제를 해결하기 위해 아래와 같은 연습들을 권장합니다.

- 한계 수심에 도달하기 몇 미터 전 첫 번째 어려움을 느끼기 시작할 때, 3~5m 정도 이퀄라이징을 더 할 수 있는 상태에서 하강을 멈추고 몸이 회전하는 것을 방지하기 위해 발 주위에 하강 라인을 감고(아래 사진 참조) 머리를 숙인 상태에서 하강하는 것과 같이 머리를 아래로 향하게 합니다.
- '거꾸로 매달린' 상태에서 어깨의 긴장을 풀고 팔을 바닥으로 떨어뜨려 몸과 일직선이 되도록 최대한 쭉 뻗어줍니다.
- 그 후 다이빙 라인에 닿을 때까지 머리를 앞으로 가져갑니다. 마스크와 다이빙 라인이 닿습니다.
- 몸 전체를 최대로 뻗은 자세를 유지하면서 몸을 시각화하고 완전히 이완합니다. 다이빙 라인은 계속 접촉된 상태를 유지해야 합니다.
- 스트레스 상황이 점차 사라지고 좋은 감각으로 대체될 때까지 이 훈련을 여러 번 반복하여 점점 더 이완을 느끼도록 노력합니다.
- 이러한 측면(신체적, 정신적 이완)을 완성한 후 다음 다이빙부터 추가 요소를 도입할 수 있습니다. 프리폴로 하강하는 동안 중이와 마스크 이퀄라이징을 위한 공기를 추가로 이동시키기 위해 횡격막(폐를 압박하는)을 완전히 펼쳐서 들어 올립니다.
- 이때 더 쉽고 빠르게 '느낌'을 느낄 수 있도록 바로 이퀄라이징을 수행합니다.
- 이 시점에서 앞에서 설명한 것과 같은 방법으로 다이빙을 한 번 더 시도하세요(유체역학적 자세, 신체적 및 정신적 이완, 횡격막을 밀고 난 후 이퀄라이징). 처음에는 한 손으로 하강 라인을 잡아 속도를 줄이고, 그다음에는 제동을 조금 덜 하며, 마지막에는 정상 속도로 하강합니다.

마지막 단계에서는 CWT보다 더 효율적인 하강 기술을 사용하여 수행해야 합니다. FIM처럼 팔을 사용하거나 VWT 방식을 사용하여 내려갑니다. 사실 CWT 최대 수심에서 불과 몇 미터 얕은 수심에 있기 때문에 바닥에서 멈추고 자신을 연구하고, 휴식을 취할 수 있다고 생각해서는 안 됩니다. 대신 피닝을 하지 않고 하강 노력을 줄임으로써 신체적 특히 정신적인 관점에서 모든 것이 더 쉬워질 것입니다.

마지막으로, 하강 시에는 상승 단계를 원활하게 진행하기 위해 CWT에서 일반적으로 사용하는 웨이트보다 무게를 줄이고 매우 가벼운 웨이트로 하강하는 것이 좋습니다.

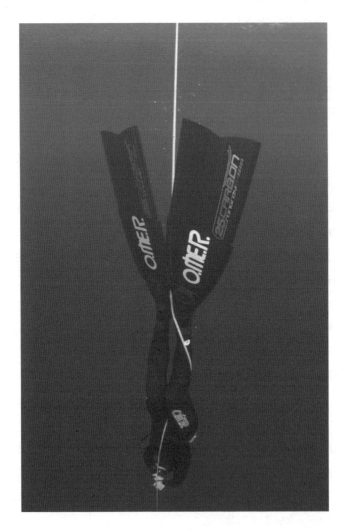

발목을 하강 라인에 감은 상태에서 마스크가 로프에 닿고
어깨와 팔이 바닥을 향해 매달린 자세로 이완 운동을 합니다.
몸은 완전히 이완된 상태로 발을 뻗어 유체역학적 자세를 만듭니다.

4.5.2 하강 중 이완과 스트레칭

FIM

다음 연습은 전체 하강 동안 최대한의 이완을 얻기 위해 매우 유용합니다. 특히 우리 몸에서 느끼고 이완하기 어려운 부위(어깨, 상부 등, 목, 목덜미, 팔)에서 이루어집니다. 이러한 경직은 수심 다이빙에서 매우 부정적인 영향을 줄 수 있는 한계이자 실수입니다.

실행 방법

- 다이빙은 속도를 완전히 제어하고 피닝에 필요한 노력을 없애기 위해 FIM 방식으로 진행해야 합니다.

- 하강하는 동안 다이빙 라인을 따라 당기는 팔을 최대한 펴서 팔과 어깨가 허용하는 가장 먼 지점에서 줄을 잡도록 노력해야 합니다. 이것은 몇 센티미터의 추가 추진력을 확보하는 것뿐만 아니라 어깨가 확실히 이완된 상태, 즉 최대로 뻗을 수 있는 상태를 유지하는 게 중요합니다.

- 다이빙 라인을 잡아당기기 전 이퀄라이징을 해야 합니다. 줄을 잡아당기는 중에 이퀄라이징하는 것은 실수입니다. 실제로 로프를 잡아당길 때는 가슴 근육이 수축된 상태로 사용 가능한 모든 공기를 최대한 사용할 수 없습니다. 이 문제에 대한 가장 쉬운 해결책은 움직임을 두 부분으로 나누는 것입니다(머릿속에서). **첫 번째 부분은 이퀄라이징과 결합**하고 두 번째 부분은 당기는 동작과 결합하는 것입니다. 기본적으로 매우 천천히 내려가면서 라인을 따라 오른팔을 완전히 뻗었을 때, 머릿속에서 '하나'라고 셉니다. 이퀄라이징을 마칠 때까지 오른팔은 완전히 뻗은 상태로 유지합니다(이퀄라이징은 왼손으로 수행되며 이때 왼팔은 가슴에 밀착시킵니다). 그 다음 하강을 계속합니다. 이 위치에서, 오른손(앞으로 뻗은 상태이며 아직 라인을 잡기 위해 사용되지 않음)은 머리와 접촉해야 합니다. 그리고 머리(이 경우 마스크)는 로프와 접촉해야 합니다. 평형 맞추기 후에만 우리는 라인을 당기고 머릿속에서 '둘'을 세며, 오른손이 라인을 놓고 허벅지 쪽으로 위치하도록 합니다. 이런 방식으로 양손을 번갈아 계속합니다.

- 이퀄라이징과 당기기 동작을 결합하여 동작이 자동화되면 최소한의 스트로크로 하강 및 상승하는 진화된 연습으로 넘어갈 수 있습니다. 이 추가 목표에 도달하기

위해 몸을 길게 뻗은 상태로 저항을 최소화하는 자세를 취해야 하며, 하강과 상승 모두에서 추진력이 사라질 때까지는 로프가 우리 손을 통과하도록 해야 합니다. 연습을 할 때는 다음의 사항에 중점을 둡니다.

○ 컴퓨터에 특정 수심에 대한 알람을 설정합니다. 그 수심에 도달하고 돌아오는 데 필요한 스트로크 횟수를 세고, 이후 다이빙할 때마다 이 횟수를 줄이려고 노력합니다.

○ 우리가 생각하는 깊이까지 하강하기 위해 필요하다고 생각하는 스트로크 수를 세며 하강합니다. 그 깊이에서 상승하면서 스트로크 수를 셉니다.

수면 위로 올라온 후 얼마나 깊이 들어갔는지 확인합니다.

목표는 이후의 각 다이빙이 끝날 때마다 동일한 스트로크 수(하강 및 상승 모두)로 더 깊은 수심(프리다이빙 컴퓨터로 확인 가능)에 도달하는 것입니다.

오른팔을 가능한 뻗은 상태에서 왼손으로
이퀄라이징을 합니다.

이퀄라이징이 끝나면 오른손으로 줄을 잡아
당깁니다.

하강 중 발생하는 일반적인 오류:
하강 라인을 잡아당기는 동시에 이퀄라이징을 하는 것

4.5.3 프리폴 단계에서의 몸의 자세

어떤 경우에는 프리다이버가 **프리폴 중에 다이빙 라인을 따라 평행하게 올바른 유체역학적 자세**를 유지하는 것이 어려울 수 있습니다. 피닝 단계에서는 핀의 움직임에 대한 물의 저항이 올바른 자세를 더 쉽게 유지하도록 도와주는 지지점을 제공합니다. 그러나 프리폴 단계에서 이런 '지지점'이 없게 되면 우리는 수면에 대한 수직성을 잃어버리고, 다리의 무게 때문에 뒤로 넘어가거나 몸이 돌아가는 경향이 있습니다. 이런 상황에서 프리폴 자세는 다이빙 라인에 비스듬한 자세를 취하게 되는데, 이는 이상적인 하강 자세에 비해 효과적이지 않습니다.

이는 롱핀, 모노핀, 숏핀 또는 핀의 유무와 관계없이 일정한 CWT 종목에서 발생할 수 있습니다. 이 문제를 해결하거나 예방하기 위해 다음 연습을 권장합니다.

- 빠르게 음성 부력에 도달하도록 하기 위해 웨이트를 몇 킬로 추가합니다.
- 하강 초기에는 강한 추진력으로 속도를 높여 일반 다이빙에 비해 얕은 수심에서 음성 부력에 도달하도록 합니다.
- 프리폴이 시작되면 다이빙 라인과 최대한 평행하게 자세를 유지하면서 약간의 움직임과 조정으로 잘못된 자세를 수정합니다.
- 한쪽 핀의 블레이드를 다른 쪽 블레이드에 대고 올바른 위치로 밀어넣어 물의 저항으로 인해 누락된 지지점을 찾습니다.
- 프리폴 시 팔을 바닥을 향해 뻗은 자세로 있는 경우에는 손바닥을 움직이는 것만으로 '프리폴 자세'를 수정할 수 있습니다. 손을 항공기의 꼬리 지느러미나 보트의 방향타처럼 사용해 하강 방향을 즉시 바꿀 수 있습니다.
- 이 연습의 발전은 '프리폴 정렬'을 더 어렵게 만들기 위해 다이빙 라인을 보지 않고 눈을 감고 모든 것을 수행하는 것입니다.
- 이 연습은 평소 익숙한 무게보다 웨이트를 무겁게 사용하기 때문에 전반적으로 에너지 소비가 많아 상승 단계에서 균형을 잡아야 한다는 점을 잊지 말아야 합니다. 따라서 상승 시에는 FIM 방식으로 팔을 사용해 가능한 한 최소한의 노력으로 상승하는 것이 좋습니다. 즉, 이 연습의 상승 단계에서는 교정이 필요하지 않으므로 '더 가볍고', 에너지 소비가 적은 기술로 연습하도록 합니다.

4.5.4 최적의 추진력을 위한 피닝

CNF CWT MON

하강하는 동안 자주 간과되는 한 가지 측면은 아직 양성 부력이 남아있는 첫 몇 미터 구간에 대한 것입니다. 이 구간에서 양성 부력을 극복하기 위한 노력을 줄이기 위해 웨이트를 몇 킬로그램 더 추가하고, 초반 10~15m에서 매우 천천히 피닝하며 하강을 촉진하는 것입니다. 이 모든 것은 하강의 초기 단계에서 이루어지는데, 이 구간에서는 다른 자세와 속도가 필요합니다(CNF 종목에서는 피닝 대신 발로 킥을 하게 됩니다).

제 학생들을 관찰하면서, 저는 종종 올바른 피닝을 통한 추진력은 너무 적게 사용하는 반면 웨이트의 무게에 지나치게 의존하는 경향을 발견했습니다. 실제로 양성 부력을 줄이면 하강이 쉬워지지만, 다른 한편으로는 다이빙에서 가장 위험하고 중요한 단계인 상승의 난이도가 높아집니다.

위에서 언급한 경우와 반대로, 상승 시 한계에 도달했을 때 어려움을 덜기 위해 산소가 가득 찬 하강 단계에서 근육을 더 사용하도록 노력해 봅시다.

처음 몇 미터 구간에서 추진력을 높이면 더 많은 산소가 소비되는 것은 사실이지만, 하강 초기 속도에 따라 단 몇 초 만에 음성 부력이 발생한다는 것도 사실입니다. 이 점이 절대적으로 중요합니다. 더 많이 피닝할수록 속도가 빨라지고 양성 부력 구간을 더 빨리 극복하여 '더 일찍(더 얕은 수심에서)' 프리폴을 시작할 수 있습니다.

제가 제안하는 연습은 웨이트를 사용하지 않고 하강을 연습하는 것입니다. 처음에는 내려가지 않는 것 같고 매우 힘들 것입니다. 그러나 피닝을 통해 추진력을 더 잘 활용하는 방법을 깨닫게 되자마자 곧바로 발전할 것입니다. 이 불리한 상황에 익숙해져서 처음부터 끝까지 물을 밀어내는 피닝을 느끼면서 가능한 한 유연하고 민첩하며 대칭적인 움직임을 유지합니다.

다른 경우에는 상승 단계의 피닝, 특히 끝부분에서 다리가 무겁고 뻣뻣해지며 젖산이 근육 움직임에 부정적인 영향을 미치는 상황에 관련된 문제가 있을 수 있습니다.

이 경우 체육관에서 수행할 수 있는 특정 지구력 운동으로 하체를 강화하는 것 외에도(책, 『Dry Training for Freediving』 참조) 물속에서 다음과 같은 운동을 권장합니다.

- 다이빙 라인을 따라 자신에게 맞는 웨이트를 착용하고 내려갑니다. 바닥에 도달하면 정해진 수심에서 로프에 부착된 웨이트를 들고 수면 위로 올라갑니다. 이 웨이트의 무게를 서서히 늘리고, 만약 상승 중 힘들고 위험하다고 느껴질 경우(웨이트는 로프에 부착된 상태로) 언제든지 웨이트를 놓을 준비를 하는 것이 중요합니다. CNF로 상승할 경우 손으로 웨이트를 잡고 있으면 평영 킥으로만 상승해야 하며, 이것은 운동을 더 강렬하게 만들지만 더 어렵고 위험하기도 합니다.

피닝이 신체에 주는 최적의 추력에 대한 고민은 딥 프리다이빙에서 이 특별하고 중요한 측면을 개선하기 위한 개별적인 조치보다는 상황에 대한 더 포괄적인 그림을 이해하는 데 도움이 될 것입니다. 딥다이빙의 하강과 상승을 대칭적으로 비교해보면 특징적인 단계들이 서로 매우 유사해 보이지만, 수심과 시간을 고려할 때 본질적으로 다르다는 것을 쉽게 알 수 있습니다.

실제로 둘 다 강력하고 지속적인 근육의 노력이 필요한 특징을 갖는 초기 추진 단계를 가집니다. 그러나 하강 시에는 이러한 노력이 처음 몇 미터(10~15m)와 몇 초(5~10~15초) 동안으로 제한되지만, 상승 시에는 다이빙에서 도달한 수심에 따라 달라집니다. 실제로 더 깊은 수심에서는, 예를 들어 60m 수심에서 다시 상승하는 경우, 하강 시 처음 10~15m(5~10초 동안) 동안 필요한 것보다 훨씬 더 큰 근육의 노력이 필요합니다.

이 수심에서 상승을 시작하면 근육의 노력(힘을 쓰는 피닝)은 양성 부력이 점진적인 증가로 근육 추진력을 대신해 상승을 보장하고, 속도도 증가시키기까지 적어도 35~45m 구간 동안 계속되어야 합니다.

이러한 초기 단계 이후의 후속 단계는 하강과 상승 모두 노력이 감소하는 것이 특징입니다. 두 경우 모두 일반적으로 미터와 초 단위(5~10m, 10~15초)로 이야기할 때 '짧은' 단계이지만, 예를 들어 경기에 대한 오류를 식별하거나 기록 설정을 위한 개선 여지를 찾아야 할 때 전체 다이빙 평가에서 여전히 중요합니다.

하강과 상승의 마지막 단계는 '최소 유지'를 위해 최소한의 에너지 소비가 특징입니다. 앞서 언급한 중간 단계에 이어 하강할 때 프리폴은 다이빙 수심에 정비례합니다. 수심이 깊어질수록 해당 단계에서 더 많은 시간과 수심(깊이)이 소요됩니다. 반면 상승 단계에서 이 단계는 특정 수심과 특정 시간(8~10m, 8~10초) 동안 '양성 부력' 상태에서 수면 위로 떠오르기 전 마지막 몇 미터만 차지합니다. 이 마지막 상승 단계는 다이빙 관리에서 가장 중요합니다(5장에서 소개할 블랙아웃과 관련된 메커니즘의 경우). 그리고 이것만으로도 딥다이빙에서 너무 많은 웨이트를 사용하지 않는 대신 다이빙 시작 시 더 '푸시'하는 방법으로 다이빙의 마지막 단계를 더 잘 관리할 수 있다는 것을 설명하고 정당화할 수 있습니다. 또한 마지막 몇 미터에서 최대로 발휘되는 부력은 블랙아웃의 위험을 제한하는 데 매우 중요합니다.

APNEA KID

1990년 12월, 저는 파리에서 열린 다이브 쇼에서 저의 스승이 될 자크 마욜을 처음 만났습니다. 한 달 전, 저는 엘바 섬에서 첫 세계 신기록을 세웠는데 당시 저는 세이프티 다이버의 절반 정도를 그의 팀에서 선발했었습니다. 그와 대화하는 것은 매우 어려웠습니다. 그의 팬들은 그의 사인을 받기 위해 수천 명씩 몰려들었습니다. 그는 제게 악수를 청하며 제 기록에 대해 들어봤고, 엘바의 세이프티 다이버들이 저에 대해 좋은 평가를 해줬다고 말했습니다. 그는 엘바로 돌아가자마자 저에게 전화를 걸어 함께 다이빙하러 가자고 약속했습니다.

저는 이것이 그저 '선원의 약속'이라고 생각했는데, 1991년 4월에 자크 마욜이 전화를 걸어 엘바에 있는 자신의 집으로 저를 초대했습니다.
저는 망설이지 않고 그를 찾아가 이틀 후인 4월 13일 처음으로 프리다이빙의 전설 자크 마욜과 함께 그의 집 바로 앞바다인 엘바 해의 수정처럼 맑은 물에서 프리다이빙을 했습니다.
저는 그가 마법에 걸린 듯 잠수하는 모습을 지켜보면서 제 눈을 믿을 수 없었습니다. 다이빙이 끝날 무렵 저는 그가 지켜보는 가운데 몇 번의 딥다이빙을 했습니다.
훈련이 끝나고 저는 그에게 프리다이버로서 저에 대해 어떻게 생각하는지 물었습니다. 그는 진지하게 대답했습니다. "당신은 프리다이빙에 대해 아무것도 몰라요!" 그는 이렇게 덧붙였습니다. "당신은 오직 당신의 힘, 근육을 사용하여 물속에 들어갈 뿐입니다. 프리다이빙을 할 때마다 당신의 목표는 미터 단위든 초 단위든 무언가를 얻는 것입니다. 당신에게는 오직 깊이만이 중요합니다. 앞으로 몇 달 동안 저와 함께 훈련하고 싶다면 시계, 컴퓨터 또는 퍼포먼스와 관련된 어떤 것도 물속에서 보지 않았으면 좋겠어요. 당신의 유일한 목표는 잠수할 때마다 더 긍정적인 느낌을 갖는 것이어야 합니다. 모든 다이빙에서 이전 다이빙보다 더 아름다운 감정을 경험해야 합니다".
나는 그에게 그의 말을 따르겠다고 말했고, 다음 날 다이빙 컴퓨터를 제외한 완벽한 프리다이빙 장비를 갖추고 나타났습니다. 그날부터 제 훈련 장소는 바다로 들어가는 입구에서 수십 미터 떨어진 작은 만이 되었습니다. 최대 수심은 12m였습니다.
처음에는 컴퓨터가 없었음에도 불구하고 바닥에 도달해 그 자리에 머물렀고, 시간 기록 없이도 횡격막 수축 훈련을 하면서 최대한의 성과를 내기 위해 노력했습니다. 그렇게 몇 시간이 지나면 자크가 돌아와서 오늘은 이 정도면 충분하다고 말하곤 했죠.

3주가 지난 후에도 저는 여전히 그곳에 있었습니다. 더는 견딜 수 없었어요. 결국 저는 횡격막 수축과 싸우고 저항하기 위해 어떤 노력도 하고 싶지 않았습니다. 저는 동기를 잃었고 몇 미터의 물속에서 그 훈련이 무엇에 좋은지 이해하지 못했습니다. 그 당시 유명한 영화 「가라데 키드」가 극장에서 개봉했습니다. 나는 그 가라테 키드가 움직임의 이유와 유용성을 모르고 수십 대의 자동차에 왁스를 칠하고 특정 팔 동작으로 왁스를 바르던 장면을 기억합니다. 그리고 저는 그 길고 끝없는 순간에 '압네아 키드'가 되고 싶다고 생각했습니다! 나는 그곳에 있었고 물속 몇 미터 안에서 똑같은 위아래 움직임을 반복했지만, 그것이 무엇을 위한 것인지 상상할 수 없었습니다. 저에게는 모든 것이 전혀 쓸모가 없었습니다. 저는 이미 75m 이상 다이빙했지만, 거기서는 최대 12m까지만 내려갈 수 있었습니다.

결국 저는 무기력하게 프리다이빙을 하며 가능한 한 빨리 만에서 시간을 보내려고 했습니다. 더 이상 하고 싶지도 않았고 의욕도 없었어요. 그런데 그 다이빙 중 한 번, 인생에서 처음으로 내가 무엇을 하고 있는지 느꼈습니다. 내려오면서 다리와 발, 핀이 저를 밀고 내려오는 것을 느낄 수 있었습니다. 다리를 움직여 내려갔다가 올라오는 제 자신을 보았습니다. 완전히 이완되지 않은 몸의 부분을 느꼈고, 거기서 스트레스를 줄이기 위해 개입할 수 있었습니다. 전 이미 프리다이빙 기록을 세웠음에도 불구하고 이 모든 것이 처음이었습니다.

긴장을 풀면 풀수록 좋은 기분이 들었어요. 이것이 바로 마욜이 처음부터 제 목표로 삼았던 것이었습니다.

이렇게 얕은 수심에서 보낸 몇 주가 제 프리다이버 경력에서 가장 중요한 시기였다고 생각합니다. 전년도와 비교했을 때 제 테크닉이 완전히 달라졌어요.

누군가 제 기술적인 실수에 대해 알려준 것이 아니라 그저 프리다이빙을 하면서 제 감각과 이완을 느꼈을 뿐입니다.

만약 바다 한가운데서 내가 원하는 대로 수심 훈련을 했다면 아마 이런 사실을 발견하지 못했을 것이고, 이런 질적 도약도 하지 못했을 것입니다.

4.6 수심 트레이닝 시리즈

앞서 언급했듯이, 바다에서 수심 종목을 훈련할 때는 일반적으로 시리즈와 반복 횟수가 있는 테이블을 사용하지 않습니다. 그럼에도 불구하고 아래에서 볼 수 있듯이 바다에서 특히 유용한 반복 횟수를 기반으로 한 훈련이 있습니다.

- 딥다이빙 시리즈를 통해 이전에는 도달할 수 없었던 수심에 점진적으로 접근 가능 (4.6.1)
- **저항 강도가 필요한** 기초 **스피어피싱** 및/또는 **프리다이빙 훈련**을 위한 딥다이빙 시리즈(4.6.2)

4.6.1 새로운 수심에 적응하기 위한 딥다이빙 시리즈

때로 우리는 이미 도달한 깊이보다 더 깊은 수심으로 다이빙할 능력이 있음에도 불구하고, 다양한 이유로 그러한 깊이를 정신적으로 받아들이지 못할 때가 있습니다. 이런 경우, 새로운 깊이에 점진적으로 다가가기보다는 낮은 난이도에서 시작해 시도해 보고, 다음 다이빙마다 난이도를 서서히 높여가며 즉시 적응하는 것이 좋습니다. 이는 즉각 도달한 깊이에 '적응'하는 훈련으로, 간단하고 에너지 소비가 적은 훈련에서 시작해 점차 더 도전적인 단계로 발전시켜 지금까지 불가능하다고 생각했던 수심을 달성할 수 있도록 합니다.

예를 들어, CWT에서 25m의 정신적 한계에 도달한 것처럼 보이는 학생이 있다고 가정해 보겠습니다. 그러나 그 학생이 다이빙을 항상 잘 마치고 이퀄라이징에도 문제가 없다면, 사실은 30m까지 쉽게 도달할 수 있습니다. 그런 학생에게는 바로 30m의 새로운 깊이로 하강하라고 요청하는 대신 첫 번째 다이빙에서 바닥에 놓고 올 수 있는 '탈착 가능한 웨이트'를 사용하여 점차 그 깊이에 도달하도록 시도하게 할 수 있습니다. 그 후, 바닥에 두고 올라오는 웨이트의 무게를 줄이고 상승 시 웨이트의 무게를 늘려가며 다음 다이빙을 점차 더 어렵게 만들어 그가 CWT 다이빙을 완벽하게 수행할 수 있도록 합니다.

이러한 접근 방식의 중요성은 더 간단한 하강 및 상승 방법을 통해, 전통적인 다이빙보다 더 긍정적인 정신 상태로 다이빙에 임할 수 있도록 함으로써 신체적인 것보다 심리적인 것으로 보이는 장벽을 깨뜨릴 수 있다는 데 있습니다.

연습 1

실행 방법

FIM 하강		FIM 상승
CWT 하강		FIM 상승
FIM 하강		CWT 상승
FIM 하강	일시 중지	FIM 상승
CWT 하강	일시 중지	FIM 상승
FIM 하강	일시 중지	CWT 상승
CWT 하강		CWT 상승

연습 1에서는 CWT 종목의 훈련 방법에 대해 살펴봤습니다. 이것이 CNF 종목의 수심 증가를 위한 훈련에도 사용될 수 있습니다. 모든 하강은 우리가 아직 준비되지 않은 최대 깊이로 다이빙 라인을 따라 CWT 다이빙으로 이루어집니다.

다음은 점진적 부하 또는 노력 증가 원칙을 고려한 위 테이블의 적절한 실행과 관련된 자세한 정보입니다.

- 첫 번째 다이빙을 완료하세요.
- 하강과 상승 모두에서 팔을 사용하여 가장 쉽고 힘이 적게 드는 방법으로 다이빙을 합니다.

CWT 다이빙에서 가장 힘든 부분, 압도적으로 피곤한 부분은 상승입니다. 이것을 위해

- 두 번째 다이빙은 난이도를 증가시키기 위해 바이핀 또는 모노핀을 사용하여 일정하게 하강합니다.
- 하지만 상승할 때는 팔을 사용합니다. 이렇게 우리는 다리를 사용하여 하강하고 팔을 사용하여 상승합니다.

실행의 난이도를 더 높이기 위해

- 팔을 이용한 하강과 바이핀을 이용한 상승 방법을 이용해 세 번째 다이빙을 완료해 보겠습니다.

이 시점에서 처음 세 번의 다이빙을 같은 방법으로 반복하되, 바닥에서 몇 초간 잠시 멈춥니다. 이렇게 하면 수심과 수압에 대한 적응력을 키우고 정신적으로도 수심에 익숙해지는 데 도움이 됩니다.

연습 2

실행 방법

8kg으로 하강	릴리스 8kg	0kg으로 상승
7kg으로 하강	릴리스 6kg	1kg으로 상승
6kg으로 하강	릴리스 4kg	2kg으로 상승
5kg으로 하강	릴리스 2kg	3kg으로 상승
4kg으로 하강	릴리스 1kg	3kg으로 상승
3kg으로 하강	릴리스 0kg	3kg으로 상승

이 연습은 다이빙 라인을 따라 최대 수심(이전에 도달한 적이 없는 수심)에서 서서히 하중을 증가시키며 다양한 무게의 탈착식 웨이트를 사용하여 하강하는 것을 말합니다.
'릴리스' 열의 웨이트는 바닥에 도착해 떨어뜨릴 수 있는 탈착식 웨이트로 수면에 있는 부이에 묶어두었다가 손으로 들거나 허리 벨트(CNF 또는 FIM의 경우)에 부착해 하강하게 됩니다.
'상승' 열의 웨이트는 프리다이버가 허리 벨트에 착용해야 하는 무게입니다.
CNF와 FIM 다이빙의 경우, 두 개의 다른 웨이트 벨트를 준비해야 하는데 하나는 바닥에 도착해 풀되 로프에 고정하고, 다른 하나는 상승하는 동안 벨트에 계속 착용하고 있어야 합니다.
저희는 3kg의 웨이트를 이상적인 무게로 고려했습니다(물론 이보다 더 높거나 낮을 수도 있습니다). 실제 다이빙하는 사람, 다이빙 조건, 잠수복의 종류 등을 고려하여 웨이트의 무게를 결정하세요.
다음은 점진적 하중 증가 또는 노력 증가 원칙을 고려한 테이블의 적절한 실행과 관련된 자세한 설명입니다.

- 첫 번째 하강에서는 총 8kg의 무게를 사용하여 바닥까지 쉽게 하강할 수 있습니다. 새로운 수심에 도달하면 웨이트를 놓고 즉각적인 부력 증가에 힘입어 상승을 시작합니다.
- 두 번째 다이빙은 첫 번째 다이빙보다 조금 더 어려울 것입니다. 왜냐하면, 하강할 때 1kg이 적고, 상승할 때 1kg이 더 많기 때문입니다. 따라서 하강할 때는 총 7kg, 상승할 때는 1kg, 바닥에서는 6kg을 떨어뜨립니다.

이상적인 웨이트 무게(이 예에서는 3kg)에 도달할 때까지 같은 방식으로 계속 진행합니다. 상승 시 웨이트의 무게가 3kg이 되는 시점이 되면 무게를 늘리지 않고, 여섯 번째 다이빙이 끝날 때까지(새로운 수심에 적응하기 위해 충분한 다이빙을 할 때까지) 하강 시 사용되는 웨이트를 계속 줄입니다. 그 시점에서 우리는 완벽한 CWT 다이빙을 할 수 있을 것입니다.

4.6.2 전통 테이블을 따르는 딥 다이빙 시리즈

다음 훈련들은 새로운 수심에 도달하기 위한 것이 아니라 하강 및 상승 시 부스트 단계 또는 일반적으로 피닝에서 어려움을 겪는 선수들의 '하체 훈련'을 위한 것입니다. 특히 다리 힘이 부족해서 사냥이 중단된다고 불평하는 스피어피셔들을 대상으로 합니다. 스피어피싱을 시작한 지 처음 몇 시간이 지나면 그들은 다리가 매우 피곤하고 뻣뻣해지는 것을 느낍니다.

또한 상승의 마지막 몇 m 구간에서 '다리를 느낄 수 없다'고 불평하는 모든 순수한 프리다이버들 또한 대상이 됩니다. 이것은 젖산이 과도하게 축적되었기 때문입니다. 다음 훈련에서 스피어피셔는 표에 표시된 수심보다 약간 더 얕은 수심을 유지하면서 반복 횟수를 늘릴 수 있습니다. 이는 일반적으로 스피어피셔가 사냥 중 최대 수심에 도달하지 않기 때문입니다. 그의 문제는 최대 수심이 아니라 필요한 수심에 머무르는 것입니다.

연습 3

현재 PB 수심의 60~75%에 해당하는 동일한 수심에서 회복 시간이 15초씩 감소하는 8회 다이빙 시리즈입니다. 마지막 다이빙의 회복 시간은 다이빙 시간보다 최소 4배 이상 길어지도록 합니다. 예를 들어, 1분의 다이브 타임으로 25m까지 8번의 다이빙을 하는 경우, 한 다이빙과 다른 다이빙 사이의 시간 순서는 다음과 같습니다. 첫 번째와 두 번째 다이빙 사이에 5'30" 회복, 두 번째와 세 번째 다이빙 사이에 5'15" 회복, 세 번째와 네 번째 다이빙 사이에 5'00" 회복…. 7번째와 8번째 다이빙 사이에 4분 회복.

연습 4

점차적으로 수심을 증가하면서 회복 시간은 고정된 8회 다이빙 시리즈입니다. 마지막 다이빙에서는 최대 수심의 80~85%에 가까운 수심에 도달할 수 있습니다. 가장 깊은 수심에서 예상되는 다이빙 시간보다 최소 5배 이상 긴 회복 시간을 권장합니다. 예를 들어, 잠수 시간이 약 1분인 마지막 다이빙을 25m까지 실시할 경우 모든 다이빙을 반복하는 데 필요한 고정 회복 시간은 5분이 됩니다.

연습 5

점차적으로 수심을 증가하면서 회복 시간은 감소하는 8회 다이빙 시리즈입니다. 위에서 제안한 연습과 비교하여 이번엔 두 가지 변수(회복 시간 및 수심)가 동시에 적용됩니다. 권장 수심 수준은 최대 수심의 50%(시리즈의 최소 수심)에서 75%(시리즈의 최대 수심) 사이입니다. 예를 들어, 한 다이빙과 다른 다이빙 사이에 10초의 회복 시간이 줄어드는 반면, 마지막 다이빙의 경우 마지막 다이빙 시간보다 최소 4배 이상 긴 회복 시간을 보장하도록 합니다.

4.7 다양한 종목들에 대한 테크닉 정보

다음은 지난 수년간 바다에서 수천 명의 프리다이버를 직접 관찰하고 경험에서 얻은 테크닉에 대한 권장 사항과 제안들입니다. 이는 제공되는 트레이닝 결과를 최적화하기 위한 조정 사항입니다.

특히 상승 단계에서 피닝 테크닉의 오류는 직접 관찰을 통해 쉽게 수정할 수 있다는 점을 기억하세요. 다이빙 중 상승하는 동안 고개를 수여 본인의 피닝, 빌, 무릎의 위치 등을 확인하세요. 자신을 관찰하고 명백한 기술적 오류에 대해 스스로 판단하고 수정하도록 노력해 보세요.

CWT Bi-Fins 종목

`CWTB`

- **뻣뻣한 또는 망가진 피닝**: 다리는 물속에서 가볍고 민첩하게 움직여야 하며, 핀의 움직임은 유연하고 규칙적이어야 합니다.
- **머리가 몸과 일직선이 되지 않음**: CWTB 다이빙은 하강하거나 상승할 때 머리 위치는 매우 중요합니다. 특히 하강할 때 바닥을 보기 위해 과도하게 머리를 뒤로 젖히는 실수는 다음과 같은 문제를 일으킵니다.
  - 특정 깊이에서 이퀄라이징에 어려움이 생깁니다.
  - 등을 뒤로 젖히면 허리의 움직임을 따라가는 다리가 사용 가능한 공간의 약 30%만 뒤쪽으로만 밀 수 있게 됩니다.
  - 유체역학적 저항을 증가시킵니다.

    강습이나 워크숍에서 이러한 자세 오류를 발견하면 저는 종종 프리다이버들에게 한쪽 팔을 앞으로 뻗은 상태에서 귀와 이두근 사이에 접촉하도록 하면서 하강을 할 것을 권장합니다. 이 방법은 머리의 위치를 쉽게 교정할 수 있습니다.
- **비대칭 피닝**: 종종 피닝 동작이 몸의 중심축을 기준으로 앞뒤로 균일하게 이루어지지 않습니다. 대부분의 움직임이 뒤쪽으로 치우쳐 있는 경우 앞쪽으로는 킥의 잠재력이 20~40% 정도밖에 활용되지 못합니다. 이런 상황에서는 앞쪽으로의 움직임에 더 집중하고 과장된 킥을 해보면서 이상적인 피닝의 폭을 찾으려고 노력하는 게 좋습니다. 추진력을 완전히 소진했다고 생각되는 순간 풋포켓 안쪽의 발끝이 풋포

켓에 닿는 지점에서 마지막 움직임을 추가하는 것도 도움이 될 것입니다.

- **제어되지 않는 피닝**: 이 문제는 보통 상승 중에 발생하지만 때로는 하강 중에도 발생합니다.

피닝이 평행하게 유지되지 못하고 안쪽이나 바깥쪽으로 '흔들리는' 경우가 이에 해당합니다. 이렇게 피닝이 잘못되면 블레이드가 측면으로 미끄러지는 현상이 발생하고, 이로 인해 핀의 양력이 감소하여 추진력이 떨어지게 됩니다.

이 오류를 피하거나 수정하려면 노력과 집중이 필요합니다. 다이빙을 하는 동안 우리 자신을 지느러미와 하나가 되었다고 생각해야 합니다. 두 발은 발끝으로 발레리나의 발처럼 과도하게 뻗어 다리와 평행해야 하며, 앞쪽과 뒤쪽 피닝 동작 모두에서 끝까지 밀어내며 핀(풋포켓)과 '함께'해야 합니다. 이 오류를 수정하기 위해 짧은 핀을 사용하는 것이 좋습니다. 이 운동은 측면 레일이 있는 핀을 사용하면 더 쉽게 할 수 있습니다.

CWT Monofin 종목

MON

- **올바른 팔 동작**: 추진 단계에서 모노핀은 발끝에서 머리까지 움직이는 일종의 파동을 생성합니다. 그러나 가장 큰 실수는 어깨 높이에서 이 파도 같은 움직임을 감쇠시켜 팔과 손으로 퍼지는 것을 멈추지 못하는 것입니다. 어깨에서 손끝까지 아무런 움직임이 없어야 합니다. 웨이브는 팔을 포함하지 않아야 합니다.
- **고정된 골반**: 골반은 피닝 움직임에 완전히 참여해야 합니다. 골반의 움직임이 모노핀 피닝의 필수적인 부분입니다. 그렇기 때문에 엉덩이와 요추 부위의 스트레칭이 중요합니다. 추진력을 낼 때 골반이 관여하지 않으면 피닝의 효과가 크게 떨어지고, 큰 블레이드가 올바른 움직임으로 제공할 수 있는 양력이 방해받게 됩니다.

CNF 종목

CNF

수영장에서 세심한 훈련을 통해 평영의 올바른 기술을 습득하는 것이 CNF 종목의 문제를 해결하기 위한 가장 빠르고 유용한 방법입니다. 이 훈련은 우선 수영장에서 평영부터 연습을 시작해 다이내믹 노 핀(DNF)을 수행하면서 배우고 완성됩니다. 발차기 기술에 집중하세요.

- **과도하게 뻗은 발**: 킥을 할 때 발의 위치가 '망치 자세'로 구부러져야 합니다. 발바닥의 면은 킥을 할 때 힘을 실어주는 역할을 합니다. 자유형 수영에서처럼 발을 쭉 뻗은 자세를 유지하면 추진력을 최소한으로 줄여 동작의 힘을 낭비하게 됩니다.
- **비효율적인 동작**: 이 실수는 추진력을 발휘하는 동안 팔 또는 다리의 움직임이 이전 움직임에 너무 많이 겹쳐지는 것입니다. 이는 일반적으로 신체가 중성 또는 음성 부력을 갖기 시작할 때 발생하는 실수입니다. 에너지 소비를 최소화하고 테크닉을 최적화하기 위해서는 관성을 이용해 이전 추진력의 글라이딩 속도를 최대한 활용할 수 있어야 합니다.
- **글라이딩 단계에서 제한적 확장**: 스트로크 중 캐치 단계(당기고 밀어내기) 전에 몸을 완전히 뻗어야 합니다. 우리가 목표로 하는 지점보다 조금 더 먼 지점에 도달하기 위해 노력한다고 상상해 보세요. 쭉 뻗는 것이 중요합니다. 그래야 추진력을 최대한 활용할 수 있고, 유체 역학 및 이완을 보장할 수 있습니다.

FIM 종목

FIM

수영장에서 FIM 종목을 훈련하기 위해 할 수 있는 좋은 방법은 수영장의 전체 길이에 걸쳐 수평으로 팽팽하게 뻗은 로프를 두 개의 흡착기나 다른 시스템을 사용해 양쪽 벽에 고정하여 중간 수심에 팽팽한 라인을 설치하는 것입니다. 이렇게 하면 수영장에서도 수평 다이빙 라인을 따라 FIM 동작을 연습할 수 있습니다. 스트로크마다 몸을 길게 늘리도록 합니다. 바다에서 가장 많이 저지르는 실수는 다음과 같습니다.

- **하강, 상승 중 잘못된 자세**: 이전 단락에서 이미 자세히 설명했듯이 다이빙 라인과 평행하게 저항을 최소화할 수 있는 자세를 취하는 것이 중요합니다. 마스크와 로프 사이, 팔을 당기는 부위와 귀 사이가 닿을 수 있도록 하강 자세가 올바른지 확인하는 것이 좋습니다.

- **너무 느린 속도**: CWT 종목이 FIM 종목에 비해 기술적으로나 육체적으로 확실히 더 어렵습니다. 하지만 FIM 종목의 기록이 CWT보다 낮은 이유는 느린 속도로 인해 일정 수심 이상에서 다이브 타임이 길어져 관리하기 어려운 저산소증 상황이 발생할 수 있기 때문입니다. 따라서 FIM 다이빙에서 최대 수심에 도달하기 시작할 때 속도를 높이기 위해 노력하는 것이 중요합니다.
- **추진과 이퀄라이징의 동시성**: 이는 FIM 종목에 한해 발생할 수 있는 실수로, 4.3.2 항에 언급된 방식으로 제대로 열심히 연습하면 자동으로 개선될 수 있습니다.

4.8 흉부 및 횡격막 유연성을 위한 드라이 트레이닝

폐활량은 폐의 부피와 크기뿐만 아니라 호흡에 관여하는 보조 근육과 이를 포함하는 구조물인 흉곽의 유연성에 따라 달라질 수 있습니다. 흉곽은 어느 정도 탄력 있고 부드러울 수 있으며, 이는 폐 자체의 체적 용량에 상당한 영향을 미칩니다.

따라서 폐활량을 눈에 띄게 증가시키기 위해서는 우리의 환기 능력과 흡입 및 호흡 능력을 개선해야 합니다. 이는 횡격막의 이완과 유연성뿐만 아니라 이것을 지지하는 구조(흉곽)와 그 근육 결합, 특히 흉곽 자체에 붙어있는 근육들에도 초점을 맞춰야 합니다.

이를 위해 횡격막뿐만 아니라 늑간근과 몸통, 어깨 및 견갑골 등 모든 근육을 유연하게 만드는 법을 배워야 합니다.

폐를 포함하는 구조가 모두 완전히 유연해질 때, 폐가 최상의 상태로 확장되어 최대 부피에 도달합니다. 또한 앞서 살펴본 것처럼 이퀄라이징을 위해 폐에 포함된 공기를 최대한 능동적으로 사용하는 것이 가능해집니다.

『프리다이빙을 위한 드라이 트레이닝』 책의 9장(요가)에서 소개한 모든 스트레칭과 유연성 운동을 복습하고 훈련해 보시기 바랍니다. 그것들은 매우 유용하고 위에서 설명한 영역에서 엄청난 잠재력을 가지고 있습니다.

이 외에도 제가 겨울철 드라이 트레이닝 세션에서 연습하는 다른 동작들을 소개해드리고자 합니다.

연습 1

서서 다리를 어깨너비로 벌리고 무릎을 약간 구부린 후 몸통을 약간 앞으로 구부립니다. 어깨에 바벨과 유사한 수평 막대를 대고 그 위에 팔을 얹습니다. 우리는 옆으로 비틀면서 오른쪽에서 왼쪽으로 이동하여 흉부를 먼저 한쪽으로, 그다음에 다른 쪽으로 완전히 비틀고 압박하기 위해 노력합니다. 중립 자세에서 숨을 들이마신 다음 흉부를 최대한 비튼 단계에서 숨을 완전히 내쉽니다. 입술과 성문을 열어두면 흉벽의 탄력에 작용하여 '기계적으로' 공기가 빠져나가 호기 단계가 평소보다 더 오래 걸리는 것을 분명히 느낄 수 있습니다.

숨을 깊게(최대치) 들이마십니다.

오른쪽으로 비틀어 흉곽의 왼쪽 부분을 압박합니다.
이 동작을 하는 동안 입술과 기도를 열고 완전히 숨을 내쉽니다.

시작 위치로 돌아와 숨을 깊게 들이마시고, 이번에는 왼쪽으로 비틀기 동작을 반복합니다.

연습 2

벤치에서 누운 자세로 양손에 덤벨을 양쪽 어깨와 일직선이 되도록 머리 위로 똑바로 들어 올린 후 몸의
중앙에서 팔을 교차하는 쪽을 향해 움직입니다. 팔이 몸에서 90° 각도로 가슴 위로 올라가면 숨을 들이
마시고, 덤벨이 몸의 반대쪽으로 내려가면 숨을 내쉽니다. 덤벨의 무게는 중력으로 인해 최대한 숨을 내
쉰 후 가슴 압박 효과를 높이는 데 도움이 됩니다. '마지막 반복 운동'에서 덤벨을 바닥 쪽으로 내리면 가
슴이 확장되고 스트레칭 효과가 확대됩니다.

숨을 깊게(최대치) 들이마십니다.

팔을 교차하고 덤벨을 아래로 내립니다. 이 동작을 하는 동안 숨을 완전히 내쉬면서
흉부를 완전히 압박합니다. 이 자세에서 몇 초 동안 멈추십시오.

시작 위치로 돌아와 숨을 깊게(최대치) 들이마십니다.

양팔을 양쪽으로 쭉 뻗어 가슴을 완전히 펴고 숨을 완전히 내쉽니다.

연습 3

이 운동은 보조자와 함께 수행해야 합니다. 운동을 수행하는 사람은 등을 대고 누운 자세로 전신을 완전히 이완합니다. 허리가 수축하지 않도록 무릎을 약간 구부립니다. 보조자는 수행자 위에 위치하여 운동 내내 가슴을 강하게 누릅니다. 숨을 완전히 내쉬는 동안 보조자의 손은 가슴 앞쪽을 밀고, 무릎은 가슴의 왼쪽과 오른쪽을 밀면서 가슴을 밀어냅니다. 숨을 들이마시기 시작하면 보조자는 폐가 가득 차서 바깥쪽으로 움직이려는 가슴 움직임에 최대한의 저항을 제공해야 합니다.

운동을 수행하는 사람이 가능한 한 많이 흡기했을 때, 보조자는 가슴을 완전히 놓아주어 빠른 확장을 허용하며, 이는 가슴의 유연에 긍정적인 영향을 미칩니다. 마지막 단계에서 입과 성문을 열면 공기를 빨아들이는 듯한 소리가 들릴 것입니다.

동일한 운동을 옆으로 누운 상태에서 가슴의 오른쪽 뜨는 왼쪽으로도 수행할 수 있습니다.

누운 자세에서 실행합니다.

숨을 내쉬고 들이마실 때 최대로 압축합니다.

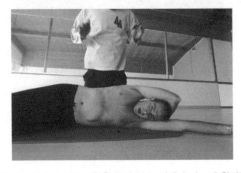

최대 흡입 단계에서 모든 저항을 풀어 가슴 전체가 빠르게 확장됩니다.

187

연습 4

이 운동은 보조자와 함께 수행해야 합니다. 운동을 수행하는 사람은 엎드린 자세로 눕습니다. 보조자는 등 위에 서서 발을 사용하여 일종의 척추 신장을 수행합니다. 꼬리뼈는 아래쪽으로 척추의 윗부분은 어깨 쪽으로 밀려납니다. 이 첫 번째 단계가 끝나면 꼬리뼈에 놓인 발이 다른 발 옆으로 이동합니다. 이 단계가 호흡이 시작되는 단계입니다. 수행자는 보조자의 체중 저항에 대항하여 숨을 들이마시려고 노력하며, 보조자는 숨을 내쉴 때도 부드러운 압력을 가합니다. 주의: 절대로 허리 쪽을 밟고 서지 마세요.

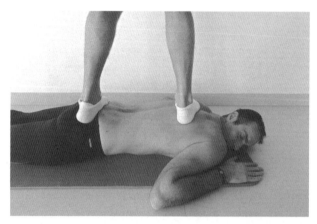

왼발(발 쪽으로 밀기)과 오른발(어깨 쪽으로 밀기)을 사용해 척추를 늘리고 연장합니다.

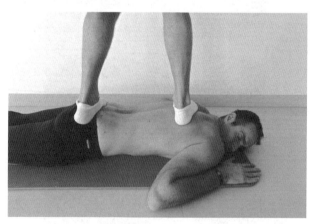

왼발은 위쪽의 오른발 옆으로 이동합니다. 이렇게 하면 수행자가 숨을 들이마실 때
큰 저항이 생깁니다. 숨을 내쉬는 동안에도 가동성과 유연성에 도움이 됩니다.

연습 5

횡격막은 흉골 높이에서 처음 세 개의 요추와 마지막 여섯 개의 갈비뼈에 부착됩니다. 횡격막 마사지라고 도 하는 이 운동으로 스트레칭을 시도하는 것은 바로 이 부위입니다. 우리는 손가락으로 흉곽 안으로 손 을 '넣어' 갈비뼈 안쪽을 만지고 손가락을 점진적으로 더 밀어넣어야 합니다.

이 부위는 횡격막을 흉곽에 '고정'하는 부위이며, 늑간근의 수축 및 경직과 관련된 지점입니다.

이 운동은 혼자서 하거나 다른 사람의 도움을 받아 수행할 수 있습니다.

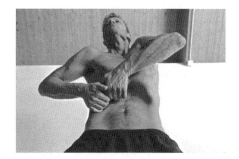

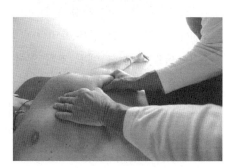

횡격막 마사지는 혼자 또는 보조자와 함께할 수 있습니다.

5장
프리다이빙의 위험성

"물, 즉 바다는 우리에게 가장 자연스러운 환경입니다.
우리는 어머니의 자궁이라는 작은 바다에서 알몸으로 태어납니다."
- 자크 마욜

이 책에서 우리는 프리다이빙을 훈련하는 방법을 이해하려고 노력하고 있습니다. 그러나 훈련, 훈련 방법, 그리고 이 멋진 스포츠의 기초가 되는 훈련을 통해 얻은 모든 생리적 적응에 대해 생각하기 전에, 우리는 안전하게 훈련하는 방법과 전문적으로 물속에서 안전과 도움을 제공하는 방법을 이해해야 합니다. 이는 매우 중요한 부분이며, 가장 우선시되어야 하는 부분입니다.

안전에 문제가 있는 경우 프리다이빙 트레이닝을 실시하면 안 됩니다.

주의하세요! 적절한 예방 조치 없이 프리다이빙을 할 경우 심각한 결과를 초래할 수 있습니다.

또한 일정 기간 동안 집중적으로 프리다이빙 트레이닝을 계획하는 경우, 관련된 위험을 고려해 질병이나 상해 등 트레이닝을 지연시키거나 무효화할 수 있는 문제들을 예방해야 합니다.

따라서 프리다이버나 스피어피셔가 기본 규칙을 지키지 않을 경우 병리학적 문제를 포함한 어떤 위험이 있는지 알아보겠습니다.

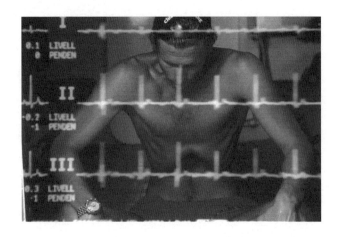

5.1 프리다이빙 병리학: 폐출혈 및 폐부종, 타라바나, 블랙아웃

저는 의사가 아니기 때문에 이러한 주제의 개발을 제 친구인 다닐로 시알로니에게 맡겼습니다.

저는 거의 20년 전에 다닐로를 만났습니다. 그는 관심과 열정 덕분에 학생들 사이에서 즉시 두각을 나타냈습니다.

그는 2002년 AA 강사 과정을 성공적으로 통과할 때까지 빠르고 꾸준히 실력을 향상시켰습니다. 프리다이빙에 대한 그의 열정은 그의 직업과 잘 어울렸고, 곧 프리다이빙의 의학적 상태와 위험에 대한 연구와 분석을 시작하게 되었습니다.

현재 그는 AA 연구소의 '엔진' 역할을 하고 있습니다. 그는 DAN 리서치의 멤버이기도 합니다. 이탈리아와 해외의 전문가와 연구자들, 특히 프리다이버와 열정가들은 우리가 숨을 참을 때 우리 몸에 무슨 일이 일어나는지에 대한 구체적인 질문에 답을 얻기 위해 그에게 찾아옵니다.

5.1.1 폐출혈 및 폐부종

이미 구체적 프리다이빙 트레이닝을 경험했거나 트레이닝 수심이 깊어지면, 일부 선수들은 약간의 간지러운 기침과 흉곽의 불편함, 그리고 어떤 경우에는 침에 몇 줄의 피가 묻어나는 것을 알 수 있습니다.

보통 뚜렷한 흔적을 남기지 않고 몇 시간 안에 사라지는 이러한 증상은 우리가 더 깊은 수심에 도달하기 시작한 최근까지 특별한 관심을 끌지 못했습니다. 하지만 최근 우리가 더 깊은 곳에 도달하기 시작하면서 이러한 증상이 빈번해졌습니다. 평균 다이빙 깊이가 증가하면서 프리다이빙 선수들 사이에서 이 질환이 매우 흔해졌고, 때로는 단순한 기침이나 침 속의 혈액 줄무늬보다 더 심각한 경우도 있습니다.

폐출혈이 심해지면 폐부종으로 발전할 수 있습니다. 실제로 더 심한 경우에는 폐혈관에서 폐포로의 체액 유출이 발생하며, 간단히 말해서 폐에 피가 차는 상태가 됩니다.

보통 폐부종은 순환 내 압력 증가를 초래하는 심장 질환과 관련이 있으며, 이는 부종을 유발합니다. 프리다이빙의 경우, 이 현상은 더 복잡하며, 모세혈관 내 혈액 축적으로 인한 폐 모세혈관 벽의 구조적 변화와 관련이 있습니다(혈액 이동을 생각해 보십시오). 이러한 압력 증가와 결합되어 적혈구가 폐포로 빠져나가게 됩니다.

폐출혈과 폐부종의 원인

압네아 아카데미 연구소의 연구원들이 참여한 많은 연구에 따르면 이 현상은 다음과 같이 폐 시스템 내 모세혈관에 높은 압력을 유발하는 모든 문제와 관련이 있다는 것을 보여주었습니다.

- 아직 정신적으로 준비되지 않은 수심 증가와 관련된 신체적 이완의 부족
- (과거 시즌에서 이미 오랜 기간의 해양 트레이닝을 통해 깊은 수심에 도달한 적이 있음에도 불구하고) 아직 수심에 재적응하지 않은 상태에서 시즌 중 처음으로 깊은 수심에 도달한 경우
- 깊은 수심에서 무리한 활동(닻을 풀거나 그루퍼를 은신처 밖으로 밀어내기, 무리한 수심 트레이닝 등)
- 깊은 수심에서의 횡격막 수축
- 무리한 이퀄라이징
- VWT 또는 NLT로 하강 중 과속

방금 언급한 것과 같은 상황은 문제를 유발하거나 현상의 정도를 증가시켜 체액, 특히 혈액의 지속적인 누출로 폐 모세혈관의 스트레스를 유발할 수 있습니다. 따라서 이 현상은 기관지 및 기관과 같은 폐 및 관련 기관에 일종의 '압착'을 유발하게 되며, 일반적으로 **폐 압착**lung squeeze으로 알려져 있습니다.

렁 스퀴즈는 신체 활동이나 환경 변화로 인해 폐 순환 압력이 증가하는 다른 스포츠(예: 고산 등반)에서도 발견됩니다. 이러한 현상에 대해서는 많은 연구가 이루어졌지만, 프리다이빙과 같은 고압 환경에서 발생하는 폐 압착에 대해서는 아직 충분한 연구가 이루어지지 않았습니다.

지금까지 폐출혈과 폐부종에 대해 이야기했지만, 일부 전문가들이 침에 피가 섞여 나올 수 있다고 보고한 또 다른 경우가 있습니다. 이는 **기도 압착**trachea squeeze으로 알려져 있습니다. 방금 설명한 두 가지 문제보다는 덜 심각한 이 현상은 거의 모든 경우에 하강 중 이퀄라이징을 잘못 수행할 때 발생합니다. 일반적으로 프리다이버가 이퀄라이징(특히 마스크) 한계에 도달했을 때 발생합니다. 마우스필을 충

전하기 전에 '긴장을 푸는' 대신, 스트레스가 많은 상황에서 코로 숨을 들이마시는 실수를 하게 됩니다. 이것은 이미 공기 공간에 존재하는 압착 효과를 증가시켜 기관 부위에 출혈을 유발합니다.

폐출혈 및 폐부종 진단

기도 압착이 아닌 폐부종(최악의 경우)이 발생했는지 어떻게 알 수 있을까요? 수심 훈련 중에 객혈이 나오면 혈액은 확실히 폐에서 나온 것이며 호흡 곤란, 기침 또는 쌕쌕거림, 특히 흡입 단계에서 깊게 숨을 쉴 수 없다는 느낌이 동반됩니다.

AAR 그룹의 최근 연구에서 호흡기 불편감이 타액에 혈액을 유발할 수 있지만, 폐에서 비롯되지 않는 다른 질환과 진단을 구별하는 데 필수적이라고 지적하면서 이 개념을 명확히 했습니다. 실제로 혈액의 존재는 전두동이나 상악동의 압력 평형 지연이나 작은 식도 정맥류와 같은 기압 외상으로 인해 발생할 수도 있지만, 이러한 경우에는 호흡기 불편감은 발생하지 않습니다.

객혈 및 폐부종에 대한 개인적 소인

어떤 사람들은 다른 사람들보다 프리다이빙 중 폐출혈이 발생할 가능성이 더 크다는 것은 분명합니다. 이것은 우리 각자가 폐순환의 압력 변화를 '처리'하는 능력과 관련이 있을 수 있습니다. 인체의 이러한 선천적 특성은 누가 더 취약하고, 누가 더 프리다이빙 활동에 적합한지를 정의하기 위해 과학계의 관심을 끌었습니다.

프리다이빙을 하는 사람 중 일부에게 선천적으로 폐출혈에 대한 소인이 있다면 반대로 운이 좋은 나머지 사람들에게는 위에서 언급한 압력 변화를 더 잘 제어할 수 있는 특정 유전자의 변종이 존재한다는 것이 확인되었습니다.

또한 유전 및 소인과 관계없이 환경 조건 또한 폐출혈에 대한 민감성에 큰 영향을 미치게 됩니다. 몇 가지 간단한 요령을 통해 겉보기에 폐출혈에 취약해 보이는 사람들도 몇 가지 규칙을 준수하면 프리다이빙을 문제없이 할 수 있습니다.

폐출혈과 폐부종을 예방하는 방법

특히 소인이 있는 예민한 사람의 경우 폐출혈의 발병 가능성을 예방하려면 다음 사항을 따라야 합니다.

- 새로운 수심에 도달할 때뿐만 아니라 각 훈련 세션 전 워밍업을 할 때도 **수심(및 압력)에 천천히 적응해야 합니다.**
  얕은(5~7m) 수심에서 몇 번의 워밍업을 한 다음 깊은 수심으로 다이빙하기 전에 점진적으로 수심을 늘리는 것이 실제로 문제를 줄이고 종종 완전히 제거하는 좋은 방법입니다. 다시 말해 퍼포먼스를 위해 최적의 상태로 몸을 준비하는 운동선수가 근육 워밍업을 하는 것과 같은 방법입니다.
- **최대 수심에 대한 이완 훈련**, 목표 수심과 관계없이 처음 도달하는 수심이거나 또는 시즌 중 처음으로 도달하는 수심의 경우 더욱 그렇습니다. 종종 새로운 목표에 도달해야 한다는 사실 자체가 우리를 긴장 상태로 이끌고 흉강 내 압력을 쉽게 증가시킬 수 있습니다.

실제로 최근 몇 년 동안, 압력(수심) 증가에 필요한 점진적인 생리적 적응 없이 극도로 짧은 시간 내에 새로운 깊은 수심에 도달하는 경향이 이 현상을 증기시킨 요인이었습니다.

폐출혈 및 폐부종에 대처하는 방법

증상이 발생한 경우, 경중과 관계없이 모든 경우에 가장 중요한 것은 **훈련, 스피어피싱 또는 기타 연습을 즉시 중단**하는 것입니다. 증상이 심할 경우 다이빙 의학 경험이 있는 의사와 상담하거나 응급실에 가서 추가 진단 및 치료를 받는 것이 좋습니다.

경도에서 중등도인 경우, 호흡 기능이 완전히 회복될 때까지 적어도 며칠 동안 프리다이빙을 쉬어야 하며, 심각한 호흡 문제를 동반하는 심한 경우에는 몇 달 동안 프리다이빙을 쉬어야 할 수도 있습니다.

닥터 다닐로 시알로니가 경험한 폐부종에 대한 이야기

깊고 푸른 바다로 이어지는 아름다운 다이빙을 통해 나의 감정을 느끼고 몸에 대한 인식이 뚜렷해집니다. 저의 이런 프리다이빙 여정은 움베르토 펠리자리를 만나면서 시작됐습니다. 그는 자신의 커리어 정점에서, 수줍고 서툴고 새로운 프리다이버인 저 같은 사람에게 도움을 주는 것을 망설이지 않았습니다. 시간이 지나면서 우리의 우정은 깊어졌고, 점차 다이빙의 깊이도 더 도전적이 되었습니다. '펠로'의 영향으로 기술이 향상되고, 자신감이 점점 더 커졌습니다.

하지만 프리다이빙 실력이 향상되면서 훈련이 끝날 때마다 침에 약간의 피가 섞여 나오기 시작했습니다. 이 현상은 점점 더 뚜렷해졌고, 저는 신경이 쓰였습니다. 아무도 정확한 정보를 제공해주지 않았고, 과학 커뮤니티에서 사용할 수 있는 데이터는 거의 없었습니다.

어느 날 같은 문제가 다시 나타났고, 훨씬 더 분명하고 충격적이었습니다. 10년이 넘는 시간이 흘렀지만 저는 아직도 모든 세부 사항을 기억합니다.

그날 훈련은 끝났지만 보트의 닻을 풀기 위해 36m까지 다시 하강해야 했습니다. 내려가면서 이퀄라이징을 하는 데 문제가 있었지만 수면으로 상승해 코를 풀고 다시 하강하는 대신, 앵커 라인 중간에 멈추고 고개를 들어 억지로 이퀄라이징을 하고 계속 내려가기로 결정했습니다. 닻은 바닥에 박혀있었고, 저는 닻이 있는 깊이까지 하강하지 않고 강하게 닻이 빠질 때까지 당겨보기로 결정했습니다. 결국 닻이 풀렸지만 저는 뭔가 나쁜 일이 일어났다는 것을 알았습니다. 상승하는 내내 이상한 불안감이 몰려왔고 점점 더 커졌습니다.

출수 후 마치 더 이상 공기가 없고 숨을 쉴 수 있는 산소가 충분하지 않은 것 같았습니다. 숨이 가빠지면서 정상적인 호흡이 돌아오는 데 몇 분이 걸렸습니다. 배로 돌아와서 다른 교육생들이 저에게 질문했지만 저는 못 들은 척했습니다. 말로 대답했다면 숨이 찰 것 같았어요. 저는 제가 아는 모든 호흡법과 이완법을 동원해 자가 진단을 시도했습니다.

한 시간도 채 되지 않아 응급실에 도착했고, 병원 동료들이 제 폐 상태를 확인하기 위해 CT 스캔을 실시했습니다. 폐에는 피가 가득 차있었는데 바닥에서 힘을 쓰는 동안, 그리고 하강하면서 억지로 이퀄라이징 하는 동안 강제로 배출된 것이었습니다.

폐가 정상으로 돌아오는 데 보통 몇 시간이 걸리는 것과는 달리 3일이 걸렸고, 완전히 회복되기까지 3개월 이상이 걸렸을 정도로 심각하고 독특한 케이스였습니다.

그 후 몇 년 동안 저는 이 모든 것을 일으킨 실제 메커니즘을 이해하는 데 집중했고, 연구 기관 및 대학과의 수많은 협력과 프리다이버들을 상대로 진행한 수많은 테스트 덕분에 그 이유가 명확히 보이기 시작했습니다. 수심과 관련된 압력은 폐에서 혈액의 '교통정체', 즉 극단적인 노력과 고도에서 저산소증으로 발생하는 것과 매우 유사한 혈액 이동을 일으킵니다. 일부 예민한 사람들은 이러한 급격한 압력 증가를 관리하지 못하고 심장병으로 인한 것이 아닌, 소위 비심인성 부종이 발생합니다. 이 현상은 다른 부문에서 잘 알려져 있고 연구되고 있습니다.

그 후 여러 테스트와 연구 논문을 통해 프리다이버에게 발생하는 폐부종이 폐압 증가 현상과 관련이 있으며, 흉강 내 압력을 증가시키는 모든 동작이 상태를 악화시킨다는 것이 명확해졌습니다. 최근에는 유전자 검사에서도 이 초기 가설이 100% 확인되었습니다. 이 현상을 이해하면 산악인이 하는 것처럼 점진적인 적응과 적절한 워밍업을 통해 이러한 증상을 극적으로 줄일 수 있다는 것을 알 수 있습니다. 저는 이러한 새로운 기술을 스스로 실험하기 시작했고, 그 결과 마치 마법처럼 수심 다이빙이 다시 저의 친구가 되었으며, 멋진 감정들이 짧은 시간 안에 다시 나타났고, 아무런 문제 없이 다시 프리다이빙을 연습할 수 있게 되었습니다.

5.1.2 타라바나

타라바나는 투아모투 군도 언어로 '광기(tara=추락, vana=광기)'를 의미하는 폴리네시아 기원의 단어입니다.

이는 신경학적 장애(어지럼증, 마비, 그리고 약화)를 특징으로 하는 증후군으로 의학 문헌에 따르면 이 질병은 일본의 유명한 해녀인 아마(Ama)와 세계 각지에 흩어져 있는 다른 수중 어업 공동체에서 발생한 것으로 알려져 있습니다.

타라바나 증후군은 수면에서 충분한 회복 없이 깊은 수심까지 여러 차례의 프리다이빙을 연속적으로 실시할 때 발생하는 것으로 보입니다.

현재는 프리다이빙에서 발생하는 타라바나의 중추신경 증후군이 깊은 수심과 높은 다이빙 빈도, 조직 내 질소 축적(스쿠버 다이버들과 같이) 또는 반복적인 저산소증과 관련된 신경 세포 스트레스의 진행 상태에 의해 발생하는지는 명확하지 않습니다.

이 증후군의 부상자 중 하나인 스피어피셔들에 대한 최근 연구를 통해 이전에 생각했던 것과는 달리 반복적인 다이빙이 질소 축적을 유발하지 않는다는 사실을 확인할 수 있었습니다.

따라서 현재 발표되고 있는 과학적 연구들은 타라바나의 발병 기전에 대한 인과적 설명으로서 질소 기포 이론에 의문을 제기하고 더 복잡한 메커니즘을 제안하고 있습니다.

스쿠버 다이빙에서도 공기를 호흡하는 동안 감압병을 활성화하는 질소 기포에 대한 매우 복잡한 유발 과정 역시 다양한 발병 원인이 있다는 사실이 분명히 나타나고 있습니다. 따라서 기포뿐만 아니라 여러 가지 근본적인 원인이 있을 수 있는 타라바나의 생리적 메커니즘에 대한 새로운 이론이 나오고 있습니다. 다른 의학 분야가 이 현상을 이해하는 데 중요한 기여를 할 수 있습니다. 실제로 일부 가역적 중추 신경계 증후군이 최근 발견되었습니다. 이러한 증후군은 혈관 수축에 의해 발생하며, 중추 수준에서 CO_2 및 O_2의 양이 매우 중요한 역할을 합니다. 그리고 이 두 값이 프리다이빙 중에 어떻게 지속적으로 변화하는지는 잘 알려져 있습니다. 이러한 메커니즘에 대한 이해가 현상을 예방하고 매우 격렬한 훈련에서 안전을 개선하는 데 도움이 될 수 있음은 분명합니다.

또한 이 경우에도 일반적으로 폐출혈과 마찬가지로 회복이 빠르지만 현상을 과소평가해서는 안 됩니다.

타라바나를 예방하는 방법

의학 문헌에 따르면 '얕은' 타라바나가 고압산소 요법으로 치료된 사례는 수심 26~27m에서 프리다이빙(스피어 피싱)을 한 후 매우 짧은 시간 내에 회복된 경우이지만, 더 얕은 수심에서도 발생한 사례도 있습니다.

최근 몇 년 동안 타라바나 사례가 기하급수적으로 증가했으며, 이는 주로 **스피어피셔들이 도달할 수 있는 수심의 증가**와 관련이 있습니다. 발레아레스 제도에서는 타라바나 경험률이 높고, 타라바나에 대한 의학 연구도 활발히 이루어지고 있습니다. 수심 30m 이상에서 프리다이빙을 하는 대부분의 스피어피싱 어부들은 이러한 유형의 수중 사고를 경험하고 있습니다.

이 병리 현상을 예방하기 위해 수심, 회복 시간, 수분 공급이 위험 요소로 간주된다는 점을 감안할 때, 이 요소들을 적절히 조합하여 주의한다면 타라바나의 위험을 제한하거나 완전히 제거할 수 있다고 확신할 수 있습니다.

다양한 수심에서 활동해야 하는 경우, 간단하고 효과적인 대안은 **도전적인 수심(30m 이상)과 얕은 수심을 번갈아 가며 다이빙**하는 것입니다. 또한 보트 위에서 또는 스노클링을 하면서 몇십 분씩 휴식을 취하는 것이 좋습니다. 이 경우 휴식 시간은 다이빙 사이의 회복 시간을 의미합니다. 최근 수십 년 동안 프리다이빙에서 얻은 경험에 따르면 **회복 시간은 잠수 시간의 3~4배가 필요**하며, 이는 타라바나의 위험을 피하는 데 기여합니다. 무엇보다도 이러한 사고(회복 시간이 매우 짧은 프리다이빙)를 겪은 많은 스피어피셔들이 이 규칙을 따름으로써 더 이상 다양하고 복잡한 증상의 발병하지 않는다는 점을 고려할 때, 이 규칙은 타라바나의 위험을 줄이는 데 도움이 될 수 있습니다.

하지만 타라바나를 겪은 프리다이버 10명 중 9명이 바다에서 보내는 시간 동안 물을 마시는 습관이 없었다는 점을 고려하면 이것만으로는 충분하지 않습니다. 프리다이빙 중에 정기적으로 물을 마셔 **수분을 유지하는 것**은 타라바나의 위험을 줄이기 위한 세 번째 기본 요소입니다. 사실, 탈수 상태가 되면 혈액의 액체 성분이 줄어들고 밀도가 높아져 반복적인 다이빙으로 인한 스트레스에 대응하는 능력이 떨어집니다. 또한 이러한 현상의 위험을 증가시킬 수 있는 혈소판 응집체의 형성 위험도 증가합니다.

타라바나 발생 시 응급처치 방법

프리다이빙 및 스피어피싱 중 타라바나가 버디에게 발생하는 경우, 이를 유발한 병원성 메커니즘과 관계없이 가장 간단한 응급 대응 규칙을 적용하여 응급처치를 진행하고 가능한 경우 100% 산소를 투여해야 합니다. 산소는 질소 축적의 경우와 저산소증 또는 고탄산증으로 인한 손상의 경우 모두 유익한 효과가 있으며, 상황을 악화시키지는 않고 부상자의 고통을 개선하는 데 기여할 것입니다. 구급차를 기다리는 데 시간을 낭비해서는 안 되며, 부상자를 안전하게 옮기고 산소를 투여한 후 도움을 요청할 수 없는 경우 즉시 가까운 병원 응급실로 이송해야 합니다. 부상자가 의식을 잃은 경우에는 기본 소생술(CPR)과 같은 보다 복잡한 응급처치가 필요합니다.

5.1.3 블랙아웃

치과에 가거나 채혈을 기다리는 상황을 상상해 보세요. 갑자기 머리가 어지럽고 주위가 빙글빙글 돌면서 순식간에 의식을 잃게 됩니다. 이것을 우리는 기절했다고 말하는데, 의학적으로는 이를 블랙아웃 또는 실신이라고 합니다. 이 두 용어는 의식 상실을 의미하며, 일반적으로 신속하고 자발적으로 의식을 회복합니다. 이러한 상태가 물속에서 얼굴이 잠긴 상태로 발생한다면 심각한 결과를 초래할 수 있는, 훨씬 더 극적인 사건으로 변할 수 있습니다. 모든 프리다이버는 물속 또는 수면에서 발생하는 블랙아웃이나 실신이 사망을 초래할 수 있다는 것을 알고 있습니다. 이것은 이 스포츠를 사랑하는 사람들의 생명을 실제로 위협하는 유일한 위험입니다.

프리다이버의 블랙아웃은 진짜 실신인가?

2004년, 심장학 전문가들로 구성된 유럽 태스크포스는 실신 현상의 근본적인 측면을 명확히 하여 의학적 관점에서 실신을 자세히 정의하는 문서 초안을 작성했습니다. 실신의 정의에 '뇌 혈류의 감소'가 실신의 '필수' 요소로 추가되었습니다. 실제로 실신은 충분한 혈류가 갑자기 뇌에 공급되지 않을 때 발생합니다. 이는 갑작스러운 심장 문제 또는 단순히 두려움 때문일 수도 있습니다. 미주신경성 실신 유발 요인으로 인해 심박 수와 혈압이 갑자기 떨어지면 이로 인해 뇌로 가는 혈류가 감소하여 잠시 의식을 잃게 됩니다.

이 모든 것이 프리다이버에게는 일어나지 않습니다. 우리의 경우 의식 상실은 혈류의 문제가 아니라 혈액에 운반되는 산소의 감소로 인해 발생합니다.

프리다이버의 경우 혈류가 정상적으로 흐르고 있기 때문에 그것이 진정한 실신이 아니라 대사 유형의 의식 상실임을 나타냅니다. 이 차이는 단순히 용어의 차이가 아닙니다. 혈액에 운반되는 산소가 감소하면 신체는 스스로를 방어하고 호흡을 재개하는 데 필요한 자극을 제공함으로써 의식 상실을 예방할 수 있는 방법을 가지고 있습니다. 주로 횡격막 수축과 같은 일련의 자극을 제대로 이해하고 존중하면 잠수를 멈출 때가 되었다는 신호를 알 수 있습니다.

그렇기 때문에 오늘날 프리다이빙에서는 **실신 대신 블랙아웃이라는 용어를 사용하는 경향**이 있습니다.

간단히 말해서, 우리 몸은 산소가 거의 없다는 것을 인식하면 기능을 멈추기로 결정하고(따라서 블랙아웃이라는 용어를 사용함) 남은 산소를 생존의 두 가지 기본 기관인 심장과 뇌로 보냅니다. 일정 시간(여러 변수에 따라 다르지만 몇 분 정도의 시간) 동안 도움을 받지 못할 경우 심장이 멈추고 그 시점부터 뇌로 가는 혈액의 흐름이 중단됩니다. 뇌 세포는 산소 없이 몇 4~5분만 지나도 손상이 시작되기 때문에 이 시점에서 상황은 빠르게 돌이킬 수 없게 될 수 있습니다.

이제부터 블랙아웃이라는 용어를 사용하겠습니다.

삼바samba or LMC

블랙아웃에 대해 말할 때 흔히 **삼바에 대해** 언급하게 됩니다. 간단히 말해 삼바는 블랙아웃 직전의 스트레스 상황으로 정의할 수 있습니다. 둘 중 하나를 선택해야 한다면 삼바가 블랙아웃보다 낫습니다.

삼바는 운동 효과의 유무에 따라 빠르고 갑작스럽고 일반적으로 비동기적인 불수의적 근육 수축이 특징입니다.

모터 효과(몸이 떨리는 증상)의 유무는 현상이 하나 이상의 근육 그룹에 영향을 미치는지에 따라 달라지는데, 호흡 시스템에서 시작하여 전체 운동 시스템에 부하를 주는 등 다양한 방식으로 나타날 수 있는 떨림과 경련 증상이 특징입니다.

생리적 수준에서는 일부 운동 조정 중추의 저산소증에 대한 반응입니다.

블랙아웃을 예방하는 방법

신체가 느끼고 반응하는 방식을 깊이 이해하면서 다이빙 시간과 수심을 천천히 (점진적으로) 늘리고 지속적으로 훈련하는 것이 사고를 피하는 최선의 방법이라는 것은 의심의 여지가 없습니다. 사고는 매우 위험할 뿐만 아니라 이후 바다, 수영장 훈련 세션 또는 스피어피싱 여행에서 부정적인 심리적 영향을 미칠 수 있습니다.

하지만 프리다이빙에서 최고의 안전은 프리다이빙/트레이닝 버디와 함께 있을 때 보장됩니다. 실제로 프리다이빙 중 발생하는 블랙아웃의 경우 심박 수가 감소해 혈압이 떨어지는 등의 미주신경 자극이 없고 심장 관련 문제도 없으며, 신진대사가 활발한 상태이기 때문에 빠르게 해결될 수 있습니다.

블랙아웃은 절대 피해야 할 극적인 사건이지만, 버디가 올바른 응급처치를 할 준비가 되어있다면 심각한 결과 없이 신속하게 해결할 수 있습니다.

블랙아웃을 경험한 프리다이버들의 수많은 동영상을 연구한 결과, 다이빙 후에 강하게 숨을 내쉬는 것이 사고(블랙아웃)를 일으킬 수 있다는 것을 알게 되었습니다. 이때 폐는 산소가 거의 없는 공기로 가득 차있는 상태입니다. 우리는 본능적으로 그 공기를 세게 내쉬려고 하지만, 이는 새롭고 산소가 많은 공기가 들어올 수 있는 공간을 폐에 만들어 주기 때문에 위험합니다. 본능적인 행동은 아니지만 호흡하기 전 강한 호기를 줄이고(수동적 날숨), 가능한 한 깊게 숨을 들이쉬려는 노력(빠르고 큰 들숨)이 필요합니다. 이 방법은 오랜 경험을 통해 알려진 사실입니다. 또한 AA 교육 과정에서는 프리다이빙(잠수) 중에는 스노클을 입에서 뺄 것을 권장합니다.

실제로 다이빙을 마치고 출수할 때 스노클을 물고 있는 경우 물을 빼기 위해 강제로 숨을 내쉬어야 하기 때문에 방금 설명한 위험한 상황이 발생할 수 있습니다. 딥 프리다이빙이나 스피어피싱을 할 때 스노클을 입에 물고 있으면 안 되는 두 번째 이유는 수면에서 몇 미터 떨어진 곳에서 블랙아웃이 발생할 경우 스노클은 물이 폐로 직접 들어갈 수 있는 '열린 문'이 되기 때문입니다. 습식 블랙아웃으로 인한 소생은 건식 블랙아웃보다 훨씬 더 복잡합니다. 따라서 아래 두 가지 내용을 기억하세요!

- 출수할 때 절대로 강하게 호흡을 내쉬지 마세요!
- 잠수를 시작하기 전(최종 호흡 후) 스노클을 입에서 꼭 빼세요!

블랙아웃 발생 시 응급처치 방법

프리다이빙 중에 의식을 잃으면 혼자서 문제를 해결할 수 있는 방법이 없습니다. 그렇기 때문에 버디 시스템의 중요성을 다시 한번 강조합니다.

프리다이버가 딥다이빙이나 다이나믹 후 수면에서 몇 미터 떨어진 곳에서 블랙아웃이 발생하면 가장 먼저 해야 할 일은 다이버를 수면 위로 다시 끌어올리는 것입니다.

의식을 잃은 프리다이버의 머리를 물 밖으로 꺼내 유지하여 공기와의 접촉을 회복시켜 수면에서 즉시 의식을 관리해야 합니다. 마스크(또는 코 클립)를 제거하고 후드를 아래로 내려야 합니다.

공기와의 접촉은 프리다이버가 자발적으로 호흡을 재개하는 데 도움이 됩니다. 공기가 기도로 쉽게 들어갈 수 있도록 머리를 과하게 뒤로 젖히는 것이 중요합니다.

이 조치가 신속하게 이루어지면 몇 초안에 호흡이 자발적으로 재개되어야 합니다. 이런 상황에 대처하는 데 익숙하지 않은 사람들에게는 영겁의 시간처럼 느껴질 수도 있습니다. 호흡이 재개되지 않는 경우 기본 소생술 (CPR)을 시행해야 합니다.

프리다이빙(스태틱, 다이나믹 또는 딥 프리다이빙)의 마지막 단계가 가장 위험하고 까다롭다는 것을 기억하세요. 이때는 모든 움직임을 확인하면서 자신에게 100% 집중하는 것이 중요합니다. 대부분의 경우, 블랙아웃은 다이빙을 마치고 출수할 때 첫 번째 강한 호흡이 끝난 후 수면에서 발생합니다.

5.2 이비인후과적 문제들

저는 스테파노 코레알레에게 이 주제를 다뤄달라고 요청했습니다. 제가 아는 한 그가 프리다이빙과 스피어피싱과 관련된 이비인후과적 문제와 관련해 최고의 전문가 중 한 명이라고 생각하기 때문에 그가 제 요청을 수락했을 때 매우 기뺐습니다. 그가 이 분야에서 이룬 성과는 아마도 프리다이빙에 대한 열정과 현장에서의 풍부한 경험이 결합되어 있었기 때문에 가능했을 것입니다. 이탈리아 전역에서 프리다이버와 스피어피셔들이 이퀄라이징과 관련된 다양한 문제를 해결하기 위해 그를 찾아옵니다. 그는 압네아 아카데미 강사로, 그의 주요 관심사는 이퀄라이징이며 압네아 아카데미 연구진이기도 합니다.

5.2.1 기압성 외상

기압 외상이라는 용어는 다이버, 특히 프리다이버가 수면을 떠나 더 깊은 수심으로 내려갈 때 발생하는 급격한 압력 변화로 인해 일부 장기에 발생할 수 있는 부상이라고 정의합니다.

효과적인 이퀄라이징을 통해 수압에 적절히 대응하지 못하면 공기를 포함하고 있어 기체 법칙(보일의 법칙: 일정한 온도의 기체에서 부피는 압력에 반비례한다.)의 적용을 받기 쉬운 일부 장기들에 부정적인 영향을 미치게 됩니다. 스쿠버 다이버는 호흡 장치를 사용하기 때문에 이퀄라이징 동작이 완벽하게 수행되지 않을 경우 이를 반복할 시간이 있지만, 프리다이버는 다이빙 전 마지막 호흡으로 폐에 충전된 공기만을 가지고 다이빙하기 때문에 두 번째 기회가 주어지지 않습니다.

일반적으로 이러한 상황은 먼저 불편함을 느낀 후 실제 통증을 동반하기 때문에 하강을 중단하게 됩니다.

안타깝게도 모든 프리다이버가 이 신호를 알아차릴 수 있는 충분한 경험을 가지고 있지 않으며, 이러한 조건에서 하강을 계속하고 부상을 야기합니다. 이런 일이 발생하면 기압성 외상은 피할 수 없는 결과입니다.

어떤 경우에는, 물고기를 잡는 것이든(스피어피셔의 경우) 깊은 수심을 내려가든('순수한' 프리다이버의 경우) 어떤 대가를 치르더라도 목표를 달성하려는 다이버의 고집 때문에 몸이 자신에게 보내는 분명한 '투쟁' 신호를 듣지 못하게 되는 경우가 있습니다.

일반적으로 이러한 유형의 사고에 취약한 장기는 귀와 부비동, 그리고 드물게는 눈과 치아입니다. 이러한 해부학적 구조는 자연적 또는 인공적으로 공기를 포함하고 있기 때문에 수중 환경의 압력 변화에 노출됩니다.

DAN의 통계에 따르면 기압성 외상으로 인한 부상의 70% 이상이 다이빙 사고로 인해 발생하는데, 이는 일반적으로 쉽게 해결할 수 있는 부상입니다.

발병 부위에 따라 기압성 외상은 다음과 같이 나눌 수 있습니다.

- 외이 기압성 외상
- 중이 기압성 외상
- 내이 기압성 외상
- 부비동 기압성 외상
- 치아 기압성 외상
- 안구 기압성 외상

이제 각 기압성 외상의 구체적인 특징과 예방 및 치료 방법에 대해 알아보겠습니다.

외이 기압성 외상

이러한 유형의 외상은 꽉 끼는 후드를 착용하고 다이빙 전 후드를 들어올리지 않아 후드와 외이 사이에 에어 포켓이 생기는 경우 발생할 수 있습니다.

이 기포가 깊이 수심에서 갑자기 빠져나가고 그 자리에 물이 격렬하게 들어가면 외이도의 '피부'에 외상을 입힙니다. 이것은 심한 통증으로 나타나며, 때로는 귀에서 약간의 피가 떨어지는데 이러한 증상은 훨씬 더 심각한 고막 천공과 유사합니다.

'워터 해머'라고도 불리는 이 사고를 예방하기 위해서는 잠수 전에 후드를 들어올려 외이에 물을 채우거나 외이를 덮고 있는 후드(네오프렌)에 작은 구멍을 뚫어야 합니다.

치료법은 외이도에 몇 방울의 약물을 떨어뜨리는 것입니다.

중이 기압성 외상

이것은 전형적인 **고막 기압성 외상**으로, 프리다이버가 얼마나 조심스럽게 또는 부주의하게 하강했는지에 따라 경미하거나 심각할 수 있습니다.

정상적인 고막은 이경으로 검사 시 진줏빛을 띠고 반투명하게 보입니다.

기압성 외상의 정도에 따라 얇은 고막은 경미하게 또는 심하게 영향을 받을 수 있습니다.

가장 흔하게 발생하는 것은 모세혈관 파열로 인한 단순한 혈액 유출입니다.

증상은 다이빙 중 심한 통증에 이어 청각이 잘 들리지 않는 것이 특징이며, 이 퀄라이징이 제대로 수행되지 않아 고막에 무리가 가해지고 있다는 분명한 신호입니다.

이는 귀에서 울리는 성가신 울림, 즉 이명과 관련이 있을 수 있으며, 드물게는 약간의 어지럼증과도 관련이 있을 수 있습니다.

이 사건은 종종 다이버에 의해 보고조차 되지 않으며, 보통 며칠 내에 자연스럽게 해결되고 심한 경우 약 몇 방울을 귀에 떨어뜨리면 며칠 내에 자연적으로 해결됩니다.

하지만 동일 다이빙 세션에서 반복적으로 발생할 경우, 중이 점막의 염증을 유발할 수 있습니다. 이는 **중이염**으로 발전하여 항생제와 항염증제를 투여하고 장기간의 휴식이 필요한 **중이염성 기압성 외상**으로 발전하기도 합니다.

다이버의 무모함과 무지로 인해 갑작스러운 귀의 불편함과 통증(불완전하거나 수행되지 않은 이퀄라이징의 명백한 신호)에 의한 경고에도 불구하고 더 깊이 하강할 경우 **고막에 열상**이 발생할 수 있습니다.

일반적으로 단순 고막 천공은 자연적으로 회복되거나 기껏해야 약물 치료로 회복되기 때문에 그 자체로는 특별히 심각하지 않습니다. 그러나 천공의 크기가 크고 고막 공동에 찬물이 동시에 들어간 경우 더 심각해질 수 있습니다. 이렇게 되면 내이의 미로 구조에 갑작스러운 자극이 가해져 다이빙을 하는 동안 즉각적으로 심한 어지럼증을 느끼게 되고, 상상할 수 있는 모든 결과와 함께 프리다이버의 방향 감각 상실을 초래할 수 있습니다.

고막 기압 손상을 **예방하기 위해** 이퀄라이징을 **강제로 하지 않는 것이 좋습니다.** 이퀄라이징으로 원하는 효과를 얻지 못하고 전형적인 불편함/귀 통증이 동반되는 경우 하강을 중단하고 다시 상승하는 것이 훨씬 낫습니다.

이러한 관점에서 차가운 물에서 다이빙하는 것은 비강 점막의 혼잡을 증가시켜 막의 민감성을 감소시키고, 따라서 경고 신호의 발생을 지연시킬 수 있기 때문에 이퀄라이징을 방해할 수 있어 더 위험하다는 것을 기억하세요.

치료. 고막 천공이 확인된 경우 가장 중요한 것은 샤워 물을 포함하여 귀에 물이 들어가지 않도록 하는 것입니다. 이는 치료 과정을 확실히 방해할 수 있는 중이 감염의 발병을 예방하기 위한 것이지만, 이미 말했듯이 일반적으로 자연적으로 발생합니다(물이 들어갑니다). 고막 동공이 침수되면 중이염의 발생이 거의 확실하기 때문에 회복을 위해 항생제 치료가 필요합니다.

안타깝게도 천공이 자연적으로 치유되지 않으면 수술(고막 성형술)을 통해 천공을 닫아야 할 수도 있으며, 이것은 나중에 완벽하게 기능한다는 것을 항상 보장하는 것은 아닙니다.

그러니 조심하세요! 물고기나 버텀 플레이트에 놓인 택을 잡기 위해 고막에 돌이킬 수 없는 손상을 감수할 가치는 정말 없습니다!

내이 기압성 외상

다행히 내이 기압성 외상은 중이보다 훨씬 드물게 발생하지만, 청각 기능을 손상시킬 수 있기 때문에 매우 주의해야 합니다.

내이는 신경 상피 망막 세포가 존재하는 매우 섬세한 막성 미로로 구성되어 있으며 이 세포들은 소리 인지와 평형 기능에 필요하며, 외상과 저산소증에 매우 민감해 적절히 치료하지 않으면 그 손상이 대부분 영구적인 기능적 손상을 초래합니다.

내이의 기압성 손상을 유발하는 병리학적 메커니즘이 항상 명확하지는 않습니다. 하지만 알려진 바로는 문제는 대개 중이 공간의 지연된 압력 평형에서 시작됩니다. 이 경우, 내이로 연결되는 작은 두 개의 창문인 타원창과 원형창을 통해 내이의 섬세한 구조에 기압손상이 발생합니다. 고막보다 훨씬 더 민감한 내이는 손상 시 그 영향이 매우 심각할 수 있습니다.

이런 유형의 손상은 주로 다이빙을 하다가 귀의 압력을 맞추는 데 어려움을 겪었던 다이버가 상승할 때 발생합니다. 상승 중 중이 내의 공기가 팽창하지만, 이관이 막혀 제대로 빠져나가지 못하면 이로 인해 내이를 압박하며 손상을 초래할 수 있습니다. 이러한 '역압착' 현상은 내이에 심각한 압박을 가하며, 주의 깊게 관리하지 않으면 영구적인 손상을 초래할 수 있습니다.

다른 경우에 더 드물게 내이 기압성 외상이 초과된 압력 평형에 의해 발생한다고 의심할 이유가 있습니다. 즉, 안타깝게도 자신의 몸에 맞지 않는 과도한 이퀄라이징으로 인해 발생하는 중이 압력 과잉을 의미합니다. 이퀄라이징의 어려움을 극복하기 위해 무리하게 이퀄라이징을 시도하고 중이로 공기를 밀어넣을 때 초과된 압력으로 인해 중이 기압성 외상과 매우 유사한 방식으로 내이에 손상을 입힙니다.

이 **증상**은 외상 후 또는 몇 시간에서 며칠 이내에 한쪽 귀의 기능이 감소하거나 심지어 완전히 상실되는 것으로 나타납니다. 청력 저하는 종종 이명과 심한 현기증을 동반합니다. 후자가 발생하면 매우 심각한 부상이 발생했다고 의심할 수 있는데 원형창을 막고 있는 막의 파열이 의심되는 매우 심각한 사건입니다. 이 경우 '미로 누공'이 발생합니다. 이런 일이 발생하면 응급 수술 절차가 필요하며, 그렇지 않으면 외상으로 인해 완전한 청력 상실의 위험이 있습니다.

어쨌든 이러한 극적인 사건이 없더라도 내이와 관련된 기압성 외상은 사건이 발생한 시점부터 적절한 치료를 시작할 때까지의 경과 시간에 따라 **예후**, 즉 청각 기능 회복 가능성이 달라지기 때문에 가능한 한 빨리 진단하는 것이 중요합니다.

따라서 내이 기압 외상이 의심되는 경우, 다이버는 전문의를 만나 **음양 도표 검사**를 받는 것이 매우 중요합니다. 이 검사는 외중이 외상과 내이 외상 사이의 진단적 딜레마를 해결할 수 있는 간단한 검사입니다.

다이빙 후 프리다이버가 평형감각이 떨어지고 청력 저하, 이명, 현기증과 같은 증상이 최대 2~3일 이내에 해결되지 않는다면 주저하지 말고 응급실이나 적어도 이비인후과 전문의에게 가서 위에서 언급한 특정 진단 검사를 요청해 검사를 받아봐야 합니다.

안타깝게도 오늘날에도 내이 기압성 외상이 너무 늦게 진단되는 경우가 있습니다. 이는 다이버가 '귀에 물이 들어갔을 뿐'이라고 생각하거나 귀지가 막혔기 때문이라고 생각해 의사의 진료가 늦어지거나, 더 심각한 경우에는 진찰한 전문의가 이러한 가능성을 인지하지 못하고 진단 검사를 시행하지 않아 환자의 치유를 방해했기 때문일 수도 있습니다.

치료. 내이 기압성 외상이 진단되면 즉시 응급 치료가 필요합니다.

이는 기본적으로 귀의 '뇌졸중'과 유사하며, 치료 방법도 비슷합니다. 스테로이드, 혈관 확장제 및 신경 보호제와 같은 중요한 약물을 정맥으로 투여하는 등 응급 상황으로 취급하여 입원하거나 최소한 외래 환자로 치료해야 합니다. **고압 산소 요법(HBOT)**은 비록 뒤늦게 도입되었지만, 즉각적으로 악영향을 받을 수 있는 청력을 회복하는 데 효과적인 것으로 입증되었습니다.

내이 기압성 외상의 또 다른 유형은 소위 **변압성 현기증**alternobaric vertigo으로, 이전 현기증보다 덜 강하고 위험하며 일반적으로 이 현상은 다이버가 상승하는 단계에서 특히 마지막 몇 미터에서 발생하는 경우가 많습니다. 주요 발생 원인은 양쪽 귀의 중이에서 공기가 비대칭적으로 빠져나가는 것입니다. 이는 주로 관점액(귀와 코를 연결하는 이관에 있는 점액)의 존재로 인해 발생하며, 결과적으로 내이의 미로 부분 양측에 다른 압력이 가해집니다. 이 증상은 대개 저절로 해결됩니다.

부비동 기압성 외상

이 유형의 기압성 외상은 보통 부비동(코 주변에 위치한 공기로 차있는 공간)의 압력 평형 시도가 반복되고 실패한 후에 발생합니다. 부비동은 중이와 마찬가지로 공기로 채워져 있지만, 코와 직접 연결되어 있어 일반적으로 압력 평형이 필요 없는 공간입니다.

그러나 부종이 있는 코 점막의 점액 또는 염증으로 인해 부비동과 코 사이의 연결 통로가 막히거나 해부학적 구조가 좋지 않을 경우 부비동으로 공기가 드나드는 데 방해를 받게 될 수도 있습니다. 결과적으로 점액에 막혀 발생한 흡입 효과로 인해 표면의 모세혈관이 터지고 혈액이 부비동(보통 전두동) 안으로 들어가게 됩니다. 다이버는 이마나 광대뼈에 찌르는 듯한 통증을 느낄 뿐만 아니라 마스크 안에 밝은 적색의 피를 확인하고 문제를 인식하게 됩니다. 이것은 심각해 보이지만 다이빙 시도를 중단하고 적절한 항염증제, 점액 용해제, 코 점막 충혈 완화 치료를 받는다면 위험하지 않습니다.

만약 부비동의 자가 압력 평형에 지속적인 어려움이 있는 경우 비중격의 편차, 비갑개 점막 비대, 거대 부비동 용종증 등으로 인해 부비동과 비강 사이에 자연스러운 연결을 방해하는 기타 해부학적 변화와 같은 문제가 있을 수 있습니다. 이 경우 문제에 대한 최종 해결책은 수술(비중격-비갑개 성형술)입니다.

치아 기압성 외상

치아 기압성 외상에 대해서도 간략히 언급할 필요가 있습니다. 이러한 유형의 문제는 잘못된 치아 충전물이나 다른 유형의 부적절한 치과 치료로 인해 치아와 충전물 사이에 약간의 공기가 스며들었을 때 발생합니다. 만약 이런 일이 발생한다면 다이빙 중 영향을 받는 치아에 강한 통증을 유발하거나 심한 경우 부러질 수도 있습니다.

예방을 위해서는 제대로 된 치과 치료를 받아야 하며, 치료를 받은 직후(최소 48시간)에는 다이빙을 자제해야 합니다.

문제가 발생하면 해결책은 치과로 빨리 달려가는 것입니다.

마스크 압착

'마스크 압착'에 대해 설명하며 이 기압성 외상 단락을 마무리하겠습니다. 이 용어는 마스크 이퀄라이징 실패로 인한 안구 외상을 의미합니다.

임상적으로는 안구 결막과 눈꺼풀 피부를 흐르는 모세혈관이 파열되어 결막하 출혈 및/또는 눈꺼풀 출혈이 나타납니다.

예방 방법은 가능한 내부 부피가 작은 마스크를 사용하는 것을 기반으로 하며, 무엇보다도 마스크 역시 공기로 가득 차있으므로 중이 압력 평형 전에 코로 조금의 공기를 불어 넣어 마스크 압력 평형을 맞춰야 한다는 것을 기억하는 것이 중요합니다. 마스크 압착 발생 시 치료 방법은 우선 며칠 동안 다이빙을 삼가고, 유출된 혈액 흡수를 촉진하는 안약을 사용하는 것을 기반으로 합니다. 피가 저절로 사라지는데 며칠이 걸릴 수도 있습니다.

5.2.2 최종 권장 사항

지금까지 저는 다소 알려진 주제들에 대해 이야기해 왔으며, 이는 어떤 다이빙 교재나 출판물에서도 찾을 수 있는 주제들입니다.

이제 저는 이비인후과 전문 의사이자 외과 의사, 압네아 아카데미 강사, 바다를 사랑하고 다이빙 전반, 특히 프리다이빙과 이 멋진 스포츠의 모든 다양한 측면에 열정을 가진 스테파노 코레알레 박사로서 개인적인 의견을 이야기하고자 합니다.

2000년에 압네아 아카데미 강사 과정에서 내 모험을 시작했을 때, 나는 움베르토에 의해 강사 후보생으로서 귀와 이퀄라이징에 대해 발표하도록 초대받았습니다. 그때 저는 완수해야 할 '임무'가 있다는 것을 깨달았습니다. 이퀄라이징이라는 어두운 주제에 대해 조금이나마 빛을 비추는 것이었습니다. 이퀄라이징은 많은 다이버에게 종종 문제가 되고, 이로 인해 다이버가 되기를 열망하는 많은 사람의 꿈이 산산조각나기도 합니다. 저는 운이 좋게도 움베르토와 다른 훌륭한 프리다이버들의 도움으로 프리다이빙을 할 때만 느낄 수 있는, 그리고 육지에서는 어떤 테스트나 검사로도 재현할 수 없는 특별한 감각을 느끼고 경험할 수 있는 기회를 가졌습니다.

육상 보행자인 우리 인간은 어머니의 자궁 안에서 바닷물과 매우 유사한 액체 환경에서 태어났지만, 깊은 물속을 들어가도록 만들어지지 않았습니다. 수백만 년 동안 수중 환경에 적응할 수 있었던 고래류나 물개 등 다른 해양 포유류와 달리, 인간이 다이빙을 본격적으로 시작하게 된 것은 불과 수십 년 전으로 아직 구조적으로도 적합하게 만들어지지 않은 상태입니다. 따라서 기본적으로 우리가 깊은 바닷속으로 다이빙하는 것은 물리적으로 적대적인 환경이며 피해야 할 함정으로 가득 차있다는 것을 알고 있어야 하며, 이는 특정 규칙을 준수해야 한다는 것을 의미합니다.

제가 가장 중요하게 생각하는 규칙이자 훌륭한 프리다이버의 첫 번째 계명은 절대 강제로 이퀄라이징을 하지 말아야 한다는 것입니다.

이 규칙에 예외를 두면 사고로 이어질 수 있으며, 이 사고는 귀에만 해당하는 것이 아닙니다.

자연은 우리에게 귀를 다치지 않고 잠수할 수 있는 유스타키오관이라는 기관을 부여했습니다. 물론 인간이 물속에 들어가길 원할 것이라고 예상해서 그렇게 한 것은 아닙니다.

우리는 이 구조가 주변 공기의 최소 기압 변화를 보상하기 위해 설계되었으며, 하루에도 수십 번씩 단 몇 미터의 다이빙에서 발생하는 급격한 기압 상승을 보정하도록 설계된 것이 아니라는 사실을 알고 있어야 합니다.

'인류의 일부', 아마도 운이 좋거나 평균보다 더 훈련된 일부가 다른 사람보다 수심에 더 쉽게 적응할 수 있다는 사실이 모두가 그렇게 할 수 있다는 것을 의미하지는 않습니다. 우리 모두가 같은 방식으로 만들어진 것은 아니기 때문입니다.

기압성 외상 사고를 예방하기 위한 기본 규칙은, 이미 수없이 반복해서 말하지만 자신의 한계를 절대로 강요하지 않고 압력 평형이 안 된다고 느껴지는 첫 징후에서 멈추는 것입니다. 한 사람의 한계는 시기에 따라 달라질 수 있을 뿐만 아니라 같은 날이라도 얕은 수심에서 스피어피싱이나 프리다이빙을 몇 시간 한 후에도 달라질 수 있습니다.

이 기본 규칙을 어기지 않고도 유스타키오관의 기능을 촉진하거나 반대로 방해할 수 있는 다양한 조건과 상황이 발생할 수 있으며, 이로 인해 이퀄라이징에 직접적인 영향을 받을 수 있습니다.

언제, 얼마나 더 내려가야 할지, 언제 멈추고 포기해야 할지를 결정하는 것은 우리의 느낌과 경험에 달려 있습니다.

포기할 줄 아는 능력! 이것은 또 다른 훌륭한 미덕입니다. 사냥감이나 목표 수심이 불과 몇 미터밖에 남지 않았을 때도 계속하는 것이 위험할 수 있다는 것을 깨달았을 때 포기할 수 있어야 합니다.

압력 평형을 방해하여 기압성 외상 사고의 위험을 증가시키는 여러 유형의 상황 중에는 호흡기 염증, 비염, 부비동염, 중이염 등이 있으며, 항염증제, 점액 용해제, 비충혈 제거제 및 충분한 휴식으로 적절히 치료해야 합니다.

특히 부비동의 압력 평형에 어려움을 겪는 경우 비중격만곡증, 비갑개 비대 및 기타 부비동 구조의 형태학적 이상과 같은 특정 코 해부학적 이상이 중요한 역할을 하는 경우도 있습니다. 부비동의 적절한 환기와 여기서 생성된 점액 분비물의 적절한 배수를 방해하는 이러한 상태는 부비동 압력 평형을 어렵게 만듭니다. 이러한 경우 이미 말했듯이 부비동의 적절한 환기를 회복하기 위한 수술을 통해서만 문제를 해결할 수 있습니다. 그러나 이러한 유형의 경우는 매우 드뭅니다.

일반적으로 이퀄라이징 중 문제와 어려움은 일시적인 조건으로 인해 발생합니다. 우선 이것은 **기술과 훈련의 문제**입니다. 사실 이퀄라이징 문제는 다이버가 경험이 없는 초보 다이버일 때 훨씬 더 자주 발생합니다. 경험과 기술이 쌓이면 실제로 어려움과 문제는 사라집니다. 따라서 육지와 다이빙 모두에서 이퀄라이징에 직·간접적으로 관여하는 근육의 사용을 훈련하고 연습하는 것이 중요합니다.

이 교재의 연습은 그 목적을 위해 사용될 수 있습니다. 이들은 비인두-유스타키오 관 영역의 구조를 강화하고 조화롭게 하며, 동시에 인식과 능력을 키워 최대한의 잠재력을 발휘할 수 있게 하는 것을 목표로 합니다.

이러한 연습을 매일 하면 모든 사람이 자신의 능력에 따라 자신에게 가장 적합한 이퀄라이징 기술을 찾고 연습할 수 있을 뿐만 아니라 귀 문제의 발생을 예방하는 데에도 도움이 됩니다.

5.3 영양 및 프리다이빙

이 장에서는 니콜라 스폰피엘로Nicola Sponsiello가 영양에 관한 주제를 전적으로 다루고 있습니다. 영양사이자 영양학자인 니콜라는 프리다이버이자 스피어피셔, 압네아 아카데미 강사, 수년간 압네아 아카데미의 부회장을 역임했습니다.

그는 다양한 스포츠 분야에서 최고 수준의 선수들을 지도합니다.

프리다이버나 스피어피셔가 무엇을 먹어야 하는지, 특정 상황에서 영양적 관점에서 어떻게 행동해야 할지, 어떤 영양 규칙을 따라야 할지에 대해 의문을 가진다면 니콜라만큼 포괄적이고 효과적이며 완전한 답변을 줄 수 있는 사람은 없을 것입니다. 이것이 바로 제가 영양에 관한 다음 단락들을 그에게 맡기기로 결정한 이유입니다.

영양학은 특히 복잡한 분야로 생화학과 생물학을 기반으로 개발되었습니다. 그것은 의학으로 표현되고 심리학 및 문화와 혼합됩니다. 이렇게 다학제적인 의학 '예술'은 매우 드뭅니다.

따라서 이 섹션의 목적은 프리다이버가 최상의 프리다이빙 활동을 추구하기 위해 적절한 음식을 선택하는 데 필요한 영양의 기초를 제공하는 것입니다.

5.3.1 영양의 기초

요약하자면, 음식은 **에너지와 구조**라는 두 가지 목표를 달성할 수 있습니다. 사실 이러한 단순화에는 많은 예외, 교차점 및 회색 영역을 고려해야 합니다. 그러나 우리는 이 기본적인 구분을 통해 영양의 복잡한 세계에 접근할 수 있습니다.

운동을 하는 사람은 주로 세 가지 요소와 관련된 욕구가 있습니다.

- 에너지의 양
- 적절한 영양소
- 신체 활동 시간

스포츠 영양학은 이 세 가지 요소를 기반으로 하며, 개인의 필요에 따라 적절한 식단을 구성하기 위해 존중돼야 합니다.

영양 과학은 에너지적인 측면과 적절한 음식 및 적절한 시간의 상호 작용을 다룹니다. 즉, 이상적인 영양 섭취 계획은 개인마다 다를 수 있으며, 개인의 특정 상황과 목표에 맞춰 조정되어야 한다는 것입니다. 이는 특히 타협이라는 개념의 상징적인 예입니다.

에너지 수준

우리의 모든 활동은 에너지 소비를 수반한다는 공통점이 있습니다. 하지만 같은 활동을 하는 두 사람의 에너지 소비량이 다를 수 있다는 점을 고려하면 문제는 매우 복잡해집니다. 중거리 달리기 선수의 평균 속도(능력에 따라 다름)로 1km를 달리면 앉아서 생활하는 사람보다 훨씬 적은 에너지가 소모됩니다.

훈련받았다는 것은 단순히 움직임을 수행할 수 있다는 것뿐만이 아니라, 필요한 에너지를 생화학적으로 찾아내고, 활용하며, 최적화할 수 있다는 것을 의미합니다. 에너지 소비에 영향을 미치는 추가적인 요소는 다음과 같습니다.

- 영양 상태(공복 여부)
- 환경(더운지 추운지)
- 정신 상태(긴장 또는 이완)
- 특정 활동에 대한 구체적인 훈련 상태(위에서 언급한 예시 참조)

영양소

영양소는 일반적으로 다량 영양소와 미량 영양소의 두 가지 주요 그룹으로 나눕니다.

다량 영양소
- 물
- 탄수화물
- 단백질
- 지방
- 미량 영양소
- 비타민
- 전해질(미네랄 및 금속)

이들 중 일부는 빠르게 사용 및 대사되고 과다 복용의 경우를 제외하고는 체내에 저장되지 않기 때문에 식단에 자주 그리고 풍부하게 포함시켜야 합니다.

그러나 다른 영양소는 체내에 효과적으로 유지되고 저장되기 때문에 아주 적은 양으로도 충분합니다.

진정으로 결핍이 발생하려면 신체는 한동안 그 영양소 없이 지내야 합니다.

결론적으로 우리가 가장 많이 사용하고 배출하는 것들은 자주 소량으로 섭취해야 하고, 우리가 재사용할 수 있거나 매우 소량으로 충분한 것들은 아주 작은 용량으로 섭취해야 합니다.

이러한 영양소를 조화롭게 사용하는 것은 영양 과학의 기초 중 하나지만 당연하게 여겨질 것이 아닙니다.

고려해야 할 두 가지 주요 변수는 다음과 같습니다.

- 음식의 실제 영양 성분
- 특정 화학 물질을 흡수하는 각 개인의 실제 능력

사용 시간

소화 및 흡수에 걸리는 시간은 영양소의 또 다른 기본 특성입니다. 이 특성을 알면 계획된 활동에 따라 무엇을 먹을지 선택하는 데 많은 도움이 됩니다.

예를 들어 단당류는 사용 준비가 완료되는 데 몇 분이 걸리지만, 다당류는 몇 시간(평균 약 3시간)이 걸릴 수 있습니다.

단백질은 더 긴 평균 시간을 가지고 있으며, 많은 변수에 따라 2시간에서 6시간까지 걸립니다.

지방(또는 지질)이 실제로 활용되기 시작하는 데는 더 오랜 시간이 필요합니다. 이는 최소 3시간에서 최대 12시간 사이이며, 평균적으로는 대략 9시간 정도 소요됩니다.

따라서 어떤 종류의 신체 활동에 참여하기 직전이나 신체 활동 중에는 에너지 흡수가 느린 음식을 통해 에너지 흡수를 기대할 수 없기 때문에 비교적 빠른 소화 시간을 가진 음식을 섭취해야 합니다.

생체이용률

특정 식품의 특정 영양소 함량이 실제로 체내로 전달되는 것은 그다지 명확하지 않습니다. 즉, 식품이 어떤 물질을 포함하고 있다고 해서 그 식품을 섭취했을 때 그 특정 물질이 그대로 흡수될 것이라는 보장은 전혀 없습니다. 여기에는 특정 영양소를 흡수하는 인체의 성향과 개인의 다양한 조건을 포함하여 많은 변수가 있습니다.

철분은 이 복잡한 메커니즘을 더 잘 이해하는 데 유용한 예가 될 수 있습니다. 시금치와 같은 채소에 포함된 철분은 약 1.2%가 흡수됩니다. 반면 고기(또는 생선)에서 나온 철분의 약 10%가 흡수됩니다. 이는 우리 몸에 충분한 철분을 공급하기 위해 순수하게 채소에만 의존할 수 없음을 분명히 합니다.

이것은 단지 한 가지 예일 뿐이지만, 이러한 실질적인 차이를 가진 많은 식품이 있습니다. 이는 정확한 다양성을 포함하는 식단의 중요성을 더욱 확인시켜 줍니다.

혈당 지수

이 특성은 최근 많은 관심을 받고 있습니다.

모든 식품에서 이 내재 가치를 측정하는 공식이 있습니다(부록 1 참조). 이 개념은 식품마다 흡수 경향이 있다는 것입니다(부록 2 참조).

우리는 음식에 포함된 영양소를 항상 같은 양으로 흡수하지는 않습니다. 또한 한 가지 영양소만 섭취하는 경우는 드물며, 우리의 식사는 다양한 식품으로 구성된다는 점을 고려해야 합니다.

식품 조합은 흡수되는 물질의 실제 비율을 결정하는 데 도움이 됩니다. 이에 특히 주의를 기울이는 것이 현대 식단의 진정한 혁신입니다. 이를 알면 소화 및 흡수 과정을 조절하여 최대 효율을 발휘하거나 속도를 늦추고 줄일 수 있습니다.

육체적인 활동을 하기 전에는 빠르게 흡수되는 음식이 필요하다는 것이 분명합니다(단, 너무 빠르지는 않게). 운동 후에는 긴 회복 시간을 고려해 흡수가 느린 음식을 섭취하는 것이 좋습니다.

하지만 이것만으로 식단을 구성할 수는 없습니다. 이미 언급된 식품 조합으로 인한 변수(쉽게 제어할 수 있음)에 개인 및 연대적 변수, 활동 유형 및 운동 시간이 추가됩니다. 저는 이 주제를 과학적인 방법으로 접근(시간과 좋은 생화학적 기초 지식이 필요함)하거나 '유행'이 아니라 진지하고 권위 있는 조언을 따를 필요성을 이해하기 위해 필요한 정보를 습득하는 대안을 선택하도록 재차 강조할 것입니다.

수분 공급

수분 섭취는 적절한 양의 물을 마시는 것의 중요성을 고려할 때 언급해야 할 주제입니다. 이 경우 정해진 규칙이 있을 수 없으며, 가장 현명한 조언은 하루 종일 꾸준히 물을 조금씩 마시는 것입니다. 기후, 신체 활동, 식단 등을 고려할 때 하루 1L 미만의 물은 너무 적은 양일 가능성이 크며, 이보다 훨씬 더 많은 양의 물을 섭취할 수도 있습니다.

우리 몸의 수분 섭취량을 파악하는 간단하지만, 상당히 효과적인 방법은 소변의 색을 확인하는 것입니다. 소변이 맑으면 수분을 충분히 섭취하고 있을 가능성이 큽니다. 마지막으로 짚고 넘어가야 할 것은 선택해야 할 음료의 종류입니다. 운동할 때를 제외하고는 일반적으로 물보다 더 좋은 것은 없으며, 나머지는 대부분 쓸모가 없거나 심지어 몸에 해롭습니다.

5.3.2 운동 중 영양 섭취의 기본

이제 운동을 준비할 때 식단에 특별한 주의를 기울일 필요기 있다는 것이 분명해졌습니다.

스포츠 활동을 하는 동안 혈당(당화혈색소) 수치가 65mg/100mL 이하로 떨어지지 않도록 하는 것이 매우 중요합니다. 일반적으로 이런 일이 발생하면 운동 능력이 떨어집니다. 이것은 보통 상황에서 큰 문제를 일으키지 않지만, 집중력과 효율성이 감소하는 것은 프리다이버에게 매우 위험할 수 있습니다. 즉, 섭취한 음식을 거의 완전히 소화시킨 상태로 '물속에 들어가야' 하고(어떤 음식을 먹는 것이 가장 좋은지는 나중에 설명하겠습니다), 프리다이빙을 진행하는 시간 동안 계속해서 소량의 음식을 먹어야 합니다(이에 대해서는 나중에 논의할 것입니다).

모든 유형의 스포츠는 신체에 무리를 줍니다. 즉, 휴식 시간에는 운동 중에 손상된 부분을 재건하고 균형을 잡고 회복해야 합니다. 따라서 피곤할 때 다음 식사는 매우 중요합니다. 다음 스포츠 세션이 가까워질수록 그 구성은 훨씬 더 신중하게 선택해야 합니다.

다양한 유형의 스포츠는 여러 가지 이유로 모두 매우 유사합니다. 물론 차이가 있기는 하지만 그것은 영양학 수준에서 크게 중요하지 않습니다. 최근 몇 년 동안 여러 연구자들은 상당한 노력을 기울인 끝에 체중 1kg당 약 0.3g의 단백질을 섭취하는 것이 가장 빠르고 적절한 회복을 촉진하는 데 충분한 양이라는 것을 확인했습니다.

지방은 소화 및 흡수 속도가 느리기 때문에 운동 전에는 피해야 합니다. 하지만 '좋은' 식단을 구성할 때 지방이 포함되기 때문에 우리가 먹는 거의 모든 음식에 지방이 들어있는 것은 합리적입니다. 주의할 것은 특히 풍부한 지방을 포함하거나 지방으로만 구성된 음식들입니다. 이러한 음식은 운동 후 몇 시간이 지난 후 섭취하세요. 지방이 풍부한 음식의 칼로리 잠재력은 흥미롭습니다. 예를 들어 장시간 운동을 앞두고 있고(예: 하루 종일 프리다이빙을 하는 경우), 에너지를 미리 축적하고자 한다면 호두, 아몬드, 땅콩 같은 식품들이 제공하는 풍부한 영양소와 높은 칼로리는 매력적일 수 있습니다. 이런 식품들은 소화가 오래 걸리기 때문에 운동을 시작하기 전에 섭취한다면 휴식을 취할 때까지 몸에서 소화되지 않고 남아있게 됩니다.

극단적인 메시지에 현혹되지 않도록 주의하세요. 과도한 단백질 섭취나 반대로 엄격한 단백질 제한에 대한 진정한 근거는 없습니다. 운동 전, 중, 후 식사를 신중하게 계획하고 조절하는 것만으로도 이미 식단에서 큰 이득을 볼 수 있습니다. 이 과정을 우리가 성공적으로 수행할 수 있다면 이미 목표의 절반을 달성한 셈입니다.

다음 단락에서는 프리다이빙이 다른 스포츠와 생리적으로 매우 다르지만 비슷한 영양학적 조치가 필요한 이유를 설명하겠습니다. 그렇다고 해도 이 단락에서 소개한 정보는 여전히 유효합니다.

신체가 매우 짧은 시간에 혈류를 가장 필요한 곳으로 돌리는 놀라운 능력은, 만약 어떤 곳에 혈액이 필요하기 때문에 다른 부위의 혈액 순환량이 감소하면 해당 부위의 기능이 중단된다는 것을 의미합니다. 이 특별한 경우 소화관에 소화 및 흡수에 필요한 혈액이 부족하면 소화관에 포함된 물질은 그대로 남아 운동, 분비물 및 영양 수송 활동이 재개될 때까지 그대로 남아있게 됩니다.

따라서 격렬한 달리기나 사이클링을 할 때 음식이 어떻게 흡수되는지 궁금해 하는 것은 당연합니다. 실제로 흡수는 개인의 차이에 따라 대략 최대 산소섭취량(VO₂max)의 70%까지 가능하지만, 항상 일정하지는 않습니다. 운동의 강도가 바뀌거나 신체가 스스로 설정한 근육의 효율성이 조금 감소함에 따라 혈액순환이 간헐적으로 이루어지기 때문입니다. 이는 장기간의 운동을 할 때, 최대한 노력한 결과로 발생하는 일련의 허혈(혈액 공급 부족) 상태와 그사이에 정기적으로 발생하는 짧은 혈류 상태가 번갈아 나타난다는 것을 의미합니다.

프리다이빙은 본질적으로 간헐적인 운동이기 때문에 이러한 연속적인 이벤트에 적응해야 합니다. 중요한 것은 단시간에 혈류로 전달될 수 있는 음식을 섭취하는 것입니다. 탄수화물, 단쇄 단당류 또는 다당류와 같은 몇 가지 식품이 있습니다(부록 4 참조). 이 정보는 나중에 다른 분야에 대한 단락에서 실제 음식으로 바꿔서 다시 설명할 것입니다.

5.3.3 프리다이빙 중 신진대사

이 분야의 지식에는 아직 많은 미지의 측면이 있습니다. 이를 이해하는 데는 엄청난 어려움이 있지만, 지금까지 알려진 내용만으로도 일반적인 지침을 제공하기에 충분하며, 이용 가능한 과학적 정보를 과도하게 세부적으로 분석하지 않아도 됩니다. 아래에 내용은 프리다이버이자 프리다이빙 의사로서 수년간 축적한 정보와 개인적인 경험을 조합한 내용입니다.

스태틱(STA) 신진대사

스태틱 종목은 신진대사의 관점에서 매우 흥미롭습니다. 우리는 움직이지 않고 근육이 가능한 한 적게 수축하도록 하며 가장 완전한 정신적 이완 상태를 찾고 있지만, 몇 번의 반복 후에 피로를 느끼기 시작합니다. 이것이 모순처럼 보이지 않나요?

일반적인 생리적 관점에서 보면 그렇습니다. 근육은 우리 몸에서 가장 많은 에너지를 사용하는 기관입니다. 강렬하거나 반복적인 근육 수축은 육체적 피로감의 주된 원인입니다. 스태틱 상태에서는 근육을 사용하지 않기 때문에 그에 따른 피로를 정당화하기 어렵습니다. 현재로서는 인정된 이론만 있고 실제 객관적 데이터는 없습니다. 가장 신뢰할 수 있는 이론을 설명하겠습니다.

이 현상의 원인은 거의 전적으로 산소(O_2)와 이산화탄소(CO_2)의 생리적 균형이 깨졌기 때문입니다.

산소는 우리에게 가장 시급하고 지속적으로 '필요한 것'입니다. 우리는 그것의 짧은 부재에 저항할 수 있는 어떠한 생리학적 도구도 가지고 있지 않습니다. 산소 수치가 급격히 떨어지면 스트레스 상태가 유발되고, 이는 육체적 운동의 효과와 매우 유사한 '고통' 상태로 이어지지만 실제로는 몇 가지 공통점만 있습니다. 스태틱 상태에서의 근육 대사를 이해하는 것은 프리다이빙의 생리학을 이해하는 것입니다. 저는 우리 몸의 특정 조직에서 진행되는 저산소증이 병리학적 측면에서도 관찰되는 거의 모든 현상을 설명한다고 확신합니다. 이 부분은 높은 고도에서 활동하는 산악인들에 대한 연구가 큰 도움이 됩니다.

산악인과 프리다이버의 공통점은 사용 가능한 산소의 양이 적다는 것입니다. 그러나 시간과 사용 가능한 산소의 분포가 다르다는 두 가지 기본적인 차이점이 있습니다.

시간: 산악인은 몇 시간, 심지어 며칠 동안 높은 고도에 머물러 있는 반면 프리다이버는 수십 초 동안(하지만 여러 번) 가용 O_2의 감소를 경험합니다.

조직 분포: 산악인은 프리다이버처럼 혈액 이동을 경험하지 않으며(부록 5 참조), 그의

혈액은 필요한 순환에서 벗어나지 않습니다.

그러나 산악인과 프리다이버는 모두 점진적으로 근육의 부피가 줄어드는데, 이는 해당 조직의 낮은 산소 압력(PO_2)으로 인한 것입니다.

눈에 띄는 또 다른 측면은 혈당(혈중 포도당 농도)의 감소입니다. 이 상황은 단 5번의 스태틱 후에 관찰됩니다. 공복 상태와 최근 식사 후 모두 다양한 정도에서 발생했지만, 확실히 이것은 근육의 포도당 소비로 인한 것이 아닙니다. 이유는 아마도 인슐린의 상당한 증가에 있을 가능성이 큽니다. 인슐린은 보통 신체 운동 중에는 변하지 않는 호르몬입니다. 그러나 혈당 수치의 감소는 피로의 정도를 설명하기에는 너무 적습니다. 몇 번의 스태틱 운동 후 찾아오는 피로감은 아마도 카테콜아민(주요 '스트레스 호르몬' 중 하나)의 생성과 관련이 있을 것입니다. 우리 모두는 큰 공포를 느끼거나 격렬한 분노를 느낀 후 기분이 어땠는지 기억할 수 있다고 생각합니다. 이 일시적인 상태는 아드레날린(카테콜아민)이 우리 시스템으로 '통과'하는 신호입니다. 이는 가설에 불과하며, 정확한 피드백은 없습니다.

젖산(또는 젖산염)은 현재 필요한 양에 비해 사용 가능한 산소가 적을 때 근육이 생성하는 물질입니다. 이는 몸에 대체 에너지 기질, 일종의 비상 연료를 제공하기 위해 생성됩니다. 스태틱 상태에서 젖산 농도는 약간만 증가합니다. 이 증가가 근육 활동으로 인한 것이 아니라면 그것은 다른 변수인 산소의 감소에 의해 증가한 것으로 볼 수 있습니다. 즉, 대부분의 근육이 작동하지 않음에도 불구하고 조금이라도 작동하는 근육들은 젖산에서 부분적인 대체 에너지원을 찾을 가능성이 큽니다.

스태틱 상태에서는 최대로 '밀어붙이지' 않는 한, 우리는 좋은 감각(주의 분산, 이완, 느슨함)을 느끼지만 실제 우리 몸은 스트레스를 받고 있으며, 가용한 산소의 감소로 인해 많은 고통을 받고 있습니다.

특정 호르몬의 존재가 항상 같은 효과를 낼 것이라고 생각하는 것은 실수입니다. 기관별로 결과에 큰 영향을 미치는 역조절 시스템이 있습니다.

심박 수 감소(서맥)는 이완된 스태틱 또는 드라이 스태틱 중 경험할 수 있는 모순 중 하나입니다. 스트레스는 일반적으로 심박 수를 증가시키지만 이 경우에는 감소합니다. O_2 및 CO_2, 압력의 점진적인 변화는 심장의 순환 흐름의 변화와 함께 스태틱 상태에서 카테콜아민 분비를 '촉진'할 가능성이 크며, 그 결과 서맥이 나타납니다.

아직 해답을 찾지 못한 질문들과 설명할 수 없는 많은 현상이 있습니다. 하지만 우리는 부분적이고 불완전하지만, 일부 측면을 이해하기 시작했습니다.

다이나믹(DYN) 신진대사

다이나믹 중 발생하는 신진대사도 매우 흥미롭습니다. 스태틱 상태에서 논의한 내용에 몸을 추진하는 데 필요한 움직임과 필요한 근육 수축이 추가됩니다. 특정 목표를 달성하기 위해 피로의 지점을 넘어 산소를 소모하는 움직임이 지속됩니다. 스태틱과 비교해 두드러진 차이는 근육을 많이 사용한다는 것입니다.

몸을 추진하는 데 필요한 수축은 강렬하지 않지만 바이핀을 사용하느냐 모노핀을 사용하느냐에 따라 근육의 사용량에 다소 차이가 있으며, 많은 근육이 작용합니다. 하지만 수축 강도가 강하지 않더라도 2~3분의 지속적인 근육 움직임에 대한 시간적 측면을 잊어서는 안 됩니다. 이 상태를 프리다이빙 세계에서 '투쟁 단계'라고 부르는 이유는 사용 가능한 산소가 점진적으로 감소하기 때문입니다. '힘든' 다이나믹이 지속되면 사용된 근육은 점차 피로를 느끼고 고통을 동반하며 더 이상 움직일 수 없게 됩니다. 이에 대한 연구는 설득력이 있습니다. 젖산이 많이 증가하고 혈당이 떨어집니다. 젖산의 증가는 이해할 수 있고 예측 가능합니다. 이 동 거리에 대한 반응이기 때문에 모든 것이 명확해 보입니다. 혈당 수치의 감소는 순환하는 포도당의 사용으로 해석될 수 있지만, 이 경우 인슐린 분비가 주요 역할을 할 가능성이 매우 큽니다. 사실 혈당 감소를 설명하는 데 충분한 노력을 소비했다고 보기는 어렵습니다. 그러나 다시 한번 말하지만, 다이나믹 경우 스태틱과 동일한 데이터를 사용할 수 없다는 것은 사실입니다. 에너지의 관점에서 볼 때 다이나믹은 의심할 여지없이 가장 어려운 전문 분야이며, 영양 공급의 실수는 심각한 퍼포먼스 저하로 이어질 수 있습니다. 어떤 측면을 관리할 수 있는지 나중에 살펴보겠습니다.

컨스탄트 웨이트(CWT) 신진대사

저는 항상 프리다이빙이 탁 트인 공간과 자연적인 제약을 극복해야 하는 바다의 스포츠라고 믿어왔습니다. 이는 단순히 프리다이빙에 대한 '낭만적인' 시각의 문제가 아니라 생리학적으로도 의미가 있습니다.

기상 조건, 물의 투명도, 수온, 조류, 밝기 등은 내면의 평화 상태 또는 신경 내분비 활성화에 영향을 미쳐 퍼포먼스에 영향을 줄 수 있는 요소입니다. 좋은 프리다이버는 이러한 변수에 영향을 받지 않고 일관된 퍼포먼스를 보여줄 수 있는 사람이라고 할 수 있습니다.

수심이나 우리 몸에 작용하는 압력의 큰 증가는 스태틱 및 다이나믹 종목과 비교해 중요한 특징입니다. 외부 압력의 이 거대하고 빠른 변화는 혈액 이동의 주요 원인이며, 폐 영역으로 혈액이 많이 유입되는 주요 원인입니다.

근육 측면에서 살펴보면 운동의 가장 강렬한 순간은 수면을 출발해 하강을 시작할 때와 바닥에서 몸을 돌려 상승을 시작할 때입니다. 두 경우 모두 추진력이 점차 감소합니다. 착용한 웨이트와 다이빙 전략에 따라 비교적 짧은 시간 후에 피닝을 멈출 수 있습니다. 반대로 상승하여 수면에 가까워지면 추진력을 거의 멈추고 가벼운 피닝을 사용할 수 있습니다.

다이나믹에서 사용되는 근육의 노력에 대한 내용은 컨스탄트 웨이트 다이빙에 전부 적용되지 않습니다. 이 종목에서는 역설적이게도 산소가 현저하게 줄어드는 상승 단계에서 근육 운동이 강화됩니다. 컨스탄트 웨이트 다이빙은 상승 시 하체의 근력을 고려해 신중하게 관리해야 합니다. 에너지 대사는 유산소 상태와 무산소 젖산 상태가 다시 혼합됩니다.

사용할 수 있는 몇 가지 데이터는 우리에게 중요한 통찰을 제공합니다. 이 상황에서도 혈당 수준이 떨어지고, 인슐린과 카테콜라민이 증가합니다. 이 데이터는 압네아 아카데미 연구팀이 '주의 깊게' 수집한 것으로, 몇 차례의 다이빙만으로도 상당한 영향을 미친다는 것을 보여줍니다. 이는 깊이가 깊어질수록 영향이 더 커진다는 것을 의미하며, 이에 대해 확신할 충분한 근거가 있습니다.

프리다이버는 깊이가 깊어질수록 스트레스를 받게 됩니다. 이런 상황에 적응하려면 더 많은 에너지를 쓰게 되고, 회복하는 데에도 많은 시간이 필요합니다.

단 한 번의 최대치 다이빙의 경우 단기간에는 큰 영향이 없지만, 연속으로 여러 번 다이빙을 하면 휴식이 훨씬 더 필요해집니다. 이 모든 것의 원인은 주로 수심의 급격한 변화(또는 압력 변화)에 적응하려는 우리 몸의 반응 때문입니다.

베리어블 웨이트(VWT) 신진대사

생체역학적으로 베리어블 웨이트 다이빙은 정지 상태와 같습니다. 그러나 움직임의 속도를 고려할 때, 깊이에 적응하는 스트레스가 매우 중요해집니다.

5.3.4 프리다이빙 영양학

스태틱 식단

순전히 기계적 관점에서 볼 때 단식은 공복 상태 또는 횡격막의 움직임에 대한 간섭이 적다는 것을 의미합니다. 신진대사의 관점에서 볼 때 단식은 칼로리 절약을 의미합니다. 즉, 일반적으로 프리다이빙에서 공복 상태가 가장 유리하다고 추론할 수 있지만 몇 가지 구분해야 할 점이 있습니다.

이제 스태틱 상태에서도 작지만 약간의 에너지가 필요하다는 것이 분명해졌습니다. 따라서 최소한의 반복(3~5회) 또는 경기(예: 워밍업 및 최대 다이빙)를 스태틱 상태에서 하는 경우, 6~8시간 동안 아무것도 먹지 않고 물만 마시는 금식이 최적의 솔루션입니다. 그러나 훈련이 더 복잡하거나 장시간 지속되는 경우에는 빠른 사용이 가능한 포도당이나 탄수화물을 섭취해야 합니다. 이러한 유형의 작은 식사는 위장의 공간을 거의 차지하지 않으며, 단백질 식사보다 훨씬 적은 가벼운 신진대사 활성화를 수반합니다(부록 6 참조). 곡물에서 추출한 탄수화물(부록 7 참조)을 가능한 한 적게 가공(조미료나 효모와 혼합하지 않음)한 소량의 식사가 이상적일 수 있습니다. 일반적으로 삶은 쌀밥이 가장 좋으며, 쌀을 삶거나 부풀려서 만든 시리얼 케이크나 이스트를 넣지 않은 제빵 제품도 좋습니다.

말토덱스트린_{maltodextrins}이나 비타르고_{Vitargo®}와 같은 보충제를 소량 섭취하는 것도 훌륭한 해결책이 될 수 있습니다. 많은 횟수의 스태틱 훈련을 할 때는 지속적으로 물을 마시는 것도 중요합니다. 탈수증은 스태틱에서도 발생할 수 있습니다.

다이나믹 식단

다이나믹 종목은 모든 프리다이빙 종목 중에서 가장 '체력적'인 운동이며, 따라서 다른 일반적은 운동과 똑같이 다뤄야 합니다. 근육에 탄수화물(글리코겐)이 충분히 저장되어 있어야 하고, 전반적인 영양 상태가 최적이어야 합니다. 즉, 훈련 시간 동안 필요한 양의 탄수화물을 이미 소화한 상태로 물속에 들어가야 합니다.

경기 전날에는 일반적으로 파스타, 쌀, 시리얼 유제품을 중심으로 조심스럽게 식사를 하고, 경기 3시간 전에는 같은 종류의 음식을 다시 섭취하는 것이 좋습니다.

훈련 중에 많은 반복을 하거나 연속 수영을 할 경우, 전날 주의를 기울여 식사를 해야 합니다. 또한 훈련 전 식사(약 3시간 전)는 조금 더 많은 양의 동일한 유형의 음식이 포함한 식단을 섭취합니다.

훈련이 한 시간 반 정도 지속될 경우, 세션 중에 식사를 할 필요는 없습니다. 하지만 소모된 된 물과 염분을 보충하는 것이 매우 중요합니다. 이를 위해 스포츠 음료를 섭취하는 것이 좋습니다. 스포츠 음료에는 설탕-미네랄 농도가 잘 조화되어 있으며, 올바른 농도가 빠른 흡수와 사용을 위해 중요합니다. 경우에 따라 스포츠 음료에 포함된 약간의 신맛이 불편함을 줄 수 있습니다. 이런 경우에는 미네랄 함량이 낮은 물이 아닌 소금(미네랄)이 함유된 물을 마시는 것이 좋습니다.

젖산 증가와 노력의 유형은 특정 보충제를 사용하면 도움이 될 수 있습니다. 물론 보충제가 운동 능력을 향상시키지는 못하지만 운동 능력을 최적화할 수는 있습니다. 따라서 보충제의 사용은 특히 강렬하고 반복적이며 장기간의 노력이 필요한 경우에 적합합니다. 긍정적인 효과가 있을 수 있는 보충제로는 크레아틴과 베타-알라닌이 있습니다.

크레아틴 보충제는 크레아틴의 근육 저장량을 포화시키는 데 도움이 될 수 있습니다. 이를 통해 젖산 운동에서 특정 에너지원을 사용할 수 있습니다.

이러한 유형의 운동을 수행할 때 우리는 더 많은 크레아틴-인산염 농도를 사용하기 때문에 시스템에 크레아틴이 많이 있으면 큰 이점이 될 수 있습니다.

베타알라닌은 카르노신으로 변하는 경향이 있습니다. 카르노신은 강렬한 근육 운동 중에 발생하는 세포 내 산도 증가에 대항하는 강력한 '완충제'입니다. 이러한 산도 증가의 원인은 젖산이 아니라 수소 이온($H+$이온)이 원인이라는 점을 알아야 합니다. 이러한 사실을 알고 대응하는 것은 최적의 퍼포먼스에 큰 도움이 되며, 베타-알라닌은 이 부분에서 큰 잠재력을 가지고 있습니다. 섭취량을 정확히 지정하는 것은 불가능합니다. 왜냐하면, 프리다이버마다 각자의 상황이 다르기 때문입니다. 하지만 이 두 물질에 의해 발생한 피해 사례가 없다는 것을 기억하시기 바랍니다.

컨스탄트 웨이트 식단

깊은 수심에서 컨스탄트 웨이트 종목을 훈련하는 것은 상당히 힘든 일입니다. 하지만 깊은 수심 다이빙을 여러 번 반복하는 경우는 드뭅니다. 만약 그런 경우라면 훈련 중 에너지는 거의 필요하지 않으며, 모든 에너지는 훈련 전 식사에서 얻어집니다.

의심할 여지 없이 다이나믹과 동일한 원칙이 적용됩니다. 사전에 섭취한 탄수화물이 필요한 에너지를 충족시킵니다. 수심에 의해 유발된 이뇨작용은 점진적인 탈수를 초래하지만, 훈련 세션이 길지 않다면(3~6번의 다이빙) 아무것도 필요하지 않습니다. 하지만 운동 후 대처하는 것이 중요하다고 생각합니다. 앞서 언급했듯이 일반적으로 프리다이빙, 특히 컨스탄트 웨이트 훈련은 단백질 수치를 감소시킵니다. 운동(어떤 종류든) 후에는 영양소 흡수가 최적이고 매우 효과적인 일시적인 단계가 만들어집니다. 이 기간은 약 2시간 동안 지속됩니다. 이 시간 동안 혼합된 식사(탄수화물과 단백질)를 하는 것이 보상 역할을 하며 매우 도움이 됩니다. 많은 음식이 필요하지 않습니다. 몇 번의 다이빙에서 사용되는 칼로리는 적다는 것을 다시 강조합니다. 식사의 양보다 구성이 중요합니다.

스피어피싱을 위한 지침

생리적, 대사적 관점에서 볼 때 스피어피싱은 장시간 빠른 속도로 다이빙을 반복하는 것을 의미합니다. 정확한 수심도 없고, 정해진 프리다이빙 시간도 없습니다. 실제로 수심이 얕을수록, 다이빙 시간이 짧을수록, 횟수가 많을수록 물속에서 머무는 시간이 길어지고 무언가를 잡을 수 있는 기회가 커집니다. 그래서 여기서 새로운 요소로서 '리듬'의 개념이 추가됩니다. 지금까지는 다이빙 횟수가 상대적으로 적었고, '최고의' 다이빙하기 위해 그사이에 긴 휴식이 있었습니다. 스피어피싱을 하는 동안에는 활동 자체에 대한 적응이 필요합니다. 우리가 가장 중요하게 생각하는 안전 규칙을 준수하고 필요한 회복 시간을 가지면서 물속에서 보내는 시간이 수면 위의 시간보다 더 길어지게 만들 수 있는(물고기를 잡기 위한) 외부 자극에 반응하게 됩니다. 에너지 소비와 스트레스 적응력이 매우 높아집니다. 지금까지 이 주제에 대해 세계 어디에서도 발표된 것이 없습니다. 제 임의적 주장은 단편적인 데이터의 추론과 개인적으로 공유된 수년간의 경험에 기반한 것입니다. 그러므로 앞서 언급된 내용을 고려하고 3시간, 5시간 또는 8시간 동안 스피어피싱을 할 때 이에 대해 생각해 보시기 바랍니다. 반복적인 다이빙, 수면 위에서의 움직임, 특정 목표물에 도달하기 위한 빠른 하강과 '죽은 잎(편안하고 움직이지 않음)'처럼 조용한 하강 등이 뒤섞여 있습니다. 바위 뒤에서 의심스러운 움직임이 있을 수도 있기 때문에 회복은 시간 낭비처럼 보입니다. 스피어피싱 분야에서 더 많은 사고와 더 높은 위험이 있으며, 대부분이 영양 상태와 밀접한 관련이 있다는 것은 우연이 아닙니다.

탈수증은 스피어피싱이나 프리다이빙 활동에서 발생하는 주요 문제 중 하나이며, 이는 통계적으로도 입증된 사실입니다.

스피어피셔들은 여러 가지 이유로 몇 시간 동안 물을 마시는 것을 잊습니다. 주된 이유는 이뇨 증가를 유발하는 호르몬(나트륨 배출 펩타이드)에 의해 갈증이 억제되기 때문이라고 생각합니다. 다른 이유로는 수분 보충에 대한 계획이 충분하지 않은 것이 있습니다. 물을 가지고 오는 사람이 없거나 가져오더라도 물 밖에 두고 바다로 나가 마실 수 없게 됩니다. 또는 '사냥의 스릴' 때문에 마시는 것을 미루기도 합니다.

그래서 많은 스피어피셔들이 물을 거의 마시지 않거나 전혀 마시지 않습니다. 그 결과 피로가 증가하고 수행 능력이 저하되며, 특히 사고 위험이 증가합니다.

탈수증은 프리다이빙에서 가장 큰 재난의 원인 중 하나입니다.

그렇다면 무엇을 마셔야 할까요? 스포츠 음료는 프리다이빙에 적합한 음료입니다. 이 음료는 모든 프리다이버의 필요에 완벽하게 맞는 나트륨과 설탕을 혼합하고 있습니다. 얼마나 마셔야 할까요? 모든 수분 손실을 보상할 만큼 충분히 마시는 것은 불가능하지만, 손실된 수분의 절반을 보충하는 것만으로도 좋습니다. 이해하기 쉬운 방법은 스피어피싱 전후에 몸무게를 재는 것입니다.

스피어피싱 후 시작 체중의 2% 미만으로 감소했다면 잘한 것입니다. 하지만 너무 많이 마시는 것도 좋지 않습니다. 매시간 한 잔의 물을 마시는 것이 좋은 기준이 됩니다. 처음 소변을 본 후 배출되는 소변은 거의 물과 나트륨뿐이므로 이러한 성분을 다시 체내로 흡수시키는 것이 중요합니다.

또 다른 측면은 탄수화물 영양 상태입니다. 일부 탄수화물은 운동 능력과 집중력을 떨어뜨리고 사고와 감염 위험을 증가시키는 호르몬 분비의 시작에 관여합니다. 수분 보충에 대해 설명한 것과 동일한 논리를 적용할 수 있습니다. 즉, 먹을 필요성을 느끼지 못하고 생각조차 하지 않을 수도 있지만, 잠수복을 벗는 것만으로도 엄청나게 피곤해지는 순간이 올 것입니다. 탄수화물을 중심으로 위에서 설명한 식사를 미리 계획하고 세션 중에 다른 탄수화물을 조금씩 물 반 모금과 함께 섭취하도록 주의하세요. 소량만 섭취하면 더 빠른 소화가 가능하기 때문입니다. 이러한 조치는 더 길고 안전한 퍼포먼스를 발휘하는 데 도움이 됩니다. 탄수화물 자체를 섭취하는 것이 중요하며, 어떤 탄수화물을 선택하느냐는 그다지 중요하지 않습니다.

과일은 주로 수분과 섬유질로 구성되어 있기 때문에 과일에 대해서는 언급하지 않았습니다. 물은 괜찮지만 섬유질은 좋지 않습니다. 그것은 불필요한 공간을 차지하고 필요한 영양소의 흡수를 방해하고 늦춥니다. 적어도 한 시간 동안 휴식을 취하는 경우나 스피어피싱을 끝낸 후 과일을 먹는 것이 좋습니다. 다이빙을 마친 후 풍부하고 만족스러운 식사는 탄수화물, 지방, 단백질로 구성되어야 하며, 이는 클래식 이탈리아 식사의 첫 번째 요리와 두 번째 요리로 구성됩니다. 풍부한 양의 채소(비타민과 미네랄)도 필수적입니다. 아마도 그날 잡은 물고기 중 하나가 식사의 하이라이트가 될 수 있습니다. 탄수화물보다 단백질이 우선시되어야 하며, 평균량의 탄수화물로 구성된 첫 번째 코스에 이어 단백질과 충분한 채소로 구성된 두 번째 코스가 이어져야 합니다.

제가 스피어피셔를 위해 제안하고 싶은 몇 가지 추가 사항이 있습니다. 소금과 설탕이 힘유된 음료(이미 설명한 바 있음), 말토덱스트린(분말, 젤 또는 바 형태), 그리고 매우 힘든 긴 다이빙을 마친 날에는 회복을 촉진하고 면역 방어력을 강하게 유지할 수 있는 지방산 아미노산(특히 류신)과 글루타민을 섭취하세요.

식단에 대한 조언 외에도 잠을 잘 자는 것은 회복 촉진에 매우 중요하며, 이를 소홀히 하면 문제를 일으킬 수 있다는 점을 기억하세요.

먹고 싶은 것을 마음대로 먹을 수도 없고, 먹어서도 안 됩니다. (프리다이빙에서도) 운동량이 많을수록 지식, 인식 및 이성에 따라 행동해야 합니다. 일요일에 스피어피싱을 하고 그다음 주 내내 도시에서 시간을 보낸다면 충분한 회복 시간을 가질 수 있습니다. 하지만 하루 만에 다시 스피어피싱을 한다면 위험을 줄이고 퍼포먼스를 높이기 위해 앞서 언급한 간단한 지침들을 신중하게 따라야 합니다.

부록

부록 1

혈당 지수(GI)는 다음 분수에 100을 곱한 결과입니다.

$$GI = \frac{\text{테스트된 식품의 혈당 곡선 아래 '증가'하는 영역}}{\text{표준 식품(*)의 혈당 곡선 아래 '증가'하는 영역}} \times 100$$

* 일반 빵('00' 밀가루) – 참고: 혈당 곡선은 120분 후에 발생합니다.

부록 2

일부 **혈당 지수** 예시(육류, 생선, 달걀, 치즈는 혈당 지수가 매우 낮습니다).
참고: 수치는 정확하지 않으며, 약간의 차이가 있을 수 있습니다.

우유	40	빵('00' 밀가루)	75
콩, 렌틸콩	53	쌀	75
사과, 배	54	시리얼(플레이크)	78
파스타 (듀럼 밀)	54	감자	80
주스	68	맥주	85

부록 3

최대 산소 섭취량(VO₂max): 분당 소비되는 최대 산소량. 최대 산소 소비량은 개인이 장시간 동안 견딜 수 있는 전체 및 통합 운동 강도의 최대치를 측정한 수치입니다(Cerretelli와 Di Prampero, 1987).

$$VO_2max = 심박 \ 수 \ 빈도 \times 심박출량 \times 동맥 - 정맥 \ 산소 \ 차이$$

부록 4

단당류: 단일 탄수화물 고리
다당류: 여러 개의 탄수화물 고리가 서로 연결됨

탄수화물	
일부 단당류	리보스, 데옥시리보스, 아라비노스, 포도당, 갈락토스, 만노스, 만니톨, 과당, 소르비톨, 람노스
이당류	말토오스, 이소말토오스, 유당, 자당, 락툴로스
올리고당류	사이클로덱스트린, 멜리토시오, 프락토-올리고당, 말토덱스트린

부록 5

고압 의학에서 **혈액 이동**은 '혈액 전환'을 의미하며, 모든 프리다이빙에서 양은 다르지만 항상 나타나는 반응을 가리킵니다. 수압으로 인해 혈액이 (혈관 확장 및 혈관 수축 메커니즘을 통해) 몸의 말초에서 중심부, 즉 폐와 심장으로 전환됩니다.

부록 6

부루슈테인Bursztein가 저술한 책 『에너지 대사, 간접 열량 측정 및 영양Energy Metabolism, Indirect Calorimetry, and Nutrition』에 따르면 **에너지 소비**는 다음과 같은 방식으로 나뉩니다.

- 단백질: 단백질 섭취 후 에너지의 10~35%가 열로 발산됩니다(평균 22.5%)
- 탄수화물: 탄수화물 섭취 후 에너지의 5~10%가 열로 발산됩니다(평균 7.5%)
- 지방: 지방을 섭취한 후 에너지의 2~5%가 열로 분산됩니다(평균 3.5%)
- 알코올: 알코올 섭취 후 에너지의 10~30%가 열로 발산됩니다(평균 20%)

단백질 100Kcal(25g)
= 에너지 소비량 10~35Kcal(평균 22.5Kcal)
탄수화물 100Kcal(25g)
= 에너지 소비량 5~10Kcal(평균 7.5Kcal)
지방 100Kcal(11.1g)
= 에너지 소비량 2~5Kcal(평균 3.5Kcal)
알코올 100Kcal(14.2g)
= 에너지 소비량 10~30Kcal(평균 20Kcal)

다른 연구에서는 영양소의 발열 효과에 대해 다른 결과를 보여주었습니다. 1993년 Acheson은 단백질의 경우 20~30%, 탄수화물의 경우 5~10%, 지질의 경우 0~3%의 열 손실을 기록했으며, 이러한 발견은 이후 연구에서도 확인되었습니다. 반면에 에이처슨Acheson, 슐츠Schutz는 알코올에 의해 유발된 에너지 소비는 평균 15%라고 결정했습니다.

부록 7

가장 일반적인 탄수화물 공급원

- 단순 탄수화물(빠른 흡수): 설탕, 꿀, 잼
- 복합 탄수화물(약 3시간 흡수): 쌀, 감자, 파스타, 보리, 스펠드, 귀리, 퀴노아, 옥수수 가루. 이러한 식품을 채소, 육류, 생선, 달걀, 지방과 함께 섭취하면 흡수 시간이 더 길어집니다.

자세한 내용은 McArdle, Katch and Katch의 책, 『스포츠와 운동 영양Sports and Exercise』(Wolters Kluwer, Lippincott Williams & Wilkins)을 참조하세요.

음식과 나의 관계

2001년까지

기록적인 수심에 가까운 바다에서의 특정 훈련 기간이나 며칠 동안 스피어피싱을 할 때 저와 음식과의 관계는 처음에는 매우 특별했습니다. 그리고 확실히 틀렸습니다. 기록 직전 단계인 마지막 6주간의 훈련 기간 동안 저는 다이빙이 끝날 때까지 낮에는 거의 아무것도 먹지 않았습니다.

보통 이른 오후에 훈련을 하곤 했습니다(훈련은 워밍업 다이빙과 최대 수심 다이빙으로 구성되었습니다). 아침에 일어나서 러스크 한 개에 꿀 두 스푼을 먹은 다음 두 번의 딥 다이빙 후 가벼운 간식을 제외하고는 저녁까지 아무것도 먹지 않았습니다. 저는 배고픔으로 인한 가벼운 위경련이 심해로 들어가라는 신호라고 확신했습니다. 니콜라 스폰피엘로는 그것이 실수라고 저를 설득하려 했지만 저는 듣지 않았습니다. 그는 아침에 파마산 치즈를 듬뿍 뿌린 플레인 파스타를 가볍게 먹으면 모든 것이 더 나아질 것이라고 말했습니다. 하지만 저는 제가 하는 일이 괜찮다고 확신하면서 제 방식대로 계속했습니다. 변함없이 기록 달성 후 몇 주가 지나자 피곤함을 느끼기 시작했고 체중과 근력이 많이 감소했으며, 한 달 전에 맞춘 잠수복은 15kg 이상 더 나가는 친구에게 빌린 것 같았습니다.

기록을 세우기 전에는 컨디션이 최고조에 달한 적이 없었는데, 지금 생각해 보면 그것은 아마도 특정 훈련 기간 동안의 가장 예민한 시기에 매우 나쁜 식습관 때문이었던 것 같습니다.

스피어피싱을 할 때도 비슷한 식습관을 따랐습니다. 가벼운 아침 식사를 하고, 다이빙 내내 아무것도 먹지 않고 물도 조금만 마셨습니다. 열흘이 지나자 몸이 황폐해졌습니다!

2001년 이후

2001년 11월, 저는 마지막 세계 신기록을 세웠습니다. 2002년부터는 경쟁적인 목표가 없어졌기 때문에 훈련 기간 동안 고수했던 몇 가지 사항들을 완전히 수정하기로 결심했습니다. 그중에는 신체적 준비, 모노핀 사용, 특정 훈련 단계에서의 식습관 등이 있었습니다. 영양 분야에서는 스태틱(스태틱 훈련 중 공복 유지)을 제외하고는 니콜라 스폰피엘로가 수년 동안 계속 반복했던 충고를 따르기 시작했습니다. 절대 공복 상태로 바다에 가지 마세요! 그 결과는 놀라웠고 전반적인 컨디션, 프리다이빙 실력, 물속에서의 지구력, 추위를 견디는 능력이 향상되었습니다. 이 모든 것이 적절한 식단 덕분이었습니다.

하루 종일 스피어피싱을 하는 경우, 저는 물속에 들어가기 최소 2시간 전에 아침 식사를 합니다. 스피어피싱을 하는 동안 사용할 수 있는 칼로리를 축적할 수 있다는 것을 알고 있기 때문입니다. 잼, 꿀, 시리얼, 빵, 비스킷, 러스크 등 소화가 잘되는 음식만 먹으며 잼 타르트와 같이 정교하게 만들지 않은 간단한 케이크는 크게 조각내어 먹습니다. 차나 커피(각성제)는 마시지 않고, 소화가 잘 안 되는 우유와 커피를 섞은 라테도 마시지 않습니다. 바다에서는 필요성을 느끼지 않더라도 시간마다 한 잔 정도의 물을 계속 마십니다. 바다에 있을 때는 빠르게 소비되는 단순 설탕이나 꿀을 먹지 않습니다. 대신 체내에서 서서히 에너지를 방출하는 복합 탄수화물을 섭취합니다.

2시간마다 탄수화물-단백질 비율이 65%-35%인 작은 바를 먹거나 작은 과일을 곁들인 러스크 한 조각을 먹습니다.

스피어피싱을 마치고 육지로 돌아오면 몸이 요구하는 것에 귀를 기울입니다. 저는 물을 많이 마시고, 특히 스피어피싱이나 프리다이빙을 하는 동안 미네랄과 염분을 많이 잃었기 때문에 짭짤한 것을 원합니다.

특히 다음 날 다시 바다로 나가야 하는 경우에는 저녁 식사가 가장 중요한 식사가 됩니다. 낮 동안 놓친 영양소를 보충하기 위해 단백질이 풍부한 음식과 날것, 익힌 채소를 우선적으로 섭취합니다.

오후에 다이빙을 나갈 경우 좋은 아침 식사를 하여 영양소를 놓치지 않도록 합니다. 물에 들어가기 몇 시간 전에 샌드위치나 가벼운 파스타, 과일 몇 개를 먹습니다.

프리다이빙 훈련이 더 강화되는 시기에는 **항산화제**, 특히 비타민 C와 E를 섭취하는 데 매우 주의를 기울입니다. 저산소증 상태에서는 활성산소 생성이 증가하는 경향이 있는데, 항산화제가 이것을 감쇠시키는 역할을 합니다. 니콜라 스폰피엘로가 말했듯이 비타민 C, E, 셀레늄, 고도 불포화 지방산을 섭취하는 것 외에도 항산화제가 풍부한 식품(유색 채소, 과일, 견과류, 우유, 간, 기름, 생선 등)이 풍부한 식단은 활성산소 증가 문제를 해결하는 데 확실히 도움이 될 수 있습니다.

저는 힘든 심해 다이빙 시즌이 끝나면 특히 피곤했습니다. 의사들은 저에게 여러 가지 검진을 처방했습니다. 혈액 검사 결과 헤모글로빈과 페리틴 수치가 매우 낮다는 것을 알게 되었죠. 만약 철분 결핍이 의심된다면 의사에게 헤마토크릿(헤모글로빈, 혈청 철분, 페리틴 등) 수치를 확인하기 위한 혈액 검사를 처방해 달라고 요청하세요. 만약 철분 결핍이 확인되면 의사가 철분의 동화를 촉진하는 엽산과 비타민 C와 함께 치료를 처방할 것입니다.

5.4 응급처치 기술(BLS)

이 주제는 DAN 유럽의 응급 처치 프로토콜을 참조해 작성했습니다.

다이빙으로 인해 발생한 환자 또는 부상당한 부상자를 구조하기 위해 개입해야 하는 경우, 기본적인 생명 기능을 유지하는 데 필요한 스킬을 연습하는 것이 중요합니다.

이러한 기술은 일반적으로 기본 인명 구조(BLS, Basic Life Support)로 알려져 있으며, 안전 및 응급 기술을 다루는 많은 협회에서 제공하는 특정 코스를 통해 습득할 수 있습니다. 다이빙 분야에서는 BLS 관련 전문 지식과 수중 분야 전문 지식 그리고 수중에서 발생할 수 있는 특정 상황에 대한 전문 지식을 결합한 DAN 유럽의 코스가 매우 인기가 있습니다.

여기 나오는 몇 줄의 글은 이와 같은 코스 수강을 대신할 수 없으며, 단지 현재 BLS 가이드라인에 대한 아이디어를 제공하기 위한 것입니다. 따라서 여러분과 다른 사람들의 안전을 위해 응급처치 과정을 교육받을 것을 권장합니다. 저는 프리다이버라면 이러한 특정 지식을 갖추는 것이 필수적이라고 생각합니다.

5.4.1 기본 해부학 및 생리학

응급 상황 발생 시 올바른 BLS 개입을 위해 알아야 할 세 가지 기본 개념이 있습니다.

명확하게 이해할 수 있도록 제가 먼저 설명해 드리겠습니다. 간단하게 기억하기 위해 A-B-C 세 글자로 시작한다는 점을 기억하세요.

A - 기도(AIRWAY)

개방된 기도(코, 입, 인두, 후두 및 기관)는 공기가 폐에 도달할 수 있도록 보장합니다.

B- 호흡(BREATHING)

우리가 숨을 들이마실 때마다 공기는 코나 입으로 들어와 후두를 거쳐 기관으로 내려가 폐에 도달하는데, 폐에는 약 3억 개의 폐포가 있고 각 폐포는 모세혈관(벽이 매우 얇은 작은 혈관)으로 둘러싸여 있습니다.

들이마신 공기 중의 산소는 이 얇은 벽을 통해 폐포에서 모세혈관으로 전달됩니다. 이 과정을 확산이라고 합니다.

이산화탄소(CO_2)는 신체 대사의 산물로 모세혈관에도 존재합니다.

이산화탄소는 모세혈관에서 폐포로 다시 확산됩니다.

C- 순환(CIRCULATION)

심장은 모세혈관에서 산소와 결합한 혈액을 혈류로 펌프질하여 신체의 모든 부위로 운반합니다.

이러한 기능은 폐순환(폐를 오가는 순환)과 체순환(신체의 나머지 부분)으로 설명할 수 있습니다.

체순환에서 돌아온 산소가 부족한 혈액(CO_2 포함)은 우심방으로 들어가 우심실로 이동한 후 폐로 이동해, 폐포에서 가스 교환(폐순환)이 이루어집니다.

폐에서 돌아온 혈액은 좌심방으로 들어가 좌심실로 운반된 후 체순환을 통해 신체의 나머지 부분으로 이동합니다.

이 혈액은 우심방으로 돌아올 때까지 혈액 세포에 산소를 공급합니다.

5.4.2 BLS란 무엇인가?

BLS는 중요한 기능을 지원(또는 회복)하기 위해 사용되는 일련의 응급처치 기술이며, 다음을 포함합니다.

- 개인 보호 장비
- 응급 의료 서비스(EMS) 활성화
- 생명을 위협하는 사고 발생 시 치료 제공
- ABC[심폐소생술(CPR) 실시] 회복 또는 유지

생명을 위협하는 사고가 발생했을 때 도움을 줄 수 있으려면 이러한 응급처치 기술을 익히는 것이 필수적입니다.

- 환경 안전(및 개인 안전) 확보
- CPR(심폐소생술)
- 회복 자세
- 이물질/질식으로 인한 기도 폐쇄의 인식 및 제거
- 외부 출혈 관리(중증)
- 쇼크 관리

부상자에게 최상의 지원을 제공하려면 기본인명구조술에 대한 지식과 실무 기술을 최신 상태로 유지하는 것이 중요합니다.

정기적으로 교육을 받거나 자동제세동기(AED) 또는 산소 공급자 과정과 같은 기타 응급처치 과정에 참여하는 것을 권장하고 장려합니다.

5.4.3 왜 BLS인가?

우리 몸의 장기에 산소 공급을 유지하는 것은 매우 중요하며, 다음과 같은 경우에 산소가 공급됩니다.

1) 기도가 열려있고 호흡이 유지될 때
2) 호흡을 계속하면서 들이쉰 공기가 기도를 통해 폐로 전달되고, 산소가 혈류로 확산될 수 있을 때
3) 혈관 내의 산소가 심장의 작용에 의해 폐에서 몸의 조직으로 운반되고, 우리 몸을 통해 혈액을 순환시킬 때

이 공급이 중단되면 우리 몸의 장기는 손상받아 결국 죽게 됩니다. 예를 들어 뇌 조직은 산소가 없으면 3~6분 후에 죽기 시작합니다. 따라서 즉시 행동하는 것이 중요합니다.

구조 과정에서 기본 인명 소생술 제공자는 기도를 회복하거나 유지하고, 호흡과 순환을 유지해야 합니다. 이는 일반적으로 ABC 또는 생명 유지술이라고 알려져 있습니다.

심폐소생술(CPR) 또는 소생술(BLS 기본 부분)을 연습할 때는 반드시 다음과 같이 해야 합니다.

1) 부상자가 의식이 있는지 확인

2) 기도를 열거나 열린 상태로 유지하고 정상적인 호흡이 있는지 확인

3) 부상자가 정상적으로 호흡하지 않는 것이 확인되면 심장의 펌핑 기능과 혈액 순환을 돕기 위해 즉시 흉부 압박을 수행

4) 폐에 산소를 공급하기 위해 인공호흡을 실시

심폐소생술의 목표는 심장을 다시 뛰게 하는 것이 아니라 신장과 뇌에 작지만 중요한 혈류를 공급하고 산소가 공급된 혈액을 순환시키는 것입니다.

실제로 대부분의 경우 심폐소생술은 심장을 다시 뛰게 하지는 못하지만, 뇌와 같은 중요한 장기의 손상을 지연시키고 시간을 벌 수 있습니다.

또한 제세동 성공 확률이 높아집니다(특히 쓰러진 후 4~5분 이내에 쇼크 가능성이 있는 경우 흉부 압박이 중요합니다).

BLS의 목적은 다음과 같습니다.

- 부상자 생명 유지

- 추가 손상 방지

- 응급 의료 서비스(EMS)가 도착할 때까지 부상자에게 응급 처치를 제공하고 안정시키기. 이는 부상자의 치유 과정에 긍정적인 영향을 줄 수 있습니다.

참고

인공호흡을 통해 부상자의 기도에 불어넣는 공기는 더 이상 21%의 산소가 아닌 16~17%만 포함합니다. 혈액의 산소 공급을 개선하기 위해 소생술 중에 보충 산소(100% 산소)를 사용하는 것이 좋습니다(교육을 받은 경우).

고압산소실에서의 힘든 숨 참기에 대한 의학적 검사

5.4.4 심폐소생술(CPR)

뇌 조직 및 기타 장기의 손상을 방지하기 위해 가능한 한 빨리 심폐소생술을 시작하는 것이 매우 중요합니다.

사람이 호흡을 멈추는 가장 흔한 이유는 갑작스러운 심장마비(SCA, sudden cardiac arrest)입니다. 이 경우 심장이 갑자기 박동을 멈췄지만 혈관, 심장 및 뇌에는 여전히 상대적으로 많은 양의 산소가 남아있습니다. 따라서 초반에는 인공호흡보다 흉부 압박이 더 중요합니다.

질식성 심정지(익사 등 질식으로 인한 심정지)의 경우 체내 산소량이 급격히 감소(저산소증)하기 때문에 인공호흡이 가장 중요합니다.

부상자가 어린이인 경우 심장 질환은 극히 드물기 때문에 체내 산소 농도가 더 낮을 것으로 예상할 수 있습니다. 이러한 이유로 특히 익사의 경우 어린이를 위한 BLS 프로토콜은 약간 다릅니다.

심폐소생술은 심장 압박과 인공호흡(보조 호흡)으로 구성된 기술이며 다음과 같은 특징이 있습니다.

- 심장 압박은 뇌와 심근(심장)에 작지만 중요한 혈류를 생성하여 제세동 성공 가능성을 높입니다.
- 구조 호흡은 공기를 폐로 운반하고 폐포의 산소 농도를 높이며, 확산을 통해 모세혈관으로 이동합니다.

가슴 압박 대 구조 호흡 비율

수학적 모델에 따르면 혈류와 산소 공급의 비율은 30:2가 가장 좋지만, 흉부 압박의 중단은 최소화해야 합니다. 우리는 다음의 경우까지 심폐소생술을 계속해야 합니다.

- 자격을 갖춘 인력으로 교체될 때
- 부상자가 일어나서 움직이고 눈을 뜨고 정상적으로 숨을 쉬기 시작할 때
- 구조자가 지쳤을 때

위 팽창- 역류

위 팽창 또는 역류는 위 내용물이 배출되는 것으로, 인공호흡 중 위장으로 공기가 유입돼 발생합니다.

이것은 구토와 매우 유사합니다. 구토를 하면 위 근육의 수축에 의해 위 내용물이 밖으로 밀려 나오는데, 위 팽창의 경우 근육 활동이 없지만 위 내부의 압력이 증가해 내용물을 밖으로 밀어냅니다. 후자는 위에서 입으로 내용물이 흐르게 됩니다(구토처럼 강제로 뿜어져 나오지 않음).

역류가 있는 경우 구조자는 부상자를 옆으로 돌려 기도를 확보해야(청소해야) 합니다. 그러나 기도를 확보한 후에도 인공호흡을 계속하면 위 내용물의 일부가 기관과 폐로 넘어갈 위험이 남아있습니다. 모든 경우에 위 팽창은 피해야 합니다.

역류를 방지하려면 호흡량을 약 500~600mL(체중 1kg당 6~7mL)로 유지해야 합니다.

빠르고 강한 인공호흡으로 인해 위 팽창이 발생할 수 있습니다. 이는 식도와 위를 분리하는 근육(식도 괄약근)이 15~20cmH2O의 기압에서 열리는데, 인공호흡 중 너무 세게 불면 이 압력에 쉽게 도달할 수 있습니다. 또한 심정지 상태인 부상자의 식도 괄약근은 더 이상 작동하지 않을 수 있습니다.

위 팽창을 방지하려면 다음과 같이 해야 합니다.

- 부상자의 가슴이 올라가도록 충분한 공기량으로 매 인공호흡을 실시
- 빠르거나 강한 인공호흡을 피함
- 기도를 완전히 열기
- 두 번째 인공호흡 시작 전 가슴이 정상 위치로 돌아갈 때까지 대기
- 배(위)에 압력을 가하지 않기
- 위가 과도하게 팽창하는 징후가 있는지 확인

성인 소생술: 구조자의 조치

심폐소생술 순서는 크게 세 부분으로 나눌 수 있습니다.

- 접근하여 의식 상태 확인
- 호흡 확인
- 필요한 경우 CPR(심폐소생술) 시작

접근- 의식 상태 확인, 기도 개방

구조자가 환경이 안전하다고 판단하면 부상자의 의식 상태를 확인해야 합니다.

부상자가 의식이 있는 경우, 부상자를 발견한 위치에 그대로 두고 응급구조대(EMS)를 호출해야 합니다.

구조자는 부상자를 안심시키고 무슨 일이 있었는지 알아내려고 노력해야 합니다. 구조자는 자신의 이름을 밝히고 응급처치 교육을 받았다고 말하며 돕고 싶다는 의사를 표현해야 합니다. 구조자는 배려하는 태도를 보이며 부상자를 안심시키고 무슨 일이 일어나고 있는지 설명하고, 구조자가 그를 돌보기 위해 여기 있다고 말해야 합니다.

구조자는 또한 부상자가 스트레스를 받지 않도록 구경꾼을 멀리 떨어뜨려야 합니다.

부상자가 자신의 상태와 현재 상황에 대해 동요하거나 걱정할 가능성이 있기 때문에 안정감을 느끼고 침착함을 유지할 수 있도록 위로해 줍니다.

부상지가 의식이 없는 경우, 부상자를 등을 대고 눕혀서 즉시 기도를 확보해야 합니다.

기도가 막히면 호흡을 조절할 수 없을 뿐만 아니라 부상자는 숨을 쉴 수 없게 됩니다.

기도 개방은 '이마를 누르고 턱을 들어올리는' 머리 젖히고-턱 들어올리기 기법을 사용하여 수행합니다. 이 기술은 배우기 쉬운 기술이며 다음 페이지에 설명되어 있습니다.

경우에 따라서는 응급구조대가 도착할 때까지 기도를 열고 유지하는 것만으로도 충분할 수 있습니다(호흡이 있는 경우).

호흡 확인

기도가 확보되면 구조자는 호흡 여부를 확인해야 합니다. 가슴이 움직이는지 살펴보고, 환자의 입에서 숨소리가 나는지 확인하고, 뺨이나 귀로 다가가 공기의 움직임이 있는지 느껴봐야 합니다. 우리는 10초 내로 기도를 확보하기 위해 모든 조치를 취해야 합니다.

호흡이 정상인 경우, 부상자를 회복 자세로 눕혀 기도가 열려있는지 확인하고 즉시 응급구조대에 연락해야 합니다. 구조자는 부상자의 호흡을 지속적으로 모니터링하고 그에 따라 행동해야 합니다.

중요

심정지 후 처음 몇 분 동안 부상자는 약하게 숨을 쉬거나 드물게 큰 숨을 헐떡일 수 있습니다. 호흡이 정상인지 확실하지 않은 경우, 정상이 아니라고 가정하고 행동하세요.

심폐소생술 시작- 혈액순환 지원

만약 부상자가 정상적으로 호흡하지 않을 경우 즉시 응급구조대를 호출하고(정상적인 호흡이 없음을 알려야 함), 구조자는 양손을 깍지 낀 상태로 부상자의 가슴 중앙에 대고 흉부 압박을 시작해야 합니다.

현재 가이드라인에서는 분당 최소 100회(분당 120회를 초과할 수 없음)의 속도로 30회의 CPR을 실시할 것을 요구하고 있습니다. 가슴 압박 깊이는 최소 5cm(6cm를 넘지 않아야 함) 이상이어야 하며, 손과 가슴(흉골 위) 사이의 접촉을 잃지 않고 한 번의 압박과 다른 압박 사이에 가슴에 가해지는 압력을 풀어주는 것이 중요합니다. 압박을 할 때마다 혈액이 심장의 왼쪽에서 몸 전체로 밀려 나옵니다. 동시에 산소가 적은 혈액은 심장의 오른쪽에서 폐로 펌핑되며, 폐 내에서는 폐포에서 산소를 흡수합니다. 가슴의 압력을 해제하면 혈액이 심장의 오른쪽으로 흐르고, 산소가 공급된 혈액은 폐에서 심장의 왼쪽으로 되돌아갑니다.

압박이 너무 빠르면 심장에 혈액이 채워질 시간이 없으므로 충분한 혈액을 순환시키지 못해 효과가 없습니다.

반면 압박이 너무 느리면 혈액이 너무 느리게 움직이고 압력이 낮게 유지돼 혈액 순환이 효과적이지 않습니다.

흉부 압박이 충분히 깊지 않으면 심장에서 밀어내는 혈액의 양이 적어 혈액 순환을 돕기에 충분하지 않습니다.

30회의 가슴 압박 직후 구조자는 2회의 구조 호흡을 효과적으로 실시해야 합니다.

구조자는 부상자의 기도를 다시 열기 위해 부상자의 코를 막고 입으로 공기를 강하게 불어 넣어야 합니다. 코를 막지 않으면 구조자가 내쉬는 공기가 부상자의 코에서 나오게 됩니다.

가슴이 올라가는 것을 보면서 계속 불어주는 것이 중요합니다. 이것은 약 1초 동안 지속되어야 합니다. 가슴이 원래 위치로 돌아오면 두 번째 환기를 할 수 있습니다. 두 번의 인공호흡은 총 5초 이상 지속되지 않아야 합니다.

인공호흡을 할 때 구조자가 내뿜는 공기(산소 16% 함유)는 부상자의 폐로 이동합니다.

폐(폐포)의 산소 농도가 충분히 높으면 산소가 모세혈관으로 확산되어 혈액이 산소를 공급받게 됩니다.

물론 부상자가 숨을 쉬지 않기 때문에 이 과정에서 폐의 산소 농도가 감소합니다. 농도가 너무 낮으면 확산이 중단됩니다. 이를 방지하려면 호흡을 더 많이 해야 합니다. 그러나 정상적인 분당 호흡은 약 12/20(연령과 활동에 따라 다름)이며, 소생술 중에는 분당 약 5회로 감소합니다. 흡입된 공기의 산소량이 적고(21%가 아닌 16%), 호흡 횟수가 적기 때문에 폐의 산소 농도가 상대적으로 낮게 유지됩니다.

인공호흡을 하는 동안 산소 농도를 높이면 더 많은 양의 산소가 모세혈관으로 퍼져 산소 공급이 더 잘 이루어집니다. 산소 농도는 보충 산소(100% 산소)를 사용하여 높일 수 있습니다.

부상자 이동

의식이 있는 부상자, 특히 사고(외상)의 피해자이고 등이나 목에 부상을 입었다고 의심되는 경우, 발견된 자리에 그대로 두는 것이 좋습니다.

그러나 경우에 따라서는 구조자가 호흡을 확인하거나 응급처치를 하기 위해, 또는 화재와 같은 위험이 발생하여 부상자를 이동시켜야 할 수도 있습니다.

이 경우 라우텍 기술Rautek technique을 사용하면 부상자를 쉽게 움직일 수 있습니다.

- 팔을 부상자의 겨드랑이 아래, 팔과 몸통 사이에 넣습니다.
- 부상자의 팔 중 하나를 몸 앞에서 직각으로 잡습니다.
- 부상자의 전완부(팔꿈치와 손목 사이)를 손으로 잡습니다.
- 부상자의 몸 양쪽에 발을 대고 부상자에게 가까이 다가갑니다.
- 부상을 방지하기 위해 허리를 최대한 곧게 유지하면서 다리를 쭉 펴서 부상자를 들어올립니다.
- 피해자를 위험으로부터 멀리 끌고 가세요. 이동 거리는 최소화하세요(위험 지역 바깥쪽이면 충분합니다).
- 부상자의 등을 대고 바닥에 눕힙니다.

부상자가 앉아있는 경우 이 기술을 쉽게 적용할 수 있습니다. 하지만 부상자가 바닥에 누워있다면 우선 다음과 같이 해야 합니다.

- 필요한 경우 부상자의 등을 대고 눕히세요.
- 그의 어깨 근처 옆에 무릎을 꿇고 앉으세요.
- 오른손을 부상자의 목 아래에 놓고 손(손가락)으로 겨드랑이를 잡습니다.
- 왼손을 왼쪽 겨드랑이 아래에 놓습니다.
- 손으로 부드럽게 움직여 부상자를 앉은 자세로 일으켜 세우고 부상자의 바로 뒤에 자신을 배치합니다.

6장
챔피언들의 훈련법

"가능성의 한계를 발견하는 유일한 방법은 한계를 넘어 불가능에 도전
하는 것입니다."
 - 아서 C. 클라크

이 마지막 장에서는 현대 프리다이빙의 다양한 종목에서 최강자로 군림하
고 있는 최고의 프리다이버들과의 인터뷰를 담고 싶었습니다.

이 선수들과 이야기를 나누고 다양한 인도어(풀) 및 아웃도어(수심) 종목을 모두
접하면서 흥미로운 것들, 새로운 트렌드와 훈련 아이디어가 떠올랐습니다. 종종
의견이 충돌하기도 했지만, 그게 바로 프리다이빙이라고 생각합니다.

그들 중 일부는 제가 20여 년 전에 다양한 기사에서 설명했던 기술적 또는 트
레이닝 테이블을 사용하는데, 이제 그들의 연간 트레이닝 프로그램의 주요 초점
이 되고 있습니다. 또 어떤 사람들은 제 자신이 프리다이빙의 기본 조건으로 여기
는 이완에서 너무 멀리 벗어났기 때문에 제가 실행하지 못했던 기술이나 훈련방
법을 사용하기도 합니다.

저는 어떤 훈련 방법이 절대적인 측면에서 가장 좋은지 식별하는 것은 어렵거나
불가능하다고 생각합니다. 정확한 재료(훈련 세션, 건식 또는 습식 시리즈, 엠티링 또는 풀
링 훈련법 등)로 구성된 기적의 레시피(훈련 프로그램)는 없다고 믿습니다.

이어지는 인터뷰를 읽으면서, '챔피언이 저렇게 하니 나에게도 분명히 효과가 있
을 거야.'라고 생각하면 안 됩니다. 모든 것은 우리 각자가 시도하고 검증해야 하
며, 우리의 수준, 훈련에 할애할 수 있는 시간 양과 우리가 설정한 목표에 따라
달라집니다.

고란 코락 GORAN COLAK

고란 코락은 1983년 4월 24일 크로아티아 자그레브에서 태어났습니다. 고란은 매우 진지하고 결단력 있는 선수로, 다이나믹 프리다이빙의 두 가지 분야에서 진정한 '워 머신'입니다. 그는 핀을 착용한 상태와 핀을 착용하지 않은 상태에서 각각 288m와 225m의 다이나믹 세계 신기록을 보유하고 있습니다. 11분이 넘는 스태틱 기록으로 이 종목에서도 세계 최고의 선수로 손꼽힙니다.

- **몇 달에 걸친 장기 훈련 프로그램을 따르고 있나요, 아니면 기록을 세우기 몇 주 전에 몇 번의 특정 훈련 세션만 진행하나요?**

제 교육 프로그램은 약 9개월에 걸쳐 진행됩니다.

저는 프로그램화되고 계획된 하드 트레이닝의 효과를 굳게 믿습니다. 프리다이빙은 다른 스포츠와 마찬가지로 정신적인 요소가 중요하다고 해서 물속에서 운동할 필요가 없다고 생각할 수 없습니다(많은 프리다이버가 종종 그렇게 주장합니다). 하지만 나무 밑에 앉아 명상만 하면서 프리다이빙 훈련을 할 수는 없습니다.

길고 진지하고 집중적인 프로그램을 통해 (훈련 주기에 따라) 로딩과 언로딩 기간을 가지고 잘 훈련해야 하며, 그다음 나무 아래 앉아 명상하는 것도 중요합니다.

저는 트레이너와 함께 올해 가장 중요한 이벤트가 무엇인지 결정하고, 그 목표를 중심으로 전체 훈련 일정을 계획하기 시작합니다. 그러나 어떤 시즌에는 두 가지 주요 이벤트가 있는 경우, 모든 것이 더 어려워집니다. 어떤 대회가 가장 중요한지 결정하고 정확한 선택과 운동을 통해 궁극적인 목표에 우선순위를 두고 최대한 컨디션을 끌어올리려고 노력합니다.

- **훈련 프로그램에 대해 설명해 주세요.**

대체로 시즌 목표 약 9~10개월 전부터 훈련을 시작합니다.

첫 번째 단계인 초반 3~4개월 동안에는 주로 신체적 준비로 구성합니다. 저는 수영, 달리기, 웨이트 트레이닝으로 훈련합니다.

그런 다음 약 4개월 동안 수중에서 프리다이빙 훈련을 하는데, 저는 이를 일반적인 특정 훈련이라고 정의합니다. 이 단계에서는 STA, DYN, DNF 등 종목과 관계없이 훈련합니다.

마지막 단계에서는 기록에 도전하기 전 매우 구체적으로 정의된 운동 단계에 집중합니다. 이 단계는 두 달이 조금 안 걸립니다.

첫 번째 단계인 다양한 분야의 신체 훈련에서는 항상 심박 수를 높게 유지하면서 운동하려고 노력합니다. 저는 유산소 운동 80%와 무산소 운동 20%의 비율로 운동을 합니다. 유산소 운동 80% 중 40%는 순수 유산소 지구력 운동을 하고, 나머지 40%는 역치 운동과 최대 유산소 운동(VO_2max)을 합니다. 이 두 가지 운동은 프리다이버를 위한 최고의 훈련이라고 생각합니다. 때때로 유산소 능력과 지구력 훈련의 부하를 줄인 다음 다시 VO_2max 유산소 운동과 몇 가지 무산소 운동으로 돌아갑니다. 이 단계에서는 일주일에 한두 번 정도만 다이빙을 합니다.

연간 훈련 프로그램의 두 번째 단계는 프리다이빙으로 시작됩니다. 저는 모든 실내 종목을 훈련하는데, 예를 들어 CNF 종목은 자신을 찾을 수 있는 좋은 방법이며 DYN도 좋은 훈련이라고 믿기 때문입니다. 실내 종목에서 훈련을 마치고 정상에 오르면 자동으로 다른 종목도 잘할 수 있게 될 거라고 확신합니다. 이렇게 하면 모든 종목의 기술을 훈련할 수 있고, 항상 같은 종목을 훈련하는 데서 오는 지루함을 피할 수 있습니다. 이것은 저에게 매우 중요합니다. 이 단계에서는 최대치 다이빙 훈련도 하지만, 기록을 세우는 데 필요한 목표와는 거리가 멉니다.

세 번째 단계에서는 운동이 훨씬 더 구체화되고 경쟁할 분야와 관련이 있습니다. 이전 단계에 비해 운동량은 감소하고 운동 부하는 증가합니다. 대회에서 우승하기 위해 필요한 목표인 최대치에 더 가까워지는 단계입니다.

- **스태틱인 훈련을 많이 하시나요? CWT나 DYN 종목 경기의 정신적인 측면을 훈련하기 위해서는 스태틱인 훈련이 중요하다고 생각하지 않나요?**

솔직히 말해서 저는 스태틱인 훈련을 정말 좋아하지 않습니다. 이는 스태틱 종목에서 경쟁하기 위해 훈련하는 선수들을 제외한 대부분의 프리다이버들에게 공통적인 현상입니다. 저는 일주일에 두세 번 정도만 스태틱 훈련을 하는데 특히 정신적으로 몇 가지 장점이 있다고 생각합니다. 확실히 다이다믹 대회와 딥 다이빙에서도 장점이 있습니다. 하지만 저는 아직 수심 다이빙에 전념하고 있지는 않습니다. 아직 다이나믹 분야에서 많이 발전할 수 있을 것 같고, 수영장에서의 실력이 만족스러워지면 바다에서의 훈련에 전념할 것입니다. 그래야만 스태틱이 저에게 도움이 될 수 있는지 정확히 알게 될 것입니다.

개인적으로 저는 과거에 그랬던 것처럼 한 번에 두 개 이상의 종목에서 최고 수준에 도달하는 것은 어렵다고 생각합니다. 이것은 바다와 수영장 모두에 적용됩니다. 이런 일이 일어나는 이유는 현재의 기록이 과거에 비해 인간의 한계에 훨씬 더 가까워졌기 때문입니다. 준비 유형이 훨씬 더 구체적이고 '힘들어' 다른 종목으로 이동할 기회가 주어지지 않습니다.

- **수영장 훈련의 준비부터 대회 직전까지 기록을 위해 어떻게 훈련하는지 실제 사례를 들어 설명해 주시겠어요?**

저는 대회를 염두에 두고 준비 일정을 계획합니다. 기록 전 4~6개월 동안은 최대치 훈련이나 일반적인 훈련 시리즈를 많이 하지 않습니다. 이 운동들은 여전히 포함하지만, 대회에서 비교적 멀리 떨어진 기간에는 CO_2 수치에 대한 내성을 키우는 동시에 심박 수를 높이는 것을 목표로 하는 특정 훈련을 합니다.

저는 운동을 한계까지 밀어붙입니다. 예를 들어 제 30분 운동 중 한 가지는 프리다이빙의 속도를 높이고 호흡을 가능한 적게 하려고 합니다. 이것은 DNF나 수영으로 진행하는데 운동 방법이 다양할수록 지루함을 덜 느끼게 됩니다.

중요한 대회 약 3개월 전부터 이전 기간보다 최대 다이빙 횟수를 조금 더 늘리고, DYN 훈련 시리즈를 시작합니다. 이 단계에서는 운동하는 동안 총 이동 거리를 줄이고 회복 시간을 매우 짧게 하는 시리즈를 수행합니다.

다이나믹 시리즈는 핀 유무와 관계없이 50, 75, 100, 125m로 진행합니다. 제 능력에 비해 긴 거리는 아니지만 이 시기에는 긴 거리가 중요한 것이 아니라 짧은 회복 시간과 많은 횟수의 반복이 중요합니다.

한 가지 예를 들어보겠습니다.

- 12×100m, 두 번의 DYN 시리즈: 2번의 시리즈를 연속으로 진행합니다. 각 다이나믹 간 1분 회복, 각 시리즈 간 2분간 회복 시간을 갖습니다.

또는

- 10×75m, 두 번의 DYN 시리즈: 2번의 시리즈를 연속으로 진행합니다. 각 다이나믹 간 1'20" 회복, 각 시리즈 간 2분간 회복 시간을 갖습니다.

기록 시도나 가장 중요한 대회가 열리기 몇 주 전에는 시리즈 훈련을 계속하지만, 더 긴 거리(150~200m)와 더 긴 회복 시간으로 훈련합니다. 시리즈 내 다이나믹 횟수도 크게 줄어듭니다.

기본적으로 저는 운동 연습과 시리즈를 세 가지 카테고리로 나눕니다.

- 고 이산화탄소 저항 운동: 많은 양의 운동, 높은 속도 및 단일 호흡. 예: 20분간 다이나믹 훈련, 한 번 호흡 후 입수, 최대 속도 다이나믹 반복(20분간 운동할 수 있는 속도로 진행)
- 고 이산화탄소 운동: 최대치보다 낮은 거리에서 매우 짧은 회복 시간을 갖는 빠른 다이나믹 시리즈. 예: 최대 속도로 20×50m, 10초 회복
- 저산소 운동: 회복 시간이 길고 정상 속도로 최대치 바로 아래에서의 운동 시리즈. 예: 6×150m, 5분 회복

훈련 단계의 첫 번째 기간은 주로 첫 번째 범주의 운동으로 구성되며, 두 번째 기간은 두 번째 범주에서, 세 번째 기간은 저산소 운동으로 구성됩니다.

- **엠티렁 훈련도 하나요?**

저는 엠티렁 훈련을 좋아하지 않고, 자주하지 않습니다. 저산소 훈련 기간에만 가끔씩 합니다.

- **스톱 앤 고 훈련을 해본 적이 있나요?**

네, 가끔 합니다. 저는 고 앤 스탑 훈련을 합니다. DYN으로 100m를 달리고 나서 수면에서 STA 상태로 최대한 오래 숨을 참습니다.

스톱 앤 고의 경우, 수면에서 2분간의 스태틱 후 최소 100m의 후속 다이나믹으로 진행합니다.

- 왜 많은 선수가 평소 훈련 시리즈에서 기록하는 거리와 매우 근접한 다이나믹 최대치를 기록할까요? 저도 그들 중 한 명입니다. 저는 다이나믹 바이핀으로 100m 8회, 회복 시간 1'30", 75m 8회, 회복 시간 35초, 125m 6회, 회복 시간 2'30" 훈련 시리즈를 진행하는데, 최대 기록은 140m입니다. 저에게 어떤 훈련을 추천하시겠습니까?

당신과 워밍업 없이 최대치 다이빙을 하는 데 문제가 있거나 한계를 느끼는 모든 분에게 No Warm-up 다이빙을 추천하고 싶습니다. 저는 테이블이나 시리즈 훈련을 할 때 워밍업을 하지만, 최대치 다이빙을 할 때는 절대 위밍업을 하지 않습니다.

처음에는 평소보다 더 빨리 공기를 원하게 될 것입니다. 하지만 몇 번 시도한 후에는 습관, 훈련 및 수축과 관련된 부정적인 상황을 받아들임으로써 현재의 한계를 쉽게 깨뜨릴 수 있을 것입니다.

- 높은 수준의 프리다이빙 기록을 달성한 이래로 다른 프리다이버가 시도하지 않았던 훈련법 또는 테크닉을 만들거나 '발명'한 적이 있나요?

한동안 제가 더블 킥 앤 글라이드 기술을 '발명'했다고 생각했습니다. 그러다가 저보다 먼저 이 기술을 사용한 다른 선수들에 대한 이야기를 들었습니다. 아마 제가 높은 레벨에서는 이 기술을 처음 사용했을지도 모릅니다. 더블 킥 앤 글라이드는 모노핀으로 강한 힘으로 두 번 연속으로 킥을 찬 다음 그 뒤에 나오는 글라이딩을 최대한 활용하는 기술입니다. 저 이후 많은 선수가 이 기술을 사용하기 시작했고, 좋은 결과를 얻었습니다.

미구엘 로자노 MIGUEL LOZANO

미구엘 로자노는 1979년 3월 6일 바르셀로나의 몽가트에서 태어났습니다. 그는 거의 모든 종목에서 강하고 완벽한 선수입니다. STA 8'23", FIM 122m(비공식 최고 기록은 125m), CWT 105m, CNF- 85m를 기록 중입니다.

그는 또한 Apnea Academy 강사이자 훌륭한 선생님이기도 합니다. 홍해, 카나리아 제도, 발리에서 프리다이빙 스쿨을 운영하고 있습니다.

• 몇 달에 걸친 장기 훈련 프로그램을 따르고 있나요, 아니면 기록을 세우기 몇 주 전에 몇 번의 특정 훈련 세션만 진행하나요?

오랫동안 저는 프리다이빙을 향상시키는 방법은 특정한(구체적인) 훈련만 하는 것이라고 믿었습니다. 어떤 면에서 프리다이빙은 신체적 요소보다는 정신적, 기술적 요소가 더 많은 스포츠라고 생각합니다. 수심 훈련은 제가 기술적으로, 정신적으로, 생리적으로, 육체적으로 적응하게 해줍니다. 그래서 저에게는 최고의 훈련입니다. 수년에 걸쳐 저는 수영장 훈련이 기술과 고이산화탄소증 및 저산소증에 대한 내성을 향상시키고 체육관에서의 신체 훈련이 근력과 유연성을 향상시킨다는 것을 배웠습니다. 두 훈련 모두 수심 실력뿐만 아니라 근력이나 근육량을 많이 잃지 않고 장시간의 수심 훈련을 견디는 데 많은 도움이 되었습니다.

2012년부터 120m 이하 수심에서 다이빙을 시작하면서 이 다이빙이 얼마나 많은 체력 소모를 수반하는지 깨달았습니다. 그래서 훈련 일정 초기에는 유산소 훈련을 일부 포함시켰고, 대회 날짜가 가까워지면서 점차 무산소 및 근력 훈련으로 대체하기 시작했습니다. 기록 시도를 하기 한 달 반 전에 저는 보통 대회 장소로 가서 두 단계로 나누어 훈련을 합니다. 첫 번째이자 가장 광범위한 단계에서는 깊지 않은 수심(일반적으로 70m에서 100m 사이)을 오르내리면서 산악인이 고산 지대에서 하는 것과 같은 방식으로 몸이 생리적으로 적응하도록 합니다.

이 기간 동안 저는 FIM, CWT, CNF 세 가지 종목의 훈련을 모두 병행합니다. 이를 통해 테크닉을 연습하고(필요한 경우 변경), 너무 많은 딥 다이빙으로 인해 심리적으로 지치지 않도록 할 수 있습니다.

- **수심 훈련만 주로 하니요, 아니면 DYN 훈련과 STA 훈련도 병행하나요?**

수년 동안 저는 대부분의 훈련을 수심에 집중했지만 최근에는 드라이 트레이닝, 근력, 유연성 향상을 위한 스트레칭(매우 중요)을 포함하고 있습니다. 또한 고이산화탄소증에 대한 내성을 높이고 기술적인 효율성을 향상시키기 위해 DNF와 같은 수영장 훈련도 포함하고 있습니다. STA 훈련을 통해 기록을 연장하고 숨을 참는 데 자신감을 얻어 더 깊고 긴 다이빙을 할 수 있습니다.

- **FIM 챔피언인데도 DYN과 STA 훈련이 중요하다고 생각하시는군요?**

저는 모든 '노 핀' 종목을 좋아합니다. FIM과 CNF는 매우 다르지만 상호보완적이라고 생각합니다. CNF는 육체적으로 더 힘들지만 적어도 저에게는 심리적으로 덜 복잡합니다. 저는 실수로 인해 안전이 위협받을 수 있는 수심 120m 다이빙에 익숙합니다. 하지만 핀을 착용하지 않고 훈련할 때 제 개인 최고 기록은 85m로, 수심 면에서 큰 수치는 아니기 때문에 심리적으로 덜 힘든 종목이라고 생각합니다. FIM 120m 다이빙에서는 고려하고 훈련해야 할 새로운 요소들이 있습니다. 이러한 요소는 주로 수심 적응과 관련이 있습니다. 이것은 분명히 물 밖에서 훈련하기 매우 어려운 것이기 때문에 훈련의 마지막 기간에 남겨두어야 합니다.

딥 다이빙의 경우 수심 마취, 폐 압박, 수중 수축, 감압병(타라바나), 긴 다이빙 시간 등과 같은 요소도 고려해야 합니다. 이 모든 것들은 깊은 수심 FIM 다이빙에서 결정적인 요소입니다. 왜냐하면, 다이빙 시간이 매우 길고 압력에 오랫동안 노출되게 되는데, 이것은 특히 폐에 영향을 미치며 상승 시 더 큰 영향을 줍니다.

따라서 저는 고이산화탄소증과 저산소증에 대한 내성을 향상시키고 숨 참기 능력을 향상시키기 위해 스태틱 훈련은 필수적이며, 움직임의 효율성을 향상하기 위해 DNF 훈련을 하고, DYN CO_2 테이블 훈련을 통해 고탄산증 및 젖산 내성 훈련을 합니다.

- 특정 수심에서 나르코시스narcosis 문제에 대해 많은 이야기가 있습니다. 이 나르코시스에 대처하는 방법에 대해 조언을 구하는 운동선수들이 있지만, 안타깝게도 나는 그들을 도울 수 없습니다. 나는 그것이 무엇인지 모르고 그것을 경험한 적이 없습니다. 패트릭 무지무Patrick Musimu는 제가 패킹packing을 하지 않았기 때문에 이 증상을 경험하지 않았을 거라고 얘기했습니다. 그는 습식 이퀄라이제이징 기술 덕분에 더 이상 '공기를 가득 채울' 필요가 없어져 패킹을 그만두면서 나르코시스를 느끼지 않았다고 합니다. 패킹과 나르코시스의 관계에 대해 어떻게 생각하시나요?

저는 나르코시스와 관련된 문제를 많이 겪지 않았습니다. 저는 115m 다이빙이나 4분 이상 지속되는 다이빙에서 이 증상이 나타나기 시작합니다. 그리고 이러한 경우에도 아주 강한 느낌은 아니며, 평소보다 조금 더 부정적일 때 상승하는 동안 제 감정을 단순히 증폭시키는 정도로 나타납니다. 하지만 제가 아는 프리다이버 중에는 나르코시스로 인해 다이빙에 대한 기억을 완전히 잃어버린 선수도 있습니다. 저는 다이빙을 완전히 통제하는 것을 좋아하기 때문에 만약 저에게 그런 일이 생긴다면 다이빙을 관리하는 것이 복잡해질 것이며, 다이빙 전에 매우 불안해질 것입니다.

나르코시스와 패킹 사이에는 분명히 직접적인 관계가 있다고 생각합니다. 일반적으로 저는 가장 깊은 다이빙을 할 때 약 14~15회의 패킹을 하는데, 이는 제 패킹 용량의 약 50%에 해당합니다. 제가 딥 다이빙에서 패킹을 늘렸을 때, 나르코시스 증상도 상당히 증가했습니다. 실제로 세계 기록에 도전할 때는 평소보다 더 많은 패킹을 했고, 심지어 블랙아웃으로 끝날 정도로 나르코시스 증상을 심하게 겪었습니다. 하지만 그것이 BO의 유일한 결정 요인은 아니라고 생각합니다. 제 생각에 나르코시스는 감정 상태와 성격에 따라 더 많은 영향을 미칩니다. 그러나 정확한 인과 관계를 찾는 것은 어렵습니다.

- 최대치 다이빙을 하기 전에 워밍업을 하나요?

저는 워밍업을 많이 하는 것부터 워밍업을 전혀 하지 않는 것까지 모든 종류의 단계를 거쳤습니다. 최근 몇 년 동안 저는 다른 프리다이버들이 무엇을 하든 자신만의 길을 찾으라는 당신(움베르토)의 조언을 따랐어요. 시간이 좀 걸렸지만 이제 그 방법을 찾은 것 같습니다.

저는 혈관 수축과 혈액 이동, 갑작스러운 심박 수 감소와 같은 MDR을 깨우기 위해 강력한 워밍업이 필요하다는 사실을 알게 되었습니다. 이렇게 하면 생리적으로 준비할 수 있을 뿐만 아니라 그날의 컨디션을 파악하는 데도 도움이 됩니다. 현재

제가 하고 있는 워밍업 방식은 (경기 20분 전에) 60m 또는 65m까지 수동적으로 숨을 내쉬는(FRC) 다이빙을 합니다. 다이브 타임은 약 2분 정도 걸립니다. 그리고 이것이 저에게는 효과가 있다고 생각합니다. 물론 많은 최고의 프리다이버들은 이런 종류의 워밍업이 매우 공격적이고 딥 다이빙 전에 체력을 약화시킨다고 말하지만, 앞서 말했듯이 여러 가지 측면에서 저에게 효과가 있고, 시간이 지남에 따라 지금까지 최고의 워밍업이라는 것을 알게 됐습니다. 저는 워밍업 다이빙을 많이 하지 않고 단 한 번의 강한 다이빙만 합니다.

- **CNF, CWT 또는 NLT 종목을 시도해 본 적이 있나요?**

물론입니다. 저는 최근 몇 년 동안 FIM 종목을 전문으로 해왔지만, 다른 종목의 훈련이 더 긴 다이빙, 수심 증가 및 테크닉 등 완벽한 프리다이버가 되는 데 도움이 된다는 것을 알게 되었습니다. 이것은 저에게 딥 다이빙에서 정신적, 육체적으로 휴식을 취할 수 있는 기회를 제공합니다.

저는 훈련의 첫 단계에서 이퀄라이징과 수심 적응을 위한 훈련 방법으로 NLT 다이빙을 좋아합니다. 친구들과 함께 다이빙할 때도 NLT 다이빙을 즐기는 편입니다.

CNF 훈련은 신체적으로도 도움이 되고(주로 젖산 내성을 위해), 물속에서의 민감성을 향상시켜 줍니다. 그리고 CWT는 FIM에서는 익숙하지 않은 빠른 다이빙을 할 수 있도록 도와주어 적응력을 향상시키고 FIM에서 깊은 다이빙을 한 후 팔에 약간의 휴식을 줍니다.

- **FIM 종목은 기술적으로 CWT보다 쉽습니다. 이 종목의 기록이 CWT보다 낮은 이유는 무엇이라고 생각하시나요?**

아직 프리다이버들이 FIM을 완전히 탐험하지 않았다고 생각합니다. 항상 핀이나 모노핀을 사용하는 종목들이 훨씬 더 많이 훈련되어 왔습니다. 이제 FIM에 더 집중하고 더 깊이 이해하려고 노력하기로 결정하고 FIM을 전문으로 하는 사람들이 점점 더 많아지고 있으며, 더 많은 사람이 이 분야에 대해 더 깊이 빠져들 것입니다.

어쨌든 저에게 있어 가장 큰 차이점은 FIM에서는 CWT만큼 특정 기술이 중요하지 않다는 것입니다. FIM에서 딥 다이빙을 하려면 4분~4분 30초 사이의 긴 잠수 시간이 필요합니다. 이렇게 긴 다이빙을 감당할 수 있는 프리다이버는 많지 않습니다. 또한 프리폴 속도가 느리고 상승 속도도 느리기 때문에 수심에 노출되는 시간이 길어져 나르코시스의 위험이 증가합니다.

적응 측면에서 볼 때, 상승하는 동안 팔을 당기는 기술은 CWT보다 폐에 훨씬 더 공격적이므로 압착 상해의 위험도 더 큽니다. 장시간의 딥 다이빙은 최대 수심에서 더 많은 시간을 보내게 되므로 감압병의 위험도 비례적으로 증가합니다. 따라서 딥 다이빙은 심리적으로 다이버를 매우 힘들게 만듭니다.

제가 보기에 FIM 종목은 CWT나 CNF보다 육체적으로 덜 힘들지만, 딥 다이빙 시 정신적으로나 생리적으로 매우 복잡해집니다.

- **다이나믹에서 사용하는 CO_2 테이블의 예를 들어 주실 수 있나요?**

CNF에서는 보통 암스트록 또는 킥 중 한 가지만 하거나 암스트록과 킥을 결합하여 10초 이하의 회복 시간으로 12회 반복하는 시리즈를 진행합니다. 때로는 같은 유형의 시리즈를 최대 속도로 더 많은 회복 시간과 결합해 수행하기도 합니다.

- **STA 테이블은 어떤가요?**

스태틱에서는 CO_2 테이블을 너무 많이 하지는 않지만, 최대치 다이빙 시도 전 워밍업으로 STA 테이블을 진행합니다. 저는 숨을 참는 사이에 일정한 회복 시간을 두고 첫 수축이 일어날 때까지 스태틱 시간을 늘리면서 워밍업하는 것을 선호합니다. 예를 들면,

STA 2:30　회복 1:30
STA 3:00　회복 1:30
STA 3:30　회복 1:30
STA 4:00　회복 1:30
STA 4:30　회복 1:30
STA 5:00　회복 1:30

저는 정해진 시간에 숨 참기를 끝내지 않고 첫 번째 횡격막 수축이 나타날 때까지 숨 참기를 진행하기 때문에 이것은 단지 예시일 뿐입니다. 이렇게 하면 컨트랙션 없이 오랜 시간 동안 숨 참는 시간이 길어지기 때문에 최대치 다이비 전에 더 편안하게 느끼고 심박 수를 낮출 수도 있습니다.

- **높은 수준의 프리다이빙 기록을 달성한 이래로 다른 프리다이버가 시도하지 않았던 훈련법 또는 테크닉을 만들거나 '발명'한 적이 있나요?**

저의 '수심 다이빙 워크숍'에서는 딥 다이빙 실력을 향상하는 데 필수적이라고 생각되는 몇 가지 측면에 초점을 맞춥니다.

- 수심에 대한 적응력(흉부 및 폐의 유연성, 육상 및 수중 훈련)
- 테크닉(with or without fins)
- 긴 다이빙 시간
- 딥 이퀄라이징

몇 년 전, 저는 더 깊은 수심에 들어가려면 이러한 측면을 개선해야 한다는 것을 깨달았습니다. 안전상의 이유와 체력 저하를 방지하기 위해, 같은 세션 동안 또는 매일 딥 다이빙을 반복할 수 없었기 때문에 저는 '얕은 수심'에서 이러한 모든 측면을 개선하기 위한 훈련 방법을 개발했습니다.

딥 다이빙 시 수심이 깊어질수록 수축이 심해져 이완을 잃고 이퀄라이징에 실패한다는 것을 알게 되었습니다. 그리고 다이빙 수심이 깊어질수록 그 수심에 도달하기 위해 더 많은 다이빙 시간이 필요했습니다. 따라서 저는 최대 수심에서 저에게 일어났던 일을 얕은 수심에서 재현하는 도움이 되는 훈련방법들을 개발했습니다.

수면에서는 마치 수영장에서 STA 자세를 취하는 것처럼 편안하게 숨을 쉬고 집중합니다. 다이빙 전 패킹으로 더 많은 공기를 흡입하고 폐를 완전히 채웁니다. 다이빙을 시작하면 수심 약 10m(또는 중성 부력이 있는 곳)까지 긴장을 푸는 데 집중하면서 팔을 아주 천천히 당겨서 내려갑니다. 일단 그곳에 도착하면 횡격막 수축이 시작될 때까지 오랫동안 매달려 있습니다(이 모든 과정이 약 3분 30초 정도 걸립니다). 그 시점에서 저는 몸을 돌리고 하강을 시작하는데, 한 번의 마우스필을 충전하고 프리폴을 시작합니다. 수축이 증가하지 않도록 하고, 이퀄라이징을 위해 마우스필을 유지하는 데 집중합니다. 바닥에 도달하면 아주 천천히 상승을 시작합니다. 잠재적인 다이빙 시간이 허락하는 한, 상승하는 동안 몇 번 멈춰서 총 다이빙 시간을 늘리려고 노력합니다. 이 연습을 통해 제가 도달한 총 다이빙 시간은 수심 60m에서 6분 40초입니다. 목표는 프리폴 중에 횡격막 수축을 느끼면서 다이빙 시간을 늘리고 이퀄라이징도 관리하는 것입니다. 또한 대부분의 다이빙이 10m 수심에 머무르기 때문에 감압병의 위험을 줄이고 심리적인 능력을 향상시킬 수 있습니다.

안전하게 수심을 늘리고 같은 세션에서 여러 번 반복할 수 있다는 점에서 매우 완벽한 훈련 방법이라고 생각합니다.

알렉세이 몰차노프 ALEXEY MOLCHANOV

알렉세이 몰차노프는 1987년 3월 6일 러시아 볼고그라드에서 태어났습니다. 그는 제가 전 세계에서 만난 프리다이버 중 가장 스타일리시한 딥 프리다이버입니다. 그는 수영장에서 DYN 종목과 바다에서 CWT, CNF, FIM 종목까지 세계 기록을 세울 수 있는 뛰어난 선수입니다.
수심 다이빙 종목에서 그는 CWT 130m(세계 기록), CNF 96m, FIM 125m의 기록을 보유하고 있습니다.

• **몇 달에 걸친 장기 훈련 프로그램을 따르고 있나요, 아니면 기록을 세우기 몇 주 전에 몇 번의 특정 훈련 세션만 진행하나요?**

저는 구체적이고 장기적인 훈련 프로그램을 가지고 있습니다. 저는 매우 명확한 거시적 목표와 함께 잘 정의된 목표에 집중하지만, 제 기분과 중간 목표에 따라 조정하는 경향이 있습니다.

예를 들어, 수심 기록을 세우기 두 달 전에는 모든 훈련 계획이 이미 정해져 있습니다. 하지만 특정 다이빙을 할 때 기분에 따라 약간 다른 유형의 운동을 훈련하거나, 하강 또는 상승의 특정 부분에 집중하거나, 새로운 깊은 수심에서 이퀄라이징 기술을 시도하거나, 속도를 변경하는 등 프로그램을 유연하게 유지하고 있습니다.

• **지난 몇 달 동안 수영장 훈련도 계획하셨나요?**

저는 DYN이나 STA 종목에도 출전하여 경쟁하기 때문에 바다에서 열리는 대회 준비와 접근을 위한 방법뿐만이 아니라 인도어 대회 준비를 위해서도 수영장에서 많은 훈련을 계획합니다.

　　DYN 기록을 세울 때, 최상의 신체 상태에 도달하기 위해 저는 매우 상세한 훈련 일정을 따릅니다.

• 교육 계획은 몇 달 전부터 시작하나요?

　　한 해에 메이저 대회나 기록 도전 하나만 있다면 훈련 계획을 세우는 것이 훨씬 쉬울 것입니다. 하지만 제 시즌은 많은 중요한 대회로 구성되어 있기 때문에 그 대회에 맞춰 훈련 계획을 변경하고, 모든 목표에 맞게 조정해야 합니다. 저는 일 년 내내 항상 최상의 컨디션을 유지하려고 노력합니다. 대회가 가까워지면 특정 훈련을 통해 컨디션을 더욱 끌어올려 제 능력을 최대치로 만들 수 있습니다. 이것이 제 비결입니다!

• 신체적 준비에 대해 알려주세요.

　　저는 주로 수영으로 훈련하지만, 체육관에서 약간의 달리기와 근력운동도 합니다. 트레이너가 다가오는 목표를 위해 이를 보완할 수 있는 훈련 테이블을 마련해 줍니다. 저의 신체 훈련은 유산소 운동과 근력 지구력 운동으로 약 3개월에 걸쳐 이루어집니다.

• 물속에서의 구체적인 훈련은 어떻게 진행되나요?

　　기록을 세울 시간이 가까워지지 않을 때는 수영장에서 고이산화탄소증 및 저산소증 훈련 테이블을 사용하여 다이나믹 트레이닝을 많이 합니다. 이 기간 동안 또 다른 일반적인 운동은 회복 시간을 최소화하면서 400~500m 거리를 모노핀을 사용해 수영하거나 다이나믹 훈련으로 진행합니다.

• 기록 도전에 가까워지면 어떻게 하나요?

　　기록 수립 시점에 가까워지면 훈련을 마무리합니다. 마지막 4주는 연속으로 진행합니다. 저는 여전히 고이산화탄소증과 저산소증 시리즈를 몇 차례 하고, 그 사이에 최대치 다이빙을 합니다. 이러한 최대치 다이빙에서는 목표의 75%(완전한 회복으로 3회 반복)와 95%(단 한 번의 다이나믹)까지 도달할 수 있습니다.

- 다이나믹 프리다이빙 테이블, 저산소 테이블과 고이산화탄소 테이블의 예를 들어 주실 수 있나요?

저는 5~10초 사이의 회복 시간을 가진 50m 다이나믹 시리즈를 합니다. 8회 반복으로 시작해서 16~20회까지 늘립니다. 75m 거리로도 똑같이 진행합니다.

100m 이상(125, 150, 175m)의 다이나믹 시리즈의 경우 회복 간격이 30초 이상으로 늘어나기 때문에 저산소 훈련이 됩니다. 사실, 저의 경우 고군분투 단계에서 고이산화탄소 훈련의 전형적인 증상인 다리가 뻣뻣해지는 증상은 없지만, 오히려 수축, 공기 고픔 등을 느낍니다.

제 훈련의 예를 들면 100m 다이나믹을 1분 휴식 간격으로 8회, 10회 또는 12회 반복하는 시리즈입니다. 저는 100m를 다이나믹으로 약 1'20"~1'25" 동안 수영하고 60초간 회복합니다.

분명한 것은 선수의 수준과 회복 성향에 따라 동일한 회복 시간이 어떤 프리다이버에게는 저산소증이 될 수 있고, 다른 프리다이버에게는 절대적으로 고이산화탄소증이 될 수 있다는 것입니다.

다이나믹에서는 제 최대 기록 바로 전까지만 훈련합니다.

- 속도 변화에 따라 운동이 저산소 훈련인지 고이산화탄소 훈련인지 판단하는 데 도움이 되는 것은 무엇일까요?

저는 제 느낌으로 그것이 무엇인지 알 수 있습니다. 운동이 저산소증인지 고이산화탄소증인지 판단하는 데 가장 중요한 변수는 운동 후 회복 시간입니다.

가끔은 CWT 훈련을 할 때 웨이트를 조절하며 노는 것처럼 다이나믹을 하면서도 속도를 조절하며 훈련합니다.

저는 다이나믹을 두 부분으로 나눠 다음과 같이 연습합니다.

초반에는 약간 푸쉬(CWT 다이빙 하강 시 초반 몇 미터에서 하는 것과 비슷한 노력)하며 시작합니다. 힘을 써야 합니다. 그 후 점차적으로 피닝을 최대로 하고 글라이딩합니다(CWT 다이빙에서 프리폴 단계를 시뮬레이션하기 위해). 이 부분이 끝나면 (초 단위로 측정하든 미터 단위로 측정하든) 거의 절반 정도입니다. 그 직후에는 파워와 페이스를 높이고(바닥에서 상승하는 것을 시뮬레이션하기 위해), 마지막에는 수면에서 몇 미터 떨어진 곳에서 최대 글라이딩(CWT 다이빙의 마지막 부분을 시뮬레이션하기 위해)을 사용하여 노력을 줄입니다.

하지만 이 경우에도 한 시리즈와 다른 시리즈 사이에 얼마나 많은 회복이 있느냐에 따라 달라진다는 것을 알고 있습니다.

- **다이나믹 및 스태틱 훈련이 수심 다이빙에 중요하다고 생각하시나요?**

네, 물론입니다. 다이나믹 트레이닝은 발차기에 관련된 근육을 최대로 단련하는 것 외에도 기술을 다듬기 위해 할 수 있는 최고의 운동입니다. 그리고 일반적으로 퍼포먼스는 훈련을 통해 향상될 수 있지만, 테크닉 향상을 통해서도 향상될 수 있습니다. 바다에서 훈련 기간을 시작할 때 저는 다이나믹 훈련으로 높은 수준의 준비를 하기 때문에 바로 수심 훈련에 적응할 수 있습니다.

스태틱도 저에게는 중요합니다. 저는 또한 스태틱으로도 경쟁하기 때문에 이 분야에서 훈련해야 한다는 것이 분명합니다. 다이나믹의 경우 저산소 및 고이산화탄소 테이블 훈련은 스태틱으로 진행됩니다. 대회가 아직 멀었더라도 일주일에 한 번씩 최대 스태틱 훈련을 합니다.

- **CWT와 DYN 종목의 고군분투 단계는 어떻게 연습하나요?**

저는 개인적으로 다이나믹 종목에서 훨씬 더 어려움을 겪습니다. 이 훈련을 하는 동안 매우 강한 수축을 느낍니다. 이것은 바다에서는 일어나지 않고 수영장에서 저를 훨씬 더 힘들게 합니다. 이 부분이 중요합니다. 나는 바다(CWT 종목)에서 더 나아지기 위해 수영장(DYN 종목)에서 고통을 겪습니다.

다이나믹 트레이닝에서 힘든 부분은 몸이 멈추라고 할 때, 숨을 쉬고 싶을 때, 소위 말하는 한계점에 도달했을 때도 계속해야 한다는 것을 알고 있을 때입니다. 이럴 땐 예정된 거리의 절반만 하고 중단할 수도 있습니다. 이와 같은 불쾌한 감각은 CWT 다이빙에서는 존재하지 않으며, 심지어 상승의 마지막 단계에서도 존재하지 않습니다.

이 고군분투 단계에서 CO_2 훈련(시리즈 및 반복 훈련)과 정신 운동(강한 수축이 있더라도 계속할 수 있다고 스스로에게 확신을 주는)이 매우 중요합니다. 스태틱 훈련은 자제력을 키우는 데 많은 도움이 됩니다. 저는 스태틱 훈련 중 매우 강한 수축을 경험합니다. 운동은 머릿속에서(정신적으로)도 이루어지며, 다이나믹과 딥 다이빙을 할 때 도움이 됩니다.

- **DYN이나 CWT 시합 전 또는 최대치 다이빙 전에 워밍업을 하나요?**

  저는 종목에 상관없이 항상 워밍업을 합니다. STA, DYN, CWT 등 어떤 종목이든 먼저 시리즈를 한 다음 최대치 다이빙을 수행합니다.

  다이나믹 시리즈의 예를 들면, 거리가 100m인 경우 50m 워밍업으로 시작한 다음 75m 다이나믹을 두 번 하고 마지막으로 최대 거리에 도달합니다.

  이 시점에서 저는 워밍업이 끝났다고 생각하고 시리즈를 시작합니다.

  최대치 다이나믹을 할 때는 아주 짧은 워밍업을 합니다. 기술을 '느끼기' 위해 짧은 거리를 달린 다음 호흡 단계로 넘어갑니다.

  최대치 CWT 다이빙을 위한 워밍업은 약 20m 깊이에서 엠티렁 상태로 2~3회의 스태틱 진행합니다.

- **특정 수심에서 나르코시스 문제에 대해 많은 이야기가 있습니다. 이 나르코시스에 대처하는 방법에 대해 조언을 구하는 운동선수들이 있지만, 안타깝게도 나는 그들을 도울 수 없습니다. 나는 그것이 무엇인지 모르고 그것을 경험한 적이 없습니다. 패트릭 무지무는 제가 패킹을 하지 않았기 때문에 이 증상을 경험하지 않았을 거라고 얘기했습니다. 그는 습식 이퀄라이제이징 기술 덕분에 더 이상 '공기가 가득 채울' 필요가 없어져 패킹을 그만두면서 나르코시스를 느끼지 않았다고 합니다. 패킹과 나르코시스의 관계에 대해 어떻게 생각하시나요?**

  나르코시스가 패킹과 관련이 있는지에 대해 확실하게 대답할 수 없습니다. 저는 나르코시스에 대해 많이 듣지 못했습니다. 저는 패킹을 많이 하지 않는 편입니다. 저는 약 60%까지만 패킹합니다. 이것은 마지막 딥 마우스 필을 충전하기에 충분한 양입니다. 가끔 하강하는 동안 80~100m 정도에서 약간의 마취감을 느끼기도 합니다. 패트릭 무지무의 말은 부분적으로 사실일지도 모릅니다. 데이브 멀린 DaveMullin 선수의 경우 패킹을 최대로 하며, 그의 나르코시스는 매우 강하기 때문에 패킹과 관련이 있을 수 있습니다.

  저에게는 나르코시스를 멈추기 위해 워밍업도 중요합니다. 워밍업을 하지 않으면 나르코시스가 더 쉽게 느껴진다는 것을 알았습니다.

  저는 윌리엄 트루브리지와 다른 사람들처럼 나르코시스에 대한 특별한 훈련을 하지 않습니다. 단순히 깊은 수심까지 여러 번 잠수하는 것만으로도 도움이 되며 전형적인 마취 증상은 점차 사라집니다.

  나르코시스 증상이 나타날 때 특히 손가락이 따끔거리고 약간의 무감각함을 느낍니다. 이 시점에서 내 다이빙에 집중하고 집중력을 높이기 위해 노력하면 모든 것이 사라집니다.

수면으로 돌아오기 위해 턴을 하고 나면 거기서 빠져나왔다는 것과 정말 멋진 다이빙이었다는 것을 알 수 있습니다. 머릿속에서 들립니다.

- **FIM 종목은 기술적으로 CWT보다 쉽습니다. 이 종목의 기록이 CWT보다 낮은 이유는 무엇이라고 생각하시나요?**

FIM 종목의 총 다이빙 시간이 엄청나게 길기 때문입니다. FIM 다이빙의 속도는 일반적으로 하강과 상승 모두에서 CWT 다이빙보다 훨씬 느립니다. 저는 CWT 다이빙에서 상승 속도가 초당 약 1.4~1.5m입니다. 하지만 FIM 종목에서는 최대 속도가 초당 1m입니다. 따라서 FIM 종목의 다이빙 시간이 CWT에 비해 훨씬 더 길어집니다.

FIM 종목에서 70~80m까지 하강하는 것은 CWT보다 훨씬 쉽습니다. 그러나 그 후부터는 다릅니다.

FIM 종목은 CWT보다 스트레스가 훨씬 적지만, 특정 수심에서는 엄청난 다이빙 시간으로 인해 견딜 수 없는 수준의 저산소증으로 이어지는 문제가 발생합니다.

솔직히 저는 FIM 훈련을 많이 해본 적이 없습니다. 이런 문제들은 훈련을 통해 극복할 수 있는 부분이고, 제가 노력해야 할 부분입니다. 또한 짧은 오리발로 수영을 했던 과거 덕분에 다리는 튼튼하고 훈련이 잘되어 있지만 팔은 전혀 강하지 않습니다.

- **높은 수준의 프리다이빙 기록을 달성한 이래로 다른 프리다이버가 시도하지 않았던 훈련법 또는 테크닉을 만들거나 '발명'한 적이 있나요?**

이런 식으로 나 자신에 대해 이야기하는 것은 어렵습니다. 저는 러시아 국가대표에서 짧은 오리발로 수영을 해왔습니다. 아마도 제가 짧은 오리발 훈련을 DYN과 CWT 종목의 훈련에 최초로 도입한 사람일 것입니다.

패트릭 무지무 PATRICK MUSIMU

　　패트릭 무지무는 1970년 10월 12일 콩고 킨샤사에서 태어났으며, 벨기에 국적을 가지고 있었습니다.

2001년, 제가 은퇴하기 전까지 한동안 우리는 국제 대회와 이비자에서 열린 팀 세계 선수권 대회에서 경쟁 관계였습니다.

그는 NLT 종목에서 200m의 장벽을 깬 최초의 사람이기도 합니다.

저는 그가 죽기 몇 달 전 브뤼셀에서 열린 자선 행사에서 그를 마지막으로 봤습니다. 그때 우리는 함께 콘퍼런스를 열었습니다.

이 인터뷰에서는 지암피에로 제노베제(Giampiero Genovese)가 패트릭 무시무(2011년 7월 21일 사망)를 대신해 답변해 주었습니다. 그는 이 강인한 벨기에 프리다이버의 훈련 파트너이자 좋은 친구였습니다.

• **몇 달에 걸친 장기 훈련 프로그램을 따랐나요, 아니면 기록을 세우기 몇 주 전에 몇 번의 특정 훈련 세션만 진행했나요?**

　　패트릭에게 있어 목표(종목, 날짜, 장소)를 정확히 아는 것은 그의 훈련 접근 방식, 즉 육상에서의 준비와 바다에서의 준비, 수심 증가, 훈련의 증가 및 감소를 더 잘 계획하기 위해 필수적이었습니다. 그는 절대로 아무것도 우연에 맡기지 않았습니다. 그는 매우 꼼꼼하고 정확했습니다. 그에게는 모든 세부 사항이 매우 중요했습니다. 훈련 계획뿐만 아니라 수중 장비 선택에서부터 육상 훈련 장비 선택에 이르기까지 모든 다른 상황에서도 마찬가지였습니다.

　　기록 달성을 위한 훈련 기간은 그가 염두에 둔 목표에 따라 크게 달라졌습니다. 제가 그와 함께 훈련을 시작했을 때 그의 목표는 탠덤, 전통적인 NLT(페르시아만의 진주 잠수부 방식 150m) 그리고 230m를 넘는 NLT 등 세 가지 다른 종목에서 세계 기록을 세우는 '트리플 퀘스트'였습니다. 패트릭은 그가 얼마나 깊게 다이빙할 수 있는지보다 인간의 능력을 보여주고 싶어 했기 때문에, 그가 달성한 수심에 대해 공식적으로 발표한 적이 없습니다. 하지만 우리는 그가 집중하고, 준비하고, 자신의 목표를 향해 체계적으로 훈련한 것을 알고 있었습니다.

실제로 이 세 번의 시도 중 처음 두 번은 NLT 종목에 비해 불리한 조건에서 기술과 메커니즘을 개발하기 위한 테스트 및 훈련이었으며, 이것이 나중에 최종 시도에서 결정적인 역할을 했습니다.

앞서 말씀드린 대로 세계 신기록 도전을 위한 그의 일정은 거의 2년에 걸쳐 진행되었는데, 준비 기간(2~3개월)과 바다에서만 훈련하는 기간(2~3주)이 있었습니다.

바다에 있는 동안 그는 거의 매일 기록 당일에 시도할 수심의 70% 정도의 수심까지 잠수했으며, 더 깊이 잠수하지 않은 유일한 이유는 안전상의 이유 때문이었습니다. 그는 다이빙을 할 때마다 특별한 이퀄라이징 방법을 연습하고, 웨이트(무게)에 대한 구체적인 해결책을 테스트하고, 극한(매우 빠른) 하강에서 가장 중요한 영역에서 자신을 도울 수 있는 새로운 상황이나 방법을 알아냈습니다. 특히 사고 발생 시 다시 올라갈 수 있는 안전 시스템을 개발하기 위해 노력했습니다. 그는 얕은 물에서, 특히 장시간의 육상 훈련을 통해 기술을 완성하기 위해 노력했습니다. 그는 이 기간 동안 두세 번 정도만 깊은 수심에 도달하여 얕은 수심에서 훈련한 기술들을 적용했습니다.

- **3개월간의 드라이 트레이닝을 어떻게 준비했는지 알려주세요.**

그는 매일 훈련했습니다!

그의 운동선수로서의 하루는 이른 아침부터 최소 1시간의 명상, 시각화, 호흡법으로 시작됩니다.

명상 기법에서는 다이빙을 시각화하여 정신적으로 기술과 이퀄라이징 동작을 반복하고 다이빙 자체의 가장 중요한 영역에 '진입'하는 것이 필수적이었습니다. 그는 동일한 상황을 가상으로 재현하며 드라이 트레이닝을 했습니다. 이 훈련은 매일 반복되었고, 그의 훈련에서 핵심적인 부분이었습니다.

그의 호흡 훈련은 횡격막을 매우 깊게 사용하는 프라나야마 기술을 훈련하는 것으로 구성되었습니다. 그런 다음 그는 과거에 이미 수련했던 기공 무술의 전형적인 호흡 기술을 추가했습니다. 그는 또한 감정적 측면과 다양한 유형의 스트레스, 불면증 퇴치에 사용되는 호흡법(후자는 무념무상 호흡으로 알려져 있음)을 연구하면서 개인 호흡 기술을 개발했습니다.

그의 구체적인 신체 훈련 프로그램은 일주일에 6일 정도 진행되었습니다. 그는 척추와 흉곽의 특정 스트레칭과 운동을 번갈아 가며 하는 잘 계획된 프로그램을 가지고 있었습니다. 그는 수중과 육상 모두에서 스태틱 훈련을 했으며, 특히 바다에서 경험할 수 있는 폐의 상황을 재현하기 위해 폐를 비우거나 수동적으로 숨을 내쉰 후 스태틱 훈련을 했습니다. 그는 '편안한 영역'에 머무르면서 최대 잠수 시간(가장 최근 수동적 날숨 상태에서 약 7분)에 도달할 때까지 잠수 시간을 점차 늘려가며 스태틱 시리즈를 훈련했습니다. 이 '영역'에서는 스트레스를 받지 않고 훈련하는 것이 중요했습니다. 그는 전년도에 비해 기록이 크게 향상되었다는 사실을 깨닫고 매우 만족스러워했습니다. 그에 따르면, 수동적 날숨 상태의 스태틱 훈련은 조용히 자신의 딥 다이빙을 마주할 수 있게 해준 시간이었다고 설명했습니다. 그는 스스로 설정한 목표 유형에서 체육관 훈련이 가장 중요하다고 생각하지 않았습니다.

과거에 그의 목표가 CWT나 DYN 기록이었을 때는 체육관에서의 운동이 매우 정확했습니다.

그는 퍼포먼스를 분석하고 세분화해 매년 운동량을 조정하고 집중했습니다. 체육관에서의 운동은 유산소 운동기구(예: 스텝, 러닝, 사이클링)와 에너지 시스템(예: VO_2max, 최대 노력, 최대 심박 수, 최대 저항)을 이용한 일련의 운동을 예측하여 적어도 물속에서의 테스트 다이빙과 동일한 시간 동안 수행하도록 했습니다. 각 운동은 운동 시간을 기준으로 계산한 짧은 회복 시간을 포함해 세 번 반복했습니다. 그는 특정 임계치 이하로 떨어지지 않도록 하는 것이 중요하다고 생각했습니다.

몇 분간 반 수동적인 회복 및 수분 보충 후, 그는 때때로 다른 운동기구에서 같은 시리즈를 반복했습니다. 이러한 유형의 체육관 세션은 25분에서 40분 정도 지속되었습니다.

이 훈련은 그의 체력 훈련의 중심이 되는 메인 세트였고, 이를 통해 그는 적절한 기본기를 준비할 수 있었다고 합니다. 종종 그가 '엔진'을 훈련해야 한다고 말했는데, 이는 그가 바다에서 스트레스를 더 잘 해결할 수 있는 올바른 능력을 갖출 수 있도록 해주었습니다.

체육관에서 그는 CO_2 및 저산소증에 대한 저항 훈련도 했습니다. 이 훈련 시리즈는 최대치 힘으로 운동기구에서 수행되었습니다. 이러한 유형의 훈련 시간은 20~30분 사이였습니다.

예를 들어, 그는 1분간 호흡 후 숨을 참은 상태로 1분간 운동하는 훈련을 했는

데, 목표는 동일한 회복 시간으로 점진적으로 운동 시간을 늘리는 것이었습니다. 이러한 운동은 자신과 자신의 능력에 대한 지식을 바탕으로 이루어졌습니다.

실험실에서 CO_2 내성 훈련 후 측정한 결과에서 패트릭은 젖산에 대해 높은 내성을 보였는데, 이는 비슷한 훈련 중에 채취한 다른 샘플보다 높은 수치였습니다. 패트릭과 협력한 세계 최고의 프리다이빙 생리학 연구자이자 전문가 중 한 명인 티노 발레스트라 박사Dr. Tino Balestra도 이 사실을 잘 알고 있습니다.

수년에 걸쳐 그는 자신의 목표('전통적인' NLT 및 일반 NLT)가 하강 또는 상승에서 '특정한 신체적 노력'이 필요하지 않다는 사실을 염두에 두고 신체 훈련 방법을 변경했습니다. 그는 NLT 종목을 위해 필수적이지 않다고 생각되는 훈련을 정리하려고 노력했고, NLT 종목을 위해 필요한 구체적인 훈련을 하는 것으로 전환했습니다. 예를 들어, 그는 체육관에서 특정 근력 훈련 부분을 제거했습니다. 그런 종류의 노력이 NLT 종목에서 필요 없기 때문입니다. 젖산 저항 훈련 외에도 그는 습식 이퀄라이징 기술을 위해 필수적인 전체 절차, 운동 및 기술에 집중했습니다.

제가 그와 함께한 이후로 그가 DYN 종목을 훈련하는 모습을 본 적이 없었습니다.

- **프리다이빙 전에 워밍업을 했나요?**

그는 육상에서 드라이 워밍업을 했습니다. 그는 스태틱 및 수심 다이빙 전 항상 드라이 워밍업을 수행했습니다. 그는 각 훈련 세션 전 특정 자세를 취하고 폐를 완전히 비우고 숨을 참으며 스트레칭과 횡격막을 당겨 올리는 방법으로 이 워밍업을 연습했습니다. 패트릭은 이 동작을 가능한 오랫동안 반복했습니다. 패트릭과 일부 정골 의학 의사에 따르면 호흡하지 않고 폐를 비우는 이러한 유형의 횡격막 운동은 프리다이빙 중 특히 '고군분투' 단계에서 항 스트레스 호르몬의 생성을 유발하여 편안하게 다이빙하는 단계를 늘려 도움이 된다고 합니다

저는 한 번도 경험한 적이 없기 때문에 나르코시스가 뭔지 모릅니다. 이것에 대처하는 방법에 대해 조언을 구하는 선수들이 있지만, 안타깝게도 저는 그들을 도울 수 없습니다. 패트릭은 습식 이퀄라이징 기술 덕분에 더 이상 '공기를 가득 채우기' 위해 패킹을 할 필요가 없어진 이후로 나르코시스에 대한 느낌을 받지 않게 되었다고 말했습니다.

사실입니다. 그가 패킹을 중단한 이후로 더 이상 나르코시스 증상이 없었습니다. 그것은 그에게 중요한 포인트였습니다. 그는 패킹 훈련 대신 수동적 날숨 후 스태틱

훈련을 했고, 이런 문제를 피하기 위해 '물개들이 하는 방식'인 수동적 날숨 후 숨을 참는 방식으로 마지막 트리플 무제한 기록에 도전하겠다고 발표하기도 했습니다.

- **습식 이퀄라이징 기법이란 무엇인가요?**

그는 40~50m 정도에서 노즈클립을 제거했습니다. 전두동, 두정골, 유양동을 포함한 모든 구획에 물이 고르게 들어가도록 했습니다. 다이빙 전에 그는 얕은 수심에서 이 방법을 준비했습니다. 209m의 기록을 세운 후에도 그는 이 기술을 계속 개선하고 발전시켰습니다. 이 습식 이퀄라이징 방식은 과학적으로 문서화되었습니다(Germonpre P., C. Balestra, Musimu P., Passive Flooding of paranasal sinuses and Middle Ears as a Method of Equalization in Extreme Breath-hold Diving, 극한의 숨 참기 다이빙에서 이퀄라이징 방법으로서 부비동과 중이의 수동적 침수, Br J Sports Med. 2011 Jun; 45 (8): 657-9).

- **패트릭이 높은 수준의 프리다이빙 기록을 달성한 이래로 다른 프리다이버가 시도하지 않았던 훈련법 또는 테크닉을 만들거나 '발명'한 적이 있나요?**

패트릭은 프리다이빙의 효과와 인식을 높이는 데 확실히 기여했으며, 인류 역사상 처음으로 200m 이하로 잠수하는 데 성공했습니다(이 수심은 2005년에 여러 차례 갱신되었습니다).

패트릭은 물리치료사이자 무술 전문가로서의 지식을 최대한 활용하여 완벽한 훈련법을 개발했습니다. 이는 자신과 신체, 동물의 행동에 대해 오랜 시간 동안 연구한 결과입니다.

패트릭은 마우스 필 기술의 대가일 뿐만 아니라 습식 이퀄라이징 기술과 횡격막의 사용법을 연구했습니다. 습식 이퀄라이징을 배우고 효과적으로 적용하기 위해 그는 주사기로 코에 식염수를 주입해 보기도 했습니다. 처음 시도했을 때 그는 기절했지만, 그가 말했듯이 "한계를 받아들여라."라는 그의 말처럼 그는 결국 적응하고 익숙해졌습니다. 또 다른 중요한 공헌은 그가 운동과 횡격막 호흡을 호르몬 생산과 수심에 대한 생리적 적응과 연결시켰다는 점입니다. 패트릭은 또한 과학 출판물을 공동 집필한 몇 안 되는 고급 프리다이버 중 한 명이었습니다.

기욤 네리 GUILLAUME NERY

    기욤 네리는 1982년 7월 11일 프랑스 니스에서 태어났습니다.
이 훌륭한 선수는 니스에 위치한 수상 경력이 있는 프랑스 학교에 속해 있습니다. 그는 매우 카리스마가 넘치며, 만나는 모든 이에게 자신의 열정을 전달하는 방법을 알고 있습니다.
2001년 이비자에서 열린 세계 팀 챔피언십에서 우리는 '충돌'했는데, 이탈리아가 프랑스를 이기고 우승했습니다. 당시 그는 세계 무대에 처음 등장했고, 그 대회 이후 저는 기록 경쟁을 마감하기로 결정했습니다. 그는 2016년 AIDA WC에서 발생한 CWT 사고 이후 프리다이빙 대회에서 은퇴했습니다. 그의 CWT 개인 기록은 125m입니다.

- **몇 달에 걸친 장기 훈련 프로그램을 따르나요, 아니면 기록을 세우기 몇 주 전에 몇 번의 특정 훈련 세션만 수행했나요?**

    저는 최소 8개월에 걸쳐 운동을 계획하며, 시즌의 가장 중요한 목표에 가까워질 때 훈련 과정에서 따르는 몇 가지 일반적인 원칙이 있었습니다. 하지만 이 과정에서 때때로 제가 물속에서 육체적으로 느끼는 방식(피곤함, 훈련 프로그램에 포함된 것보다 더 많이 또는 더 적게 하고 싶다는 신체적 또는 정신적 느낌, 계획된 것이 아닌 다른 것을 하고 싶은 욕구 등)에 따라 계획된 프로그램과 다른 '훈련의 변형'을 결정하기도 했는데, 그때마다 저는 몸이 말하는 대로 해야 한다고 느꼈습니다. 그래서 제가 어디로 가야 할지 알고 있었고 테이블 훈련과 운동(운동, 부하 등)의 선택은 훈련 세션 며칠 전에 변경될 수 있었습니다.

- **바다에서 수심 훈련만 했나요, 아니면 다이나믹 훈련과 스태틱 훈련도 병행했나요?**

제 커리어 초기에 훈련하던 방식과 비교했을 때 최근 몇 년 동안 제 훈련 방법은 완전히 바뀌었습니다. 겨울 동안, 이전과 비교해서 저는 좀 더 열정적으로 신체 준비를 강화했습니다. 저는 사이클링, 산악 자전거, 크로스 컨트리 스키를 즐기며 많이 운동했습니다. 저는 이런 유산소 운동이 특히 CWT 종목을 위해 중요하다고 생각합니다. 이 기간 동안, 저는 프리다이빙 감각을 유지하기 위해 일주일에 한 번 바다로 갔습니다. 하지만 저는 수영장에서, 특히 다이나믹 CO_2 테이블 훈련도 많이 했습니다. 체력 훈련의 첫 번째 단계에서는 유산소 지구력 운동에 많은 시간을 할애했고, 그 후에는 강도를 높여 역치 운동으로 전환했습니다. 마지막으로 VO2max와 무산소 운동으로 세션을 마무리했습니다.

시즌의 가장 중요한 이벤트 약 3개월 전부터 훈련 세션을 시작했고, 점차적으로 세션과 신체 훈련량을 줄였습니다. 저는 항상 약간의 유산소 운동을 했는데, 가벼운 부하로 적은 빈도로 숨을 참으며 호흡을 조절하면서 달리기, 가능한 한 최소한의 호흡을 하면서 달리기, 숨을 쉬지 않고 최대 스트로크 수로 수영하기, 빠른 속도로 숨을 쉬지 않고 실내 자전거 타기 등의 훈련을 했습니다. 이 기간 동안 저는 거의 매일 수심 트레이닝도 진행했습니다. 수심은 그리 깊지 않았고, 최대 수심보다 약간 얕은 수심에서 훈련했습니다. 일부 세션에서는 CWT 종목에서 어려운 상황을 재현하기 위해 짧은 핀을 사용하거나 노핀으로 훈련하기도 했습니다.

기록 달성 5~6주 전에는 상당히 깊은 수심에 도달했습니다. 하지만 지난 몇 달간의 훈련 덕분에 이 수심이 달성 가능하다는 것을 제 머리와 다리로도 알고 있었습니다. 저는 격일로 바다에서 80m 수심에서 시작해 한 번에 약 3m씩 수심을 늘려가며 훈련을 했습니다. 일주일에 한 번은 수영장에서 기술(모노핀 킥)훈련과 약간의 신체 준비에 집중하는 세션을 가졌습니다. 기록 도전 전 마지막 4주 동안에는 물속에서만 훈련했고, 점차 공식 수심에 가까워졌습니다. 100~120m에 도달했을 때는 운동 사이에 하루를 쉬어야 했습니다. 120m가 넘으면 훈련 사이에 최소 이틀은 쉬어야 했습니다. 물 밖에서는 스트레칭과 호흡 운동만 했습니다.

- **스태틱 훈련도 했나요?**

실제 훈련은 대회 전 3개월 동안만 했습니다. 대회 전 6주 동안은 주로 엠티렁 상태에서 스태틱 훈련을 했습니다. 일주일에 2~3회 정도 훈련했는데, 바다에서의 수심 다이빙에 많은 도움이 되었다고 느꼈습니다.

- **CWT 챔피언이었음에도 불구하고 스태틱과 다이나믹 훈련이 중요했나요?**

  물론 저는 이 두 종목을 완전히 다른 기간과 방식으로 훈련했지만, 다이나믹에서는 최대치 다이빙을 하지 않고 주로 CO_2 테이블 훈련에 집중했습니다.

  이 훈련은 특히 CWT 다이빙 후반부에 비교적 오랜 시간 동안 젖산이 축적된 상태에서 근육을 움직여 상승해야 하는 상황에서는 높은 수준의 CO_2에 적응하는 데 매우 유용했을 것입니다.

- **딥 다이빙에 대해 이야기하셨는데요. 특정 수심 이상의 나르코시스에 대해 많은 이야기가 있습니다. 저는 그것을 경험해 본 적이 없어 대처하는 방법에 대해 조언을 구하는 운동선수들이 있지만, 안타깝게도 그들을 도울 수 없습니다. 패트릭 무지무는 제가 패킹을 하지 않기 때문에 나르코시스 증상을 경험한 적이 없을 거라고 주장했습니다. 그는 습식 이퀄라이제이징 기술 덕분에 더 이상 '패킹이 필요 없어졌을 때' 그것을 느끼지 않았고 패킹을 중단했다고 말합니다. 패킹과 나르코시스의 관계에 대해 어떻게 생각하시나요?**

  솔직히, 제가 정확하게 대답할 수 없는 문제입니다. 저는 패킹을 하고 나르코시스를 느낍니다. 제가 말할 수 있는 것은 하강이 빠르면 그 증상이 거의 느껴지지 않는다는 것입니다. 5초만 늦게 바닥에 닿아도 나르코시스 증상은 두 배로 강해집니다. 따라서 변수가 패킹에 의한 '폐 채우기'인지 잘 모르겠습니다. 이것은 확실히 원인이 될 수도 있지만, 제가 아는 한 하강 속도(다이빙을 시작해 바닥에 도착할 때까지 소요되는 총 시간) 또한 나르코시스에 큰 영향을 미칩니다.

- **최대치 다이빙 전에 워밍업을 하나요?**

  저는 2009년부터 윌리엄 트루브리지의 조언에 따라 워밍업을 시작했습니다. 처음에는 CNF 종목에서만 워밍업을 했습니다. CWT 종목에서는 워밍업을 하지 않습니다. 지금은 이 방법이 좋습니다. 워밍업이 다이빙 반사의 효과를 극대화한다고 생각합니다.

- **CNF, FIM 또는 NLT 종목의 기록 시도를 한 적이 있나요?**

  저는 이미 CNF에 출전한 적이 있습니다. 2009년 세계 선수권 대회에서도 동메달을 땄고, CNF에서의 운동 세션이 중요한 역할을 했기 때문에 많은 훈련을 했습니다. CWT 종목에서 더 발전할 수 있게 해준 '도구'였습니다. 저는 FIM 종목은 좋아하지 않습니다. NLT 종목과 관련해서는 이 종목에서 신기록을 세우는 것이 수년 전부터 마음속에 품고 있던 제 꿈이었습니다. 하지만 오드리 메스트르Audrey Mestre, 로익 르페르메Loic Leferme , 허버트 니치Herbert Nitsch 등 여러 사건을 겪은 후 이 종목에서는 경쟁할 수 없다는 결론을 내렸습니다.

- **FIM 종목은 기술적으로 CWT보다 쉽습니다. 이 종목의 기록 수심이 CWT보다 낮은 이유는 무엇이라고 생각하나요?**

  FIM 종목에서 100m를 넘어가면 무호흡 시간이 엄청나게 늘어납니다. 100~120m 사이의 수심에서 5분에 가까운 다이브 타임이 되면 한계에 '아주 아주' 근접한 상태로 수면에 도착하게 됩니다. 속도를 높이기 위해 하강과 상승 시 팔의 추진력을 높이려고 시도했지만, 결과는 더욱 악화되었습니다. 다이브 타임은 줄어들지만, 스트레스 증가로 인해 산소 소비량도 함께 증가했습니다.

  제 경험상 CWT 종목에서는 '이제 가속할 거야'라고 생각하고 총 시간을 몇 초 줄이면서 산소 소비량을 조절할 수 있지만, FIM 종목에서는 그럴 수 없습니다.

  약 60~70m 깊이까지는 FIM 종목이 기술적으로나 퍼포먼스 관점에서 잠수 시간이 상대적으로 짧기 때문에 CWT에 비해 훨씬 쉽습니다.

- **다이나믹에서 사용한 CO_2 테이블의 예를 들어줄 수 있나요?**

  우선 저는 50, 75, 100m에서 거의 동일하게 훈련했습니다. 예를 들어

  - 첫 번째 시리즈는 10×50m, 2회 진행하는데 첫 번째 시리즈는 55초 회복, 두 번째 시리즈에서 50초 회복으로 진행합니다.
  - 10×75m, 2분 회복
  - 8×100m, 3분 회복

  위 테이블 훈련은 회복 시간을 상대적으로 짧게 유지하는 것이 목표입니다. 만약 100m 이상 거리가 늘어나면 전체 시리즈를 계속 진행하기 위해 더 긴 회복 시간을 가져야 하고, 그렇게 되면 더 이상 고이산화탄소 훈련이 아니라 저산소 훈련을 하게 됩니다. 그렇게 되면 CWT 종목에서 유용하지 않게 됩니다. 또 한 가지 중요한 점

은, 저는 항상 CWT 다이빙의 상승 단계에서의 속도(초당 1.4~1.5m)와 다이나믹 속도를 동일하게 유지하려고 노력했습니다.

저는 CO_2 테이블 훈련을 CWT와 동일한 속도로 진행하는 것이 기본이었습니다.

- **스태틱에서 사용한 CO_2 테이블도 설명해 주세요.**

  나는 엠디렁 스태틱 훈련을 했습니다. 제가 자주 반복했던 테이블의 예는 다음과 같습니다.

  - 기본 워밍업
  - 4×1분 STA, 30초 회복
  - 4×1'30" STA, 30초 회복
  - 4×2분 STA, 30초 회복
  - 4×3분 STA, 1분 회복
  - 2 또는 3×3'30" STA, 1'30" 회복

  제가 종종 풀렁 상태로 훈련했던 또 다른 테이블은 다음과 같습니다.

  - 기본 워밍업
  - 4×6'30", 1분 30초 회복

- **높은 수준의 프리다이빙 기록을 달성한 이래로 다른 프리다이버가 시도하지 않았던 훈련법 또는 테크닉을 만들거나 '발명'한 적이 있나요?**

  저는 모노핀을 스피드 도구로 사용하여 CWT 종목에서 빠른 속도를 달성한 최초의 사람입니다.

  마틴 스테파넥Martin Stepanek과 카를로스 코스테Carlos Coste가 각각 세운 107m와 108m의 CWT 다이빙 기록의 다이브 타임은 약 3'30"였습니다. 제 기록은 109m, 총 시간은 2'55"로 다른 선수들보다 30초 이상 빨랐습니다.

  그리고 이 기술과 더 빠른 속도를 추구하는 경향은 나중에 많은 다른 선수들에 의해 채택되었습니다. 현재 많은 젊은 프리다이버가 이 기술을 사용하여 고속 상승을 하고 있습니다. 윌리엄 트루브리지와 알렉세이 몰차노프도 같은 수심에 도달했을 때 저와 거의 비슷한 다이브 타임을 기록했습니다.

허버트 니치 HERBERT NITSCH

　　허버트 니치는 1970년 4월 20일 오스트리아 빈에서 태어났습니다. 제가 보기에 그는 프리다이빙의 G.O.A.T.(Greatest Of All Times)입니다. 그는 인도어와 아웃도어를 막론하고 모든 종목에서 기록을 세웠습니다. CWT 124m, FIM 120m, NLT 244m이 기록들은 그의 명함입니다. 저는 1998년에 그를 처음 만났습니다. 마르티니크Martinique에서 저와 함께 훈련하고 싶어 했어요. 그는 자신을 초보 프리다이버라고 소개했습니다. 우리가 처음 바다에 들어갔을 때, 제가 워밍업 다이빙을 하러 내려가자고 했더니 바로 75m까지 내려갔던 기억이 납니다! 이것은 진정한 재능이죠.

• **몇 달에 걸친 장기 훈련 프로그램을 따르나요, 아니면 기록을 세우기 몇 주 전에 몇 번의 특정 훈련 세션만 수행했나요?**

　　수년 동안 저의는 기록 도전을 준비하는 방식에 많은 변화를 겪었습니다.

　　지난 시즌에는 대부분 육상 훈련으로 진행했습니다.

　　장기간의 신체 훈련 기간 동안 제 계획은 주로 지구력과 저항력을 기반으로 했기 때문에 유산소 운동을 많이 했습니다. 이 기간의 마지막 부분에서는 스태틱 훈련을 진행했습니다. 이때가 물속에서 구체적인 준비를 시작하기 전입니다. 드물게 체육관에서 체력 훈련을 할 때 숨을 쉬지 않고 몇 가지 훈련을 했습니다.

　　이것이 제 준비의 기초가 되었고, (목표 종목에 따라 다르지만) 기록을 세우기 3~4주 전부터 수중 훈련을 마무리하는 과정으로 진행했습니다.

- 제가 대회에 출전하던 시기에는 수압에 대한 적응력을 잃지 않기 위해 일 년 중 11개월을 물과 바다에서 훈련했습니다. 당신의 경우 오랜 시간 육상에서 훈련했는데, 수심에 대한 적응력이 떨어질까 봐 두렵지 않았나요?

  대회나 기록 도전을 시작하기 전 깊은 수심에 도달하기까지 시간이 너무 짧았지 않았나요? 수중에서 겪게 될 스트레스와 압박감에 어떻게 대비했나요?

  저는 제 몸의 느낌을 많이 참고했습니다. 항상 이것이 가장 중요합니다!

  처음에는 안전한 수심에서 시작해서 제가 할 수 있다고 생각되는 수심에 따라 수심을 늘리거나 줄였습니다. 어떤 경우에는 할 수 있다고 생각되면 수심을 수십 미터씩 늘렸습니다.

  수중 준비 기간인 한 달 동안은 기록 달성을 위한 준비 기간이었기 때문에 몸이 그 수심의 압력에 적응하기에 충분한 시간이었습니다. 만약 물속에서 더 오랜 시간을 준비했다면 공식 기록 도전 날에는 너무 지쳐있었을 것입니다. 저에게 4주는 수심에 적응하고, 수심을 늘리고, 체력 저하 없이 완벽한 컨디션으로 기록에 도달할 수 있는 완벽한 시간입니다.

- 당신은 전문 파일럿이었기 때문에 업무가 허락하는 여가 시간에만 훈련을 할 수 있었습니다. 돌이켜보면 만약 일과 관련된 약속이 없었고, 일 년 내내 훈련할 수 있었다면 운동 프로그램을 어떻게 바꾸었을 것 같나요?

  파일럿으로 일하면서 프리다이빙 세계 기록을 세우기 위해 훈련하는 것은 쉽지 않았습니다. 어쩔 수 없이 그렇게 했다고 해두죠! 저는 프로 선수가 아니었고, 훈련 테이블은 높은 수준을 유지하면서 직업도 유지할 수 있는 완벽한 타협점에 있었습니다. 만약 제가 완전히 자유로웠다면 모든 영역에서 효율성을 높이는 데 더 많은 시간을 할애했을 것 같습니다. 개선과 보완이 필요하다고 생각되는 특정 상황에 대해 더 많은 시간을 할애하여 더 나은 결과를 도출했을 것입니다. 하지만 수중 프리다이빙에 더 많은 시간을 할애했을 것 같지는 않은데, 특정 수중 훈련을 오랫동안 하면 저에게 부정적인 영향을 미친다는 것을 알았기 때문입니다. 저는 장기간 수중 훈련 시 피곤함을 느끼고 기록이 퇴행하기 시작했으며, 에너지가 부족하다고 느꼈습니다. 이런 구체적인 상황들은 실질적으로 제 몸의 상태를 '약화'시켜, 제 목표에서 멀어지게 했습니다.

- **시간이 더 주어진다면 어떤 '약점'에 집중하고 싶으신가요?**

  이퀄라이징입니다. 세계 신기록을 세우는 동안 이퀄라이징을 위한 노력과 연구에 집중했음에도 불구하고 시간이 더 있었다면 더 많은 것을 '발견'하고 이해하면서 새로운 이퀄라이징 방법을 개발하고 연습했을 것입니다. 이러한 지속적인 연구 덕분에 200m에 도달할 수 있었던 새로운 EQEX 이퀄라이징 방법을 발명할 수 있었습니다. 만약 제가 프로 프리다이버로서 프리다이빙에만 집중할 수 있었다면 더 많은 이퀄라이징 기술을 발견하고 개발했을 것이라고 확신합니다.

  수년 동안 이것만 훈련했던 기간이 있었습니다. 저는 수심 20m의 수영장에서 숨을 완전히 내쉬고 바닥까지 서서 내려갔다가 다시 올라오는 훈련을 했습니다. 그 상황에서 폐가 완전히 비워진 상태에서 몸, 특히 귀에 가해지는 압력과 바다에서 직면하게 될 더 강한 압력을 재현하려고 노력했습니다.

  이런 식으로 최대 수심 20m까지 내려가면서 저는 타라바나의 위험 없이 많은 다이빙을 할 수 있었고, 새로운 이퀄라이징 기법을 더 잘 이해하기 위해 몇 번의 시도를 했습니다.

- **당신의 훌륭한 통찰력이 담긴 '병 이퀄라이징' 기법(EQEX)에 대해 설명해 주세요.**

  이 아이디어에 대해 많이 생각하고 또 생각했습니다. 250m에 도달할 수 있게 해준 이 혁신적인 기술을 개발하기 위해 수영장과 바다에서 얼마나 많은 시간을 보냈는지 상상도 못 하실 겁니다.

  저는 이 기법에 'EQEX'라는 이름을 붙였습니다. 다른 사람들은 그것을 콜라 스톱coke stop이라고 불렀습니다. 다이빙 시작부터 끝까지 머릿밑에 위치한 이 병(바닥을 뚫고 물을 채운)을 중심으로 모든 것이 이루어집니다.

  하강하는 동안 나는 약 25m 깊이에 멈추고 입에 물고 있는 빨대를 통해 병에 공기를 채우고 가능한 한 폐를 비웁니다. 이것은 폐 공기를 병에 담기 위해 성문을 자발적으로 여는 유일한 시간입니다.

  전체 하강은 실제로 호기 후 무호흡으로 이루어지며 폐에 공기가 거의 없기 때문에(잔기량 제외) 색전증이나 타라바나의 위험을 최소화합니다. 성문을 닫은 상태로 하강하면 폐를 분리하여 압력 평형의 노력으로 인한 폐부종의 위험을 피하고(폐가 닫힌 성문에 의해 분리되기 때문에), 혈액 이동과 다이빙 반사에 의해 유발되는 상황을 최적화할 수 있습니다.

  따라서 하강하는 동안 이퀄라이징은 물통에 저장된 공기만을 사용하여 수행됩니다. 병에서 공기를 빨아들이고 성문을 닫으면 마우스필을 채우기 위해 많은 양의 공기를 사용할 수 있습니다. 이것은 입안의 공기량을 인위적으로 늘리기 위한 책략입니다. 또한 병에서 공기를 흡입하는 것은 폐에서 공기를 재충전하는 전통적인 방식에 비해 훨씬 쉽습니다.

폐는 비우고 병에 공기가 가득 차면 프렌젤 이퀄라이징 방식으로 이관에 압력을 가해 지속적으로 이퀄라이징을 수행합니다.

- **수심 기록을 더 늘리기 위해 무엇을 할 수 있다고 생각하시나요? NLT 종목에서 유일한 문제가 이퀄라이징이라는 것을 입증했듯이, 저는 특히 CWT 종목에서 아마도 인간의 한계가 그리 멀지 않을 것이라고 생각합니다. 남은 부분을 더 세밀하게 다듬기 위해 무엇을 할 수 있을까요?**

현재의 기록 수심을 고려할 때 훈련의 양보다는 질에 초점을 맞춰야 한다고 생각합니다. 퍼포먼스를 제한하는 요인에 초점을 맞추고, 어떤 훈련을 통해 각 개인의 수준을 높일 수 있을지 고민해야 합니다. 잠수 시간, 저항, 다이빙 후반부에서 힘이 빠진 근육, 이퀄라이징, 프리폴 시 몸의 자세, 발차기 등 많은 부분에서 연습이 필요합니다.

예를 들어, 이퀄라이징 문제에 직면했을 때는 해당 측면에만 집중하고 연습하는 것이 중요합니다. 이퀄라이징에 필요한 공기가 없어 더 깊은 수심까지 내려갈 수 없는데, 다이빙 시간을 늘리기 위해 엄청난 운동을 하는 것은 의미가 없습니다. 그런 경우에는 일반적인 훈련보다는 부족한 부분에 초점을 맞춰 훈련 프로그램의 대부분을 진행해야 합니다. 문제점 또는 개선 가능성을 이해하고 목표 훈련을 통해 레벨을 높이는 것이 제가 제안하는 방법입니다.

만약 더 많은 '부족한' 부분이 있는 경우에는 부족한 부분을 각각 훈련한 다음, 어느 정도 개선된 후에 전체 퍼포먼스에 결합하는 것이 좋습니다.

- **폐압착이나 폐부종에 대해 어떤 생각이 있으신가요?**

안타깝게도 이것은 프리다이버들이 자주 직면하는 문제입니다. 제 생각에 그 원인은 흉곽의 유연성 부족, 압력에 대한 적응 실패, 수심에서 수행되는 노력 및 다이빙 시작 시 사용되는 패킹 기술 중 하나일 수 있습니다.

- 딥 다이빙 중 나르코시스와 관련된 문제를 겪은 적이 있나요? 만약 있었다면 어떻게 훈련했나요? 이것이 생리적인 것이라면 누구나 겪어야 하는데, 어떤 사람들은 특정 수심에서 나르코시스의 영향으로 끔찍한 고통을 겪는 반면, 저는 왜 경험한 적이 없을까요? 패킹이 나르코시스의 원인이라고 생각하시나요?

나르코시스는 이해하기 쉬운 예로 설명할 수 있다고 생각합니다. 그것은 알코올 중독입니다! 술을 거의 마시지 않거나 금주하는 사람은 알코올의 영향을 더 쉽게 느낍니다. 음주에 익숙해지면 알코올을 더 잘 관리할 수 있으며, 예를 들어 알코올의 영향을 조절할 수 있기 때문에 운전도 할 수 있습니다. 음주에 익숙하지 않은 사람은 그렇지 않습니다. 딥 다이버도 마찬가지입니다. 이것에 익숙해지고 나르코시스 상황을 처리하는 방법을 배우고 나면 나르코시스가 없다고 생각할 수도 있습니다. 제 생각에는 우리 모두는 나르코시스로 겪고 있지만, 그것을 느끼는 사람과 그렇지 않은 사람이 있습니다! 그것을 느끼지 않는 사람들은 그 효과에 적응했거나 익숙해졌다는 것을 의미합니다.

이것은 제 의견입니다.

특히 스트레스를 받을 때, 활발한 뇌 활동은 나르코시스를 유발하는 요소가 됩니다. 뇌의 스트레스가 적다는 것은 나르코시스를 더 잘 다룬다는 것을 의미합니다. 뇌가 줄 수 있는 것 이상의 것을 요구할 때, 나르코시스에 걸리는 것처럼 보입니다.

이런 의미에서, 신체적 그리고 정신적인 이완이 매우 중요합니다.

어쩌면 당신이 패킹을 해본 적이 없어서 나르코시스를 느끼지 못했을 수도 있습니다. 패킹을 함으로써 폐에 공기가 더 많아지고, 질소는 증가합니다. 그것은 나르코시스를 유발하는 생리적 요인 중 하나입니다.

- 높은 수준의 프리다이빙 기록을 달성한 이래로 다른 프리다이버가 시도하지 않았던 훈련법 또는 테크닉을 만들거나 '발명'한 적이 있나요?

물론입니다. 방금 설명한 병 이퀄라이징 테크닉이 바로 그것입니다.

다른 맥락에서 저는 웨이트 칼라(weight-collar, 지금의 넥웨이트)를 최초로 사용했습니다. 처음에는 다이나믹 다이빙에 직접 도입했고, 그 후 수심 프리다이빙에서도 사용했습니다. 저는 저에게 일어나는 일과 다른 사람들에게 일어나는 일에 대해 생각하면서 그것을 개발했습니다. 다이나믹 프리다이빙에서 폐는 가볍고 다리는 무겁습니다. 조종사로서 생각해 보니 항공기가 똑바로 날지 않으면 효율적이지 않다는 것을 깨달았습니다. 그래서 넥웨이트가 있으면 더 파워풀하고 유체 역학적으로 다이나믹을 할 수 있다는 것을 의미했습니다.

다이나믹 대회 전날 밤에 이 해결책을 생각해냈고, 바로 넥웨이트를 만들어 다음 날 그것을 처음으로 착용하고 기록을 세웠습니다. 지금은 모두가 이 장비를 사용하고 있습니다.

또 하나 제가 생각해낸 것은 코 덮개가 없는 마스크였습니다. 마스크의 두 렌즈 중 하나에 고정된 튜브를 통해 공기를 불어넣어 이퀄라이징합니다. 나는 그것을 CWT 종목에서 사용힙니다.

안전과 관련된 부분에서는

- 저는 선수를 수면 위로 끌어올릴 수 있는 이중 안전 시스템을 최초로 개발했습니다. 일종의 이중 팽창식 구명조끼입니다. 첫 번째 구명조끼에 문제가 생기면 두 번째 구명조끼가 작동합니다.
- 저는 프리다이버를 수면 위로 끌어올리기 위해 요트에서 사용하는 것과 비슷한 전기 윈치 시스템을 처음으로 사용했습니다. 기존의 카운터 웨이트 시스템은 특히 매우 깊은 수심에서 구조에 실패할 확률이 있습니다.

브랜코 페트로비치 BRANKO PETROVIC

브랑코 페트로비치는 1986년 3월 11일 크로아티아 스플리트에서 태어났습니다. 세르비아 베오그라드 시민권자로 현재 베오그라드에 거주하고 있습니다. 그는 스태틱인 종목에서 진정한 재능을 가지고 있습니다. 공식 대회 최고 기록은 12분 11초이지만, 개인 최고 기록은 13분에 매우 근접합니다.

• **몇 달에 걸친 장기 훈련 프로그램을 따르나요, 아니면 기록을 세우기 몇 주 전에 몇 번의 특정 훈련 세션만 진행하나요?**

솔직히 말해서 저는 코치, 운동 트레이너 또는 스포츠 의학 의사의 도움을 받아 과학적으로 계획된 훈련 프로그램을 진지하게 따르지 않습니다. 안타깝게도 저는 '프로 프리다이버'가 될 수 있는 스폰서가 없으며, 1년 중 몇 달 동안은 스피어피싱에 집중하기 위해 수영장에서 프리다이빙 훈련을 많이 하지 못합니다. 저는 생계를 위해 스피어피싱을 많이 합니다. 어떤 때는 하루에 8시간씩 하기도 합니다. 이것이 제 직업이라고 말할 수 있습니다. 매일 스피어피싱을 하면서 보내는 이 모든 시간은 저에게 특정 주요 훈련의 기반을 제공하며, 이는 시즌 후반에 수영장에서 스태틱 훈련을 시작할 때 매우 유용하다고 생각합니다.

스피어피싱을 하는 시즌에는 폐를 완전히 비우고 최대로 밀어붙이는 드라이 스태틱을 일주일에 두 번 하는 것으로 특정 스태틱 훈련을 합니다. 목표는 최대 호기 후 4분을 초과하는 것인데, 이는 도달하기 위해 매우 열심히 노력해야 하는 기록입니다. 그 후 정상적으로 호흡이 회복되면 최대치 스태틱을 합니다.

시즌 중 가장 중요한 대회가 열리기 두 달 전부터는 좀 더 진지하고 집중적인 훈련을 시작합니다.

이때부터 매일 수영장에서 훈련합니다.

제 훈련 순서는 매우 간단합니다.

- 첫날에는 최대치 스태틱을 합니다.
- 다음 날부터는 다음 표와 같이 순전히 CO_2 테이블 훈련을 진행합니다(그 이후에는 항상 동일합니다).
- 7분 STA, 2분 회복
- 7분 STA, 1'45" 회복
- 7분 STA, 1'30" 회복
- 7분 STA, 1'15" 회복
- 7분 STA, 1분 회복
- 7분 STA, 45초 회복
- 7분 STA, 30초 회복
- 7분 STA, 30초 회복
- 7'30" STA

이것은 '내 시리즈'입니다. 저는 이 테이블 훈련이 도움이 되었으며, 끊임없이 이 방법으로 훈련하고 있습니다. 이 스태틱 훈련 중에 느끼는 감정으로 제 몸의 상태를 이해할 수 있습니다.

시리즈의 마지막 부분에서 회복이 매우 짧을 때 저는 아주 이상한 느낌을 받습니다. 거의 나르코시스처럼 마비가 느껴지는데 호흡의 마지막 단계에서 발생하고 스태틱 초반에 사라집니다.

회복 30초 후 7'30" 스태틱에서 호흡 반사(수축)를 유지하고 조절할 수 있게 되면 몸이 수축을 처리하도록 훈련되고, 정상적으로 준비된 최대치 스태틱 8분 정도에 도달할 수 있다는 것을 의미합니다

저는 최대치 스태틱이나 스태틱 시리즈 전에 절대 워밍업을 하지 않습니다.

- **저산소 테이블**(일정한 회복 후 스태틱 시간 증가)**을 훈련해 본 적이 있나요?**

저는 저산소 테이블 훈련을 시도해 본 적은 있지만 의미 있는 결과를 얻지 못했고, 저에게는 크게 중요하지 않다는 사실을 깨달았습니다. 제 훈련 방식에서는 완전히 제외했지만 '이상적인 훈련 프로그램'에서는 특히 기록을 세울 시간이 많이 남

아있는 상태에서의 훈련 및 준비 기간 동안 분명히 중요한 역할을 할 것이라고 생각합니다.

- **이상적인 훈련 스케줄에 대해 알려주세요.**

  저는 저를 돕는 스포츠 의사의 도움을 받아 구체적인 프로그램을 개발했습니다. 제가 훈련시키는 몇몇 선수들에게 그 방법을 제안했는데 그 결과는 정말 놀라웠습니다. 저도 사용해 보고 싶지만 앞서 말했듯이 저는 생계를 위해 스피어피싱을 해야 하기 때문에 당장은 훈련할 시간이 없습니다. 하지만 언젠가 재정적으로 여유가 생기거나 저를 후원해 줄 스폰서가 생긴다면 목표에 맞게 다음과 같은 구체적인 훈련 프로그램을 따를 것 같습니다.

  초반 6개월 동안 스피어피싱을 기본 훈련으로 하고 후반 6개월 동안 기록을 준비할 것입니다.

  6개월의 기간은 세 가지 기본 단계로 나뉩니다.

  1) 첫 번째 단계는 두 달간 체육관에서 강도 높은 서킷 트레이닝 및 유산소 운동으로 구성됩니다. 스태틱 훈련은 최대치 몇 번만 합니다. 드라이 트레이닝에서는 가슴 아래쪽의 늑간근을 단련하는 데 많은 시간을 할애할 것입니다. 이 근육은 제가 최대치로 패킹할 때 필수적인 근육으로 잘 훈련하면 훨씬 더 많은 공기를 마실 수 있습니다.

  2) 2개월 동안 진행되는 두 번째 단계는 저산소 운동인 달리기와 수영으로 구성되며, 최소한의 호흡으로 장거리(약 15~20분) 달리기와 수영을 하는 것입니다.

  운동이 끝나면 강렬한 느낌이 들어야 합니다! 이전 단계에서 근육을 만들었다면, 이 단계의 목적은 '고유한 특성'을 개발하는 것입니다. 가벼운 유산소 운동과 흉곽과 횡격막의 지속적인 스트레칭이 포함돼 있습니다. 이 단계가 끝나면 심장이 스트레스를 받는 상황에서 폐의 두 가지 상황, 즉 최대치 패킹과 최대치 엠티링을 지원할 준비가 되어있어야 하기 때문입니다.

  여기서 최대치 엠티링이라는 말은 잔기량이 0.75L에 불과하다는 뜻입니다! 이 기간 동안에도 스태틱은 계속 진행되며, 일부는 저산소 훈련(회복 시간이 비교적 길지 않고 무호흡 시간도 긴 훈련)과 함께 최대치 스태틱(풀링, 엠티링)도 훈련합니다.

  3) 세 번째 단계는 흉곽 스트레칭과 앞서 언급한 최대치 CO_2 테이블 훈련을 번갈아 진행합니다.

훈련에 대해 말할 때 왜 제가 심장에 대해 자주 이야기하는지 궁금해하는 분들도 계실 겁니다. 스태틱을 시작하기 직전에 하는 호흡 유형(패킹) 때문에 제 폐는 엄청난 압력이 가해지는데, 이때 심장도 늘어난 폐 부피에 의해 강하게 압박을 받아(흉부 탄력이 있는 경우 바깥쪽으로 확장돼 부분적으로 감소할 수 있음) 부정맥을 유발하거나 심장 활동을 멈출 수도 있습니다. 심장으로 가는 혈류를 일정하게 유지할 수 있다면(훈련된 심장과 매우 탄력 있는 흉곽 덕분에) 30%에 가까운 혈액 산소 포화도에 노날할 수 있습니나.

- **이완과 환기 측면에서 스태틱을 어떻게 준비하나요?**

제 스태틱은 힘을 기반으로 합니다! 기록이나 대회를 위해 훈련할 때, 저는 이완과 좋은 느낌에 자리를 내주지 않습니다. 저는 최대한의 수축과 고통을 견디며 저항합니다.

프리다이빙을 시작했을 때, 이완을 기반으로 한 프라나야마 호흡으로 스태틱 기록은 6'40"에서 7'10" 사이였고, 더 이상 기록을 늘리지 못했습니다.

그래서 저는 훈련을 체계적으로 바꾸기로 결심했습니다. 패킹부터 시작했습니다. 최대로 패킹하고 과호흡을 하니 모든 것이 바뀌었습니다.

몇 달 만에 기록이 향상돼 10분을 쉽게 넘겼습니다.

스태틱 전 최종 호흡으로 약 9L의 공기를 폐에 채웁니다. 여기에 패킹을 통해 1.2~1.4L를 추가할 수 있습니다.

저는 테이블 훈련 중 회복 시간이 짧을 때도 '패킹'을 합니다. 예를 들어, CO_2 테이블 마지막 30초 회복에서 처음 20초 동안 과호흡을 하고, 나머지 10초 동안은 패킹을 합니다.

- **컨트랙션(횡격막 수축)에 대해 알려주세요. 당신의 컨트랙션은 어떤가요? 언제부터 시작되고 얼마나 오래 지속되며, 어떻게 대처하나요?**

최대치 스태틱에서는 7'30"~8" 사이에 첫 컨트랙션이 시작됩니다.

저는 7'30"까지 완전히 '잠든' 상태로 시간이 빨리 지나가고, 컨트랙션도 없고 아무것도 느끼지 못합니다!

그런 다음 컨트랙션이 시작됩니다.

이 시점에서 개입하여 컨트랙션을 제어할 수 없다면 상황은 두 가지 다른 방식으로 전개될 수 있습니다.

1) 첫 번째 경우에는 첫 번째 수축 후 더 강력하고 강렬한 수축이 짧은 간격으로 계속됩니다. 이 상황에서는 약 10'10"~10'30"까지 스태틱 상태를 유지할 수 있습니다.

2) 두 번째 경우에는 의사도 설명할 수 없는 매우 특별한 느낌을 받습니다. 이런 상황에서 최고의 퍼포먼스, 기록에 도달할 수 있습니다. 첫 번째 수축(매우 강한)이 시작된 후 흉부 기저부에서 특히 심한 통증을 느끼기 시작하고, 횡격막 수축이 완전히 중단됩니다. 통증이 너무 강해서 가끔은 스태틱을 멈추고 숨을 쉬어야 할 때도 있습니다. 하지만 고통을 견디고 1분 정도 버틸 수 있다면 모든 고통이 사라집니다. 그리고 통증이 지나간 후에도 수축이 다시 오지 않습니다. 저는 제 감정과 머리가 나에게 말하는 것에 많은 관심을 기울임으로써 다시 숨을 쉴 때가 언제인지 알 수 있습니다.

- **제가 진짜 다이빙에 몰입해 있었을 때는 즐거움과 편안함이 있습니다. 당신은 노력, 고통, 극도의 힘, 불편한 상황에 대해 많이 이야기합니다. 프리다이빙의 개념을 다른 방식으로 설정하고 무엇보다도 좋은 감정을 찾으려고 노력해 본 적이 있나요?**

네, 저도 그것에 대해 생각해 봤고, 시도해 보았고, 프리다이빙을 이해하고 해석하는 당신의 방식이 정말 마음에 듭니다. 저는 지금 하고 있는 멘탈 테크닉을 진지하게 연습하면 최대 10'~10'30"까지 너무 고통스럽지 않고 안전하게 도착할 수 있다고 믿습니다. 하지만 제 생각을 바꿀 수는 없습니다! 저는 스태틱의 장벽은 숨을 쉬고 싶은 충동에 저항하고, '투쟁'을 통해서만 통과할 수 있다고 확신합니다.

- **이런 성과를 거둘 수 있었던 비결은 무엇인가요? 타고난 재능인가요, 아니면 훈련인가요?**

모든 스포츠에서와 마찬가지로 유전적으로 재능이 없다면 최고 수준에 도달할 수 없다고 생각합니다. 연습을 통해 향상시킬 수 있지만, 자연이 당신을 돕지 않으면 탁월해질 수 없습니다. 타고난 재능이 있지만 훈련하지 않으면 결코 정상에 도달할 수 없다는 것도 사실입니다. 저는 확실히 유전적 소인이 있습니다. 저는 그것이 우리 가족 모두에게 공통적인 것이라고 생각합니다. 여동생이 열다섯 살 때 워밍업과 준비 없이, 어떤 도움이나 조언도 없이 생애 첫 스태틱 시도에서 5'24" 동안 숨을 참았습니다!

이것은 자연이 주는 선물이지만, 훈련을 통해 더 열심히 노력해야 한다는 것을 잘 알고 있습니다. 앞서 말했듯이 저는 처음부터 프리다이빙을 잘했습니다. 특히 이완 기술을 사용하여 많은 훈련을 했지만, 기록이 7분 초반을 넘지 못했습니다. 그런 다음 스태틱을 위한 설정과 준비 방법을 완전히 바꿨습니다. 과호흡, 익스트림 패킹, 횡격막 스트레칭, 유연성 운동을 했고, 4개월 만에 11분의 벽을 깼습니다. 이제 저는 13분의 스태틱 기록에 거의 가까이 왔습니다.

- **앞으로도 스태틱 분야를 고집할 건가요, 아니면 다른 분야에서도 중요한 목표가 생길 수 있다고 생각하시나요?**

언젠가는 다른 종목도 도전하고 싶습니다. 저는 다이나믹이나 수심 훈련을 해본 적이 없습니다. 대회에서 제 다이나믹 최고 기록은 140m입니다. 단 한 번도 연습을 해본 적이 없는 상태에서 대회를 치렀는데, 10'23"의 스태틱 기록이 나온 직후였죠. 100m에서 다리에 힘이 빠지는 느낌이 들었던 기억이 납니다. 저는 바닥에 멈춰서 40초 정도 다리를 쉬었습니다. 세이프티가 제가 기절했을까 봐 걱정됐는지 재빨리 제게 다가오는 것을 보았습니다. 저는 그에게 '괜찮다'고 사인을 보냈고, 다리가 회복된 후 40m를 더 진행할 수 있었습니다. 집으로 돌아와서 저는 다이나믹에서 최대치를 테스트하고 싶었습니다. 훈련 없이 무리하지 않고 200m에 도달했습니다. 그래서 저는 다이나믹 종목에서도 좋은 기회가 있다고 생각합니다.

딥 다이빙 분야도 많은 매력을 느낍니다. 곧 프로가 될 수 있도록 도움을 줄 수 있는 스폰서를 만날 수 있기를 바랍니다. 제 꿈은 FIM과 VWT 종목에서 기록을 세우는 것입니다. 현재 기록은 제 흉부 유연성과 13분 동안의 스태틱 기록을 고려할 때 충분히 갱신할 수 있는 기록이라고 생각합니다.

CWT 종목과 CNF 종목의 경우 지속적인 훈련이 필요하다고 생각합니다. 이 기술을 더 잘 배우고 자동화하려면 시간이 더 필요할 것 같습니다.

- **높은 수준의 프리다이빙 기록을 달성한 이래로 다른 프리다이버가 시도하지 않았던 훈련법 또는 테크닉을 만들거나 '발명'한 적이 있나요?**

가장 극심한 저산소증 상황에서도 뇌의 특정 부위를 활성화하고 정신을 유지하는 방법을 찾은 건 제가 처음이라고 생각합니다. 기본적으로 저는 BO 상황에서도 제 두뇌를 통제하고 출수 후 필요한 수면 프로토콜을 수행할 수 있다는 것을 깨달

앗습니다. 제 뇌의 한 부분은 활성화되어 있고, 다른 부분은 완전히 꺼져 있습니다. 이는 고향 의과대학의 의사들이 저를 대상으로 한 뇌파 검사에서도 분명히 확인한 사실입니다. 제 12분간의 스태틱 영상을 보면 제수면 프로토콜은 완벽했고, 저도 괜찮습니다. 하지만 궁금하다면 제 코치에게 제가 뭘 했는지 물어보세요! 그것은 당신도 배울 수 있는 것입니다. 처음에는 정신을 잃고 비틀거리며 몸을 가누기 힘들었지만, 결국 그 상황에서 예정된 수면 프로토콜을 수행할 수 있었습니다. 만약 수면 프로토콜이 변경되어야 한다면 저는 BO가 발생했을 때 프로토콜의 동작을 자동화하기 위해 스스로를 재조정해야 할 것입니다. 저는 이 기술을 몇몇 학생들에게 가르칠 수 있었습니다.

윌리엄 트루브리지 WILLIAM TRUBRIDGE

윌리엄 트러브리지는 1980년 5월 24일 영국에서 태어났지만, 생후 18개월이 되었을 때 가족이 뉴질랜드로 이주했습니다.

그는 2004년부터 압네아 아카데미 강사로 활동하고 있습니다. 그의 전문 분야는 확실히 독특한 우아함을 표현하는 CNF 종목입니다. 그는 FIM과 CWT 종목에서도 세계 최고의 선수 중 한 명입니다. 두 종목 모두 121m의 기록에 도달했습니다. 그는 CNF 종목에서 102m의 세계 신기록을 세우며 100m의 장벽을 통과한 유일한 인물입니다. 2000년, 윌리엄은 사르데냐Sardinia에서 열린 제 프리다이빙 워크숍에 참석했고, 우리는 그곳에서 처음 만났습니다. 그는 이미 훌륭한 CNF 선수였습니다. 그는 산타 테레사Santa Teresa에 일주일을 머물러 왔다가 3년 후에 떠났습니다!

• **몇 달에 걸친 장기 훈련 프로그램을 따르고 있나요, 아니면 기록을 세우기 몇 주 전에 몇 번의 특정 훈련 세션만 진행하나요?**

저는 운동을 많이 하고 진지한 프로그램과 장기적인 준비 일정을 선호하는 운동선수입니다.

제 훈련 프로그램은 10~11개월 동안 진행됩니다.

대체로 기록을 향한 여정의 첫 번째 단계에서는 보통 카나리아 제도를 선택해 2~3개월 정도 머물면서 주로 수영장 훈련, 드라이 트레이닝, 스트레칭, 요가를 병행합니다. 이때는 딥 다이빙 훈련은 거의 하지 않습니다.

그런 다음 바하마로 이동합니다. 여기서 저는 딥 프리다이빙 훈련을 시작하지만, 아주 깊은 수심에서는 하지 않습니다. 훈련은 CWT, CNF, 약간의 수영, 많은 스트레칭과 요가로 구성됩니다. 이 기간에는 최대치 다이빙을 하기도 하지만, 무엇보다도 테이블 훈련 및 테크닉을 위주로 연습합니다. 기록 도전 몇 주 전부터 더 깊이 들어가기 시작합니다.

이것이 바로 저의 연간 훈련 계획입니다.

- **어떤 준비를 하나요? 운동을 많이 하는 선수와 그렇지 않은 선수가 있습니다.**

심혈관계의 신체적 관점에서 수영, 달리기, 사이클링 및 일반적인 다른 신체 활동은 우리가 프리다이빙할 때 나타나는 생리적 상황을 완전히 재현하지 못한다고 생각합니다. 특정 훈련 자극은 '숨을 참을 때' 발생합니다. 하지만 신체적 준비는 프리다이빙을 위한 특정 훈련의 시작을 더 잘 준비하는 데 도움이 됩니다. 다시 말해 신체적 준비는 프리다이빙을 위한 특정 훈련을 준비하는 데는 도움이 되지만 이를 대체할 수는 없습니다.

구체적인 프리다이빙 훈련은 연간 트레이닝 프로그램에서 가장 중요한 부분입니다. 프리다이빙을 위한 최고의 훈련은 프리다이빙입니다! 개인적으로 저는 공식적인 목표가 아직 많이 남아있는 긴 훈련 기간의 첫 번째 단계에 연간 훈련 일정을 모두 계획합니다. 일반적인 신체 훈련(수영, 헬스장 등)을 따르기보다는 호흡을 최소화하면서 30~40분 동안 다이나믹과 같은 고이산화탄소 지구력 운동을 합니다. 이 훈련은 (장거리 다이빙을 위해) 지속 시간이 중요합니다.

- **당신의 전문 분야는 CNF와 CWT입니다. STA 및 DYN 훈련이 이 두 분야에서 얼마나 중요한가요?**

물속에서 스태틱인 훈련을 많이 하지 않습니다. 이 종목이 포함된 대회인 월드 팀 챔피언십이 있을 때만 훈련합니다. 그때를 제외하고는 엠티링 상태에서 드라이 스태틱을 훈련합니다. 이 훈련을 하면 깊은 수심에서 느끼는 감각을 더 잘 느낄 수 있고 4분, 5분, 6분을 기다릴 필요 없이 더 빨리 투쟁 단계로 들어갈 수 있습니다.

스태틱과 다르게 다이나믹의 경우 테크닉을 많이 연습할 수 있기 때문에 제 수심 목표를 위해 중요한 훈련입니다. 결국 CNF 또는 CWT 종목 모두 수심을 늘리려면 기술을 향상시키는 것이 수행 능력 자체를 훈련하는 것만큼이나 중요합니다. 물론 수영의 기술적인 측면(평영 발차기 또는 모노핀 사용)과 스트로크(CNF) 훈련은 바다에서도 할 수 있지만, 최소 40~50m 수심을 2시간 이상 지속할 수 없습니다! 너무 힘이 들고 타라바나의 심각한 위험에 처할 것입니다. 따라서 기술적인 실수를 고치고 올바른 움직임을 자동화해야 하는 경우 3시간 연속으로 안전하게 연습을 반복할 수 있는 수영장에서 진행하는 다이나믹 훈련을 선호합니다. 몇 번의 '수 킬로미터'의 교정 훈련을 거친 후 올바른 동작을 마스터할 수 있습니다! 저는 기술뿐만 아니라 저항과 움직임의 느낌에 대해서도 많은 노력을 기울입니다.

- **스톱 앤 고 훈련도 하나요?**

아니요, 한 번도 해본 적이 없습니다. 시도해 보긴 했지만, 마음에 들지 않았어요. 잠재적으로 고-스톱-고 훈련을 하면 딥 다이빙에서 일어나는 일을 잘 훈련할 수 있습니다. 두 번째 '고' 단계가 첫 번째보다 길어집니다. 하지만 저는 이 운동에 많은 시간을 할애한 적은 없습니다. 저는 테크닉에 더 집중해서 훈련합니다.

- **대회에 출전하는 세 가지 종목(CWT, CNF, FIM)을 동시에 훈련할 수 있나요? 아니면 기록을 세워야 하는 종목을 주로 훈련하고 나머지 종목은 특별한 훈련 없이 수행하나요? 제 질문을 좀 더 설명해 드리겠습니다. 제가 대회에 출전했을 때는 거의 CWT 훈련만 했어요(CNF나 FIM은 안 했습니다). 기록 시도 다음 날 썰매를 타고 50m를 더 내려갔습니다. 몇 번의 훈련을 통해 저는 VWT나 NLT 종목도 준비가 됐습니다. 그래서 제 경우에는 CWT 훈련이 다른 종목까지 문제없이 수행하는 데 도움이 되었습니다. 당신도 마찬가지라고 생각하나요? 한 종목에 대한 훈련이 다른 종목까지 도움이 되나요, 아니면 최상의 결과를 얻기 위해 각 종목을 따로 훈련해야 하나요?**

아니요. 저는 CWT와 CNF 종목은 서로 매우 다르다고 생각합니다. 관련된 근육이 다르고 움직임이 다릅니다. 예를 들어 CWT 종목의 상승 과정은 휴식 없이 지속적인 신체적 노력(피닝)으로 구성되기 때문에 CNF에 비해 훨씬 더 어렵다고 생각합니다. 하지만 CNF 종목은 좀 다릅니다. 팔과 다리의 각 스트로크가 끝날 때마다 긴장을 풀고 글라이딩을 이용하고 몸이 회복되는 순간이 있습니다. CWT의 경우 계속 노력해야 하고, 이 점이 저에게 부담이 되어 더 열심히 훈련해야 합니다. 또한 모노핀을 사용할 때는 허리, 복부, 등 근육, 다리 근육 등 테크닉과 관련된 다양한 근육이 힘을 써야 하기 때문에 차이가 있습니다. 시즌 초반에는 바다에서 이 두 가지 훈련을 함께하지만 그 이후에는 좀 종목별로 더 구체적인 훈련을 하는 경향이 있습니다.

- **FIM 종목은 기술적으로 CWT보다 쉽습니다. 이 종목의 기록이 CWT보다 낮은 이유는 무엇이라고 생각하십니까?**

    FIM 종목은 CWT보다 기술적으로 훨씬 쉽습니다. 잠재적으로 FIM 종목의 수심 기록이 CWT 종목의 기록보다 더 깊어야 한다고 생각합니다.

    그렇지 않은 이유는 두 가지가 있습니다. 첫 번째는 FIM 종목을 CWT 종목처럼 진지하게 훈련하는 사람이 아직 적다는 것입니다. FIM 종목은 기술적으로 쉽기 때문에 다른 종목의 기록을 달성한 이후에 시도되며 특별히 훈련된 적이 없습니다. 요컨대, 제 생각에는 FIM 종목은 아직 발견할 것이 많습니다. 두 번째 이유는 FIM 종목으로 110~120m 이상의 딥 다이빙 시 다이브 타임이 약 4'30"로 길어지기 때문입니다. 이로 인해 나르코시스나 마지막 부분에서 저산소증의 심각한 문제를 동반하게 됩니다. 저는 개인적으로 속도를 높이고 민첩성을 유지하며 기술을 향상시키면 결과적으로 수심이 증가할 것이라고 믿습니다.

- **조금 전 나르코시스에 대해 이야기하셨습니다. 저는 그것을 경험해 본 적이 없습니다. 이것에 대처하는 방법에 대해 조언을 구하는 운동선수들이 있지만, 안타깝게도 그들을 도울 수 없습니다. 패트릭 무지무는 제가 패킹을 해본 적이 없기 때문에 나르코시스 증상을 경험한 적이 없을 것이라고 주장했습니다. 그는 습식 이퀄라이징 기법 덕분에 더 이상 패킹을 하지 않을 때 나르코시스를 느끼지 않았다고 합니다. 패킹과 나르코시스의 관계에 대해 어떻게 생각하시나요?**

    저는 개인적으로 나르코시스는 주로 이산화탄소 수치와 관련이 있다고 생각합니다. 회복시간이 짧은 딥 다이빙 시리즈 훈련을 하다가 이산화탄소 수치가 높은 상태로 다시 시작할 경우 30~40m와 같은 얕은 수심에서도 나르코시스가 발생합니다. 그래서 저는 나르코시스가 질소가 아니라 이산화탄소 수치에 따라 달라진다고 생각합니다. 종종 상승하는 동안 나르코시스가 발생하는 경우도 있고 딥 다이빙을 마친 후에 '나르코시스'를 느낀 적도 있습니다. 따라서 질소 수치에만 의존한다면(패킹 후 폐에 많은 양의 공기가 채워져 있을 경우와 관련이 있음) 이런 일이 일어나지 않아야 합니다.

- **네, 하지만 당신은 30~40m까지 하강하기 위해 패킹을 하나요?**

    아니요, 저는 깊고 긴 다이빙을 할 때만 패킹을 합니다. 그러나 저는 폐의 공기량과 패킹으로 인해 증가된 압력이 차이를 만든다는 사실에 대해 확신하지 못하겠습니다. 당신은 아마도 이런 유형의 상황에 민감하지 않기 때문에 나르코시스에 걸린 적이 없는 것 같습니다.

- **나르코시스에 대한 훈련은 어떻게 하나요? 어떻게 피할 수 있나요?**

  지는 50~60m까지 VWT 방식으로 다이빙하며 훈련합니다. 그 수심에 도달하면 바닥에서 멈춰 스태틱을 합니다. 이때 심각한 나르코시스 증상이 나타날 수 있는데, 저는 이런 상황에 적응하려고 노력합니다.

- **수영장에서 하는 훈련과 테이블 훈련의 예를 몇 가지 들어 주실 수 있나요?**

  수영장에서 진행하는 다이나믹 트레이닝 중 전체의 약 75%는 CO_2 트레이닝입니다. 나머지는 저산소 테이블을 이용한 기술 훈련입니다.

  반복 거리는 매우 짧지만 회복 시간 또한 매우 짧습니다.

  최고 컨디션일 때 29초 회복으로 25m CNF를 20~30회 반복할 수 있고, 또는 회복시간이 1분인 50m도 가능합니다.

  피라미드 테이블은 매우 유용한 훈련입니다. 처음에는 비교적 쉽게 할 수 있는 회복시간이 주어지고 그런 다음 회복 시간이 점차 줄어들고, 한계에 도달하면 다시 조금씩 회복을 늘려가며 훈련을 재개합니다.

  가끔은 CNF 훈련을 할 때는 슈트 없이 시리즈 훈련을 하기도 합니다. 이렇게 하면 움직임에 더 민감하게 반응할 수 있고, 제 테크닉에 대한 피드백도 더 많이 받을 수 있습니다. 슈트를 입지 않았을 때 기술 변화에 대한 반응이 더 잘 느껴집니다.

- **수심 훈련은 어떻게 하나요?**

  CWT와 CNF 두 종목을 위해 저는 아주 간단한 테이블을 훈련합니다. 그것은 매우 낮은 회복시간(예: 30m, 2분 회복)으로 특정 깊이까지 하강하는 다이빙 시리즈입니다. 타라바나의 문제를 피하기 위해 많이 반복할 수는 없습니다. 종종 난이도를 높이기 위해 슈트 위에 긴팔 셔츠를 입기도 합니다. 또 다른 방법은 모노핀 대신 짧은 핀을 사용하는 것입니다. 이 훈련을 하게 되면 CO_2 수치가 급격히 상승합니다. 몇 미터만 내려가도 상승하고 싶은 마음이 생겨 하강을 관리하고 압력 평형을 맞추기가 어려워집니다. 이것은 극심한 스트레스 상황에서 이완훈련을 할 수 있는 좋은 훈련입니다.

대회에 가까워지는 훈련의 마지막 단계에서는 테이블 훈련과 기술 훈련을 줄입니다. 수심 훈련은 사실상 한 번의 최대치 다이빙과 한두 번의 RV 다이빙을 통해 수압과 최대치 감각을 훈련합니다. 그리고 나서 긴장을 풀기 위해 '펀 다이빙'을 추가하기도 합니다.

이 단계에서는 요가와 폐 스트레칭도 지속적으로 훈련하고 정신 훈련과 이완을 위해 노력합니다.

- **일반적으로 워밍업을 하지 않는 것으로 알고 있습니다. 워밍업을 한 적이 있나요, 아니면 최대치 다이빙 직전에만 워밍업을 하나요? 또는 훈련 전에도 워밍업을 하나요?**

근육과 폐를 따뜻하게 하는 워밍업(육상에서 할 수 있음)과 '기록'을 깨기 위한 무호흡증 워밍업을 구분하는 것이 중요합니다.

다이빙을 하기 전에는 보통 1시간 정도 요가와 폐 스트레칭 등 워밍업을 합니다. 하지만 최대치 다이빙을 하기 전에 물속에서 워밍업을 하지는 않습니다. 이것은 잠수반사의 강도를 최대로 끌어올리기 위한 선택입니다. 실제로 최대치 잠수 전에 잠수반사가 여러 번 활성화되면 이후 각 반사의 강도가 감소합니다. 이는 이후 잠수할 때마다 감소하는 비장의 수축을 측정하여 확인할 수 있습니다(비장수축의 긍정적인 효과가 계속 지속된다는 것은 사실이 아닙니다). 잠수반사의 끝에는 생존 반사가 있으며, 생리적 반응을 유도하는 다른 상황과 마찬가지로 첫 번째 자극에 대한 반응이 더 크게 나타납니다.

워밍업이 없는 다이빙은 심리적 관점에서 관리하기가 더 어려울 수 있지만, 신체적 능력은 극대화됩니다.

저는 이 방법을 사용하여 제 모든 개인 최고 기록을 달성했으며, (적용하기 더 어려운) STA 종목에서도 이 방법을 사용했습니다.

- **높은 수준의 프리다이빙 기록을 달성한 이래로 다른 프리다이버가 시도하지 않았던 훈련법 또는 테크닉을 만들거나 '발명'한 적이 있나요?**

프리다이버의 모든 조정(변화)은 자기 자신과 다른 사람들을 관찰하는 데서 나온다고 생각합니다.

제가 수년에 걸쳐 개발한 운동이 있는데, 이 운동은 이제 제가 하는 모든 훈련의 기본이 되었습니다. 요가 강사에게 이것을 설명했을 때 그는 고전 요가에서 이와 같은 것을 볼 수 있다고 말했습니다. 분명 누군가가 이 동작을 발명했고, 저처럼 자신도 모르게 이 동작을 '발견'한 다른 프리다이버들도 있을 것입니다. 그것은 모든 반다bandhas를 사용하는 것입니다[요가에서 이 단어는 '본드' 또는 '씰(봉인)'을 의미합니다]. 그것은 골반, 횡격막 및 목 수준의 내부 압력과 혀의 특정 위치에서 수축이 차단된 상태에 노달하기 위해 균형을 맞추는 근육 수축으로 말초혈관 수축 및 서맥 반사가 정상 수준보다 훨씬 더 강하게 나타납니다(제 최소 심박 수는 물 밖에서 앉은 상태로 분당 27bpm이었습니다).

　　혈관 수축이 너무 강해서 이 기술을 사용하여 코와 부비동 막힘을 없앨 수 있습니다! 폐가 확장된 상태를 유지하는 수영장 훈련에는 적합하지 않지만, 20~30m 이상의 수심 다이빙에서는 큰 도움이 되는 것 같습니다. 다이빙 중에 반다를 사용할 수 없더라도 혀의 위치와 추력이 같은 방식으로 작용할 수 있는 것 같습니다. 훈련과 다이빙에서 없어서는 안 될 테크닉이 됐습니다. 쓸모없는 습관인지 아니면 실제 생리적 이점을 제공하는 것인지 확인할 필요가 있습니다!

알레시아 제치니 ALESSIA ZECCHINI

알레시아 제치니는 1992년 6월 30일 이탈리아 로마에서 태어났습니다. 제 생각에 그녀는 프리다이빙 역사상 가장 강력한 여성 프리다이버입니다. 지난 몇 년 동안 그녀는 국제 대회에서 여러 개의 메달을 획득했으며, 그 중 CMAS 와 AIDA 대회에서 12개의 세계 대회 금메달과 15번의 신기록을 세웠습니다. 2018년 10월 터키에서 열린 CMAS 월드 챔피언십에서 기록한 107m 수심으로, 현재 CWT 종목에서 '세계에서 가장 깊게 다이빙한 여성'으로 기록되어 있습니다.

- **몇 달에 걸친 장기 훈련 프로그램을 따르고 있나요, 아니면 기록을 세우기 몇 주 전에 몇 번의 특정 훈련 세션만 진행하나요?**

저는 기술 코치가 제 신체적, 생리적 필요에 맞게 조정한 매우 정확한 계획과 지침을 따릅니다. 우리는 함께 많은 것을 논의하고 연구했으며, 이러한 변화가 저의 주요 실력 향상을 이끌 것이라고 믿습니다.

앞으로의 대회에서는 주로 수심과 다이나믹에 초점을 맞출 계획입니다.

저는 훈련과 경기 모두에서 스태틱은 하지 않으려고 했습니다. 하지만 제 트레이너는 같은 생각을 가지고 있지 않습니다. 그는 스태틱 자체로 다른 종목에 매우 중요한 영향을 준다고 믿었고, 제가 스태틱 훈련을 해야 한다고 생각했습니다.

기본적으로 저는 핀 수영, 다이나믹, 체육관에서 숨을 참고 하는 운동과 호흡 운동으로 특징지어지는 주간 세부 계획을 따릅니다. 매일 다른 프로그램이 있습니다. 저는 같은 것을 반복하는 것을 매우 지루해하기 때문에 훈련에 대한 열정과 의지를 갖기 위해 항상 변화하는 것이 필수적입니다. 수영장에서 주로 다이나믹 CO_2 테이블 훈련을 합니다.

드라이 트레이닝과 체육관에서 저는 주로 무산소 역치 또는 최대 산소섭취량 (VO₂max) 테이블 훈련을 합니다.

수영장이나 체육관 각 훈련 세션에서 저는 운동의 난이도를 높이기 위한 훈련 변수를 설정하는 동시에 앞에서 언급한대로 열정적인 노력을 유지할 수 있는 한도 내에서 운동 수준을 높입니다.

체육관에서의 훈련 프로그램은 크게 세 단계로 구성됩니다.

근력 운동을 하는 첫 번째 단계

근지구력을 훈련하는 두 번째 단계

무호흡 상태에서 서킷을 따라가는 세 번째 단계입니다. 이 세 번째 단계에서는 1분 30초~2분가량 숨을 참은 상태로 운동하며, 주로 프레스, 스쿼트 등과 같은 하체 운동을 합니다.

- **당신은 딥 프리다이버입니다. 딥 다이빙을 위해 다이나믹과 스태틱 훈련이 얼마나 중요하다고 생각하시나요?**

제 생각에는 스태틱과 다이나믹 모두 딥 다이빙에 절대적으로 중요하다고 생각합니다. 다이나믹뿐만 아니라 스태틱도 중요합니다! 제 트레이너가 스태틱 훈련을 진지하게 다시 하라고 주장한 이유입니다.

수영장에서의 훈련은 준비 자체뿐만 아니라 기술을 더 잘 연습할 수 있다고 믿습니다. 또한 수영장에서는 전체 시리즈 동안 극도의 고이산화탄소증 상태를 유지할 수도 있습니다. 반면 수심 훈련의 경우, 아주 깊은 수심 다이빙을 하고 나면 훈련이 끝납니다.

수영장 훈련을 통해 최고의 기량을 발휘할 수 있도록 준비한다는 생각으로 훈련합니다. 이탈리아, 유럽, 세계선수권 대회와 같은 중요한 대회의 저에게 실내 경기에 매우 강한 자극을 줄 것입니다. 동계 기간 동안, 주간 훈련(6~8주에 한 번)을 통해 수심 적응 상태를 유지합니다. 이렇게 하면 바다에서 수심 기록에 도전하기 약 6주 전부터 구체적인 수심 훈련 단계를 시작할 수 있습니다. 만약 제가 CWT 종목으로만 기록에 도전해야 한다면 한 시즌 동안 다이나믹 훈련을 진지하게 수행한 후 3~4주간의 구체화된 수심 훈련을 통해 최대 기록을 달성할 준비가 될 수 있을 것이라고 확신합니다.

또한 CWT 종목에 추가로 FIM과 CNF 종목을 추가해 기록을 시도해야 한다면 3~4주간의 수심 훈련이 6~8주가 될 수도 있습니다. 수영장에서의 진지한 동계 훈련 프로그램을 통해 바다에서 80~85m와 같은 상당한 깊이의 CWT 다이빙을 바로 시작할 수 있습니다.

• 선수가 세 가지 종목(CWT, CNF, FIM)을 동시에 훈련할 수 있다고 생각하시나요, 아니면 기록을 세워야 하는 종목을 위주로 훈련하고 나머지 종목은 특별한 훈련 없이 진행하나요?

한 종목에서 훈련을 통해 최고의 기술을 갖추면 다른 종목에서도 우승할 수 있지만, 모든 분야에서 동시에 최고의 신체 조건을 유지할 수는 없다고 생각합니다.

저는 같은 대회에서 한 종목에서 금메달을 따고 다른 종목에서 은메달을 딴 적이 있습니다. 하지만 금메달을 따는 것은 상대보다 강하다는 것을 의미하는 것이지, 당신이 최고 상태라는 것을 의미하는 건 아닙니다! 각 종목에서 최고가 되려면 각 종목에 대한 구체적인 훈련이 필요하다고 생각합니다.

• FIM 종목은 기술적으로 CWT보다 쉽습니다. 이 종목의 기록이 CWT보다 낮은 이유는 무엇이라고 생각하십니까?

문제는 다이빙 시간입니다. FIM 종목에서 깊은 수심 다이빙을 하게 되면 다이빙 시간이 길어지고, 그 결과 선수가 통제할 수 없는 저산소 상황에 처하게 됩니다. 저는 이것이 그 이유라고 생각합니다.

• 딥 다이빙에서 나르코시스를 경험한 적이 있나요? 특정 훈련을 통해 훈련하거나 예방할 수 있다고 생각하시나요?

저는 나르코시스를 없애기 위한 훈련은 없다고 생각합니다. 저는 피곤하지 않은 것이 중요하다는 것을 알아냈습니다. 또한 잘 쉬었을 때 나르코시스의 영향이 훨씬 덜 폭력적이라는 것도 알아냈습니다. 저는 나르코시스를 자주 경험했습니다. 버티컬 블루에서 FIM 종목으로 기록을 세웠을 때, 다이빙 시간이 4분을 넘으면서 강력한 나르코시스를 느꼈습니다! 하지만 제가 하는 모든 동작을 자동화할 만큼 훈련했기 때문에 쉽게 견딜 수 있고, 생각할 필요 없이 움직였습니다. 그래서 강한 나르코시스를 경험할 때 저는 매우 침착하고 리드미컬하고 편안한 방식으로 그 움직임을 수행하려고 노력합니다. 저는 그것이 온다는 걸 알고 있으므로 대처할 준비를 하고 스트레스가 많은 상황에 처하지 않기 위해 노력합니다.

제 생각에 나르코시스를 유발할 수 있는 두 가지 기술적 측면은 긴 다이빙 시간과 극단적인 패킹입니다.

- **수영장에서 하는 테이블 훈련을 알려줄 수 있나요?**

저는 33m 수영장에서 훈련합니다.

연초에는 모노핀으로 기본 훈련을 하는데, 예를 들어 35초 회복으로 12X33m를 한 다음 25초 회복 시간으로 다시 시작하여 최대 하중을 받는 순간까지 진행해 18회까지 반복합니다. 또는 33m, 66m, 100m 시리즈의 경우, 33m 다이나믹 전 5초, 66m 다이나믹 전 10초, 100m 다이나믹 전 40초의 회복 시간을 갖습니다. 이 시리즈를 3~4회 반복합니다.

저는 속도, 페이스 변화, 폭발적인 힘에 대해 많이 연구합니다. 저는 이것이 매우 중요한 훈련이라고 생각합니다. 예를 들어 33m 시리즈를 45초 회복 시간으로 4번 반복하는 것이 속도 측면에서 최고의 효과를 제공합니다.

- **그리고 바다에서는 어떻게 훈련하나요?**

바다에서는 훨씬 쉽습니다. 저는 즉시 깊은 수심까지 다이빙을 시작하고 점진적으로 수심을 늘립니다.

올해는 새롭게 마우스필 훈련도 해야 합니다.

마우스필 방식이 선수로서의 경험을 풍부하게 해줄 것이 분명하지만, 저는 아직 100m 이상의 다이빙을 포함한 모든 다이빙에서 마우스필을 사용한 적은 없습니다. 저는 항상 긴장을 풀기 위해 많은 노력을 해왔습니다.

- **수영장 및 수심 경기 전 워밍업에 대해 어떻게 생각하나요?**

수영장에서 다이나믹 종목을 하기 전에는 물속에서 특정 워밍업을 하지 않습니다. 저는 물 밖에서 호흡 운동, 짧은 숨 참기, 그리고 무엇보다도 흉부 스트레칭을 합니다.

스태틱의 경우, 물 밖에서 다이나믹과 똑같은 워밍업을 한 다음 물속에서 몇 분간 스태틱 워밍업을 합니다. 이것이 제가 수영장에서 준비하는 방법입니다.

따뜻한 바다에서 시합이 있을 때는 10~20m 수심에서 두 번 정도 워밍업 다이빙을 하고, 하강의 마지막 부분(버텀)에서 2분 정도 숨을 참는 가벼운 워밍업을 합니다. 이것은 신체적, 정신적으로 준비하고 긴장을 풀고 압력에 적응하는 데 도움이 됩니다.

지중해에서는 얘기가 다릅니다. 저는 추위를 극도로 느끼며, 수온약층이 저에게 많은 불이익을 줍니다. 이런 상황에서는 물 밖 따뜻한 곳에서 준비하고 다이빙 직전에 바다에 들어가는 방식을 선호합니다.

저는 제 자신이 다이나믹 분야에서 훌륭한 경험을 가진 운동선수라고 생각합니다. 수영장에서 저는 저의 상태를 잘 알고 있고, 제가 가진 능력을 최대한 활용하기 위해 무엇을 해야 하는지 알고 있습니다. 하지만 수심 다이빙 분야에서는 운동 경력에 비해 상대적으로 다이빙을 많이 하지 않기 때문에 아직 배울 것이 많이 있습니다. 단지 수심뿐만 아니라 제 몸이 느끼는 방식도 더 발전하고 싶습니다. 내 몸과 '몸의 필요'를 더 잘 알게 되면 워밍업 단계에서도 최적의 솔루션을 이해하면서 개선될 것이라고 믿습니다.

- **높은 수준의 프리다이빙 기록을 달성한 이래로 다른 프리다이버가 시도하지 않았던 훈련법 또는 테크닉을 만들거나 '발명'한 적이 있나요?**

수영장에서 짧은 핀을 사용하는 것입니다. 처음에는 재미로 조금씩 가지고 놀기 시작했고, 그 후 이 짧은 핀으로 계속 훈련을 해 200m의 장벽을 극복했습니다. 이제 이 짧은 핀은 수영장 훈련을 위한 제 장비의 일부가 되었습니다. 수영장에서는 더 이상 긴 프리다이빙 핀을 사용하지 않고 모노핀과 이 작은 핀만 사용합니다. 보통 저는 3~4번의 피닝을 하고 그다음 글라이딩을 활용합니다. 팔의 위치는 앞쪽에 둡니다.

다른 선수들에게서 볼 수 없는 또 다른 기술적인 부분은 CWT 다이빙에서 하강할 때 팔을 앞으로 길게 뻗는 자세를 취하는 것입니다. 보통 사람들은 특히 프리폴 구간에서 팔을 몸을 따라 뒤쪽으로 정렬합니다.

안드레아 주카리 ANDREA ZUCCARI

안드레아 주카리는 1974년 10월 26일 이탈리아 로마에서 태어났습니다. 그는 2008년부터 압네아 아카데미 강사로 활동하고 있습니다. 제 생각에 그는 세계 최고의 이퀄라이징 전문가입니다.

그는 현재 NLT 종목에서 185m, VWT 종목에서 135m의 이탈리아 기록을 보유하고 있습니다. 그는 많은 잠재력을 가지고 있습니다.

- **몇 달에 걸친 장기 훈련 프로그램을 따르고 있나요, 아니면 기록을 세우기 몇 주 전에 몇 번의 특정 훈련 세션만 진행하나요?**

저는 다른 프로 선수처럼 연간 프로그램을 소화할 수 없기 때문에 단기간에 많은 훈련을 하고 있습니다. 샤름 엘 셰이크에 있는 제 프리다이빙 센터인 프리다이빙 월드 때문에 너무 바쁩니다. 하지만 저는 바다에서 생활하고 일한다는 이점이 있습니다. 그래서 여가 시간에는 프리다이빙 수심을 일정하게 유지할 수 있는 딥 다이빙을 정기적으로 할 수 있습니다. 따라서 이 기본 조건을 바탕으로 아무리 높은 목표라도 기록을 세우기로 결심하면 단시간에 목표에 집중하고 단계적으로 연습한 다음 기록에 도전합니다.

- **제 생각에 이것은 당신이 스스로 타협하고 있다는 것을 의미합니다! 당신이 답변한 내용은 다음과 같이 해석될 수 있습니다. 나는 좋은 수준을 유지하고 있으며, 대회 직전에 내가 할 수 있는 수준까지 끌어올릴 수 있습니다! 제 생각에 당신은 개선할 수 있는 부분이 상당히 많고, 최상의 컨디션을 유지하려고 노력한 적이 없다고 생각합니다. 1년**

간의 계획을 가지고 진지하게 노력하고 기록에 도전한다면 지금 최대 수심이라고 생각하는 것보다 훨씬 더 높은 결과를 얻을 수 있을 거라고 생각하지 않나요? 아니면 당신의 프리다이빙 훈련은 단순히 규칙적으로 물속에 들어가는 것만을 의미하나요?

저는 진지한 훈련 계획, 특정 방식으로 수행되는 신체 훈련 및 컨디셔닝을 통해 훨씬 더 많은 것을 달성할 수 있다고 확신합니다.

저는 프리다이빙의 결과는 물 안팎에서 얼마나 잘 준비하느냐에 따라 달라진다고 생각합니다.

저는 최고의 컨디션으로 대회에 출전한 적이 없습니다. 그러려면 더 많은 시간이 필요하겠죠. 하지만 저는 운이 좋게도 일 년 내내 물속에 있을 수 있기 때문에 대회에 참가하기로 마음먹었을 때 컨디션을 유지하며 빠르게 끌어올릴 수 있습니다. 하지만 그렇다고 해서 대회에 출전할 때 잠재력을 최대한 발휘하고 똑같은 기회를 가질 수 있는 것은 아니라는 것을 알고 있습니다.

저는 물 밖에서는 전혀 훈련하지 않기 때문에 육체적인 육상 훈련의 모든 부분을 개선하고, 실제로 도입하는 것이 제가 해야 할 일이라고 생각합니다.

앞으로 몇 년 안에 훈련을 더 잘 조직하고 프로 선수가 될 수 있는 스폰서를 찾을 수 있기를 바랍니다.

- 당신은 딥 프리다이빙 전문가입니다. 세계 최고의 선수들이 거의 모두 훈련을 위해 당신을 찾아옵니다. CNF나 CWT 등 일부 종목에서는 인간의 수심 한계에 거의 다다랐다고 생각하지 않나요? 왜냐하면, 많은 시도가 있었지만 실제로 기록을 세운 사람은 거의 없었습니다.

현재 프리다이빙 기록은 인간의 실제 한계와는 거리가 멀다고 생각합니다.

이렇게 생각하게 된 데에는 여러 가지 이유가 있습니다.

프리다이빙은 매년 3~4개의 메이저 대회가 열리고, 모든 대회에서 신기록에 도전하는 선수들이 있습니다! 그게 정상인가요? 모든 스포츠는 정해진 시간 안에 최상의 컨디션을 유지하기 위해 훈련합니다. 프리다이빙에서는 이런 일이 전혀 일어나지 않습니다! 다른 스포츠처럼 트레이너나 코치의 도움을 받아 훈련을 계획하는 사람은 아무도 없습니다. 모두가 자신이 더 잘할 수 있다고 생각하는 것을 훈련하지만, 실제 구체적인 프로그램은 없습니다. 게다가 많은 정상급 선수들이 여전히 모노핀을 잘못 사용하고 있습니다. 많은 프리다이버가 이 장비를 사용하면서 더 나은 테크닉만 사용한다면 기량이 얼마나 도약할 수 있을지 생각해 보세요. 수심 기록이 실제로 얼마나 더 늘어날 수 있을까요?

다른 종목의 운동선수를 생각해 보세요. 예를 들어 단거리 육상 선수를 보면 선수들은 모두 같은 신체 구조를 가지고 있고, 같은 방식으로 훈련하고, 비슷한 식단을 가지고 있습니다. 이것이 바로 현재 기록이 인간의 잠재력에 가깝다는 것을 의미합니다! 다른 프로 스포츠도 마찬가지입니다. 프리다이빙에서, 만약 당신이 세계에서 가장 우수한 다섯 명의 선수들에게 그들이 어떻게 물속이나 육상에서 훈련하는지, 어떻게 식사하는지 등에 대해 묻는다면 아마도 다섯 가지 다른 답변을 받게 될 것입니다. 누군가는 오직 물속에서만 훈련하고, 다른 이는 주로 신체 준비에 집중하며, 누군가는 마르고 작은 체격이고, 다른 이는 근육질이고 큰 키입니다. 무엇보다도 이것은 경쟁 수준에서 프리다이빙이 아직 과학적이거나 전문적이지 않다고 생각하게 만듭니다. 최고의 퍼포먼스를 위한 준비 과정이 선수마다 이렇게 다른 스포츠는 세계 어디에도 없습니다.

- **기록을 세우기 위해 어떻게 체력을 유지하고, 실력을 향상시키기 위해 무엇을 하나요?**

저는 매일 물속에 들어가서 중간 정도의 수심에 적응하고 몸을 조절하려고 노력합니다. 일 년 내내 썰매를 탈 수 있기 때문에 적어도 매주 100m 이상 다이빙을 합니다. 정신적으로(깊은 수심에 들어가야 한다는 생각), 육체적으로(흉곽, 횡격막 등) 운동하는 것을 빼먹지 않으려고 노력합니다.

CWT 다이빙에서는 '안전한' 수심인 80m를 유지합니다. 매주 같은 세션에서 80m까지 세 번 다이빙을 합니다. 이렇게 하면 대회에 참가하거나 기록을 세우기로 결정할 때, 이 수심에서부터 훈련과 준비를 시작할 수 있습니다. 저는 항상 다리와 머릿속에 80m를 떠올리고 있습니다.

대회 기간 동안 CWT 종목으로 한계에 도달하는 것을 좋아하지 않습니다. 제 목표는 이제 '편안한 수심'을 늘리는 것입니다. 이미 100m 이상의 다이빙을 해봤지만, 지금은 최대 수심에 도달하는 것보다 '편안한 수심'을 늘리는 것을 선호합니다.

NLT 종목의 경우, 기록 시도 전 단계에서는 다이빙 횟수를 줄이고 수심을 서서히 늘리며 매일 흉곽과 횡격막 스트레칭에 많은 노력을 기울입니다.

저에게 매우 중요한 것은 다이빙을 잘 마치는 것입니다. 신선함, 자제력, 그리고 아직 개발되지 않은 많은 잠재력을 증명하는 것이죠. 저는 절대로 한계까지 몰아붙이지 않습니다. '내가 할 수 있는지 한번 해보자.'라고 말하지 않아요. 안타깝게도 요즘 대회에서는 많은 선수가 '나쁜 퇴장'을 하는 경우가 종종 있습니다. 저는 얼리턴

(목표 수심을 표시하는 마커에 도달하기 전에 돌아서는 것)을 해본 적이 없습니다. 기록을 세우기 위해 다이빙을 하기로 결심하면 항상 기록을 세웠습니다.

- **저는 대회 시즌 동안 기록에 도전할 때 매우 피곤한 적이 있습니다. 그리고 이러한 피로는 종종 헤마토크릿(적혈구 용적율), 페리틴(결정성 단백질), 헤모글로빈과 같은 철분 수치 저하와 일치했습니다. 이런 경험이 있으신가요?**

  안타깝게도 그렇습니다. 저도 때때로 그런 문제가 있었습니다. 그래서 특히 기록 시도와 가까워지면 마지막 단계에서는 다이빙을 최소한으로 줄입니다. 하지만 종종 운동 능력이 저하된 상태에서 대회에 참가하는 실수를 저지르기도 합니다.

- **나르코시스에 대해 이야기해 봅시다. 저는 그것을 경험해 본 적이 없습니다. 이것에 대처하는 방법에 대해 조언을 구하는 운동선수들이 있지만, 안타깝게도 그들을 도울 수 없습니다. 패트릭 무지무는 제가 패킹을 해본 적이 없기 때문에 나르코시스 증상을 경험한 적이 없다고 주장했습니다. 그는 습식 이퀄라이징 기법 덕분에 더 이상 패킹을 하지 않을 때 나르코시스를 느끼지 않았다고 합니다. 패킹과 나르코시스의 관계에 대해 어떻게 생각하시나요?**

  저는 이것이 매우 개인적인 문제라고 생각합니다. 제 경우에는 패킹에 의한 나르코시스를 경험한 적이 없습니다. 2009년에 약 120m NLT 다이빙을 할 때 패킹을 하지 않았지만, 여전히 나르코시스에 대한 강한 느낌이 들었던 기억이 납니다. 2011년에 탠덤으로 기록을 세울 때까지도 나르코시스를 느꼈습니다. 하지만 올해 155m 다이빙에서는 정말 아무런 문제가 없었습니다. 제가 이집트에 있는 동안 하루에 5L씩 물을 많이 마시려고 노력했기 때문에 수분 보충으로 이 문제를 해결했다고 생각합니다. 그리고 저는 혈액을 매우 유동적으로 유지하면 이 문제를 피하고 혈액 이동과 폐부종 예방을 촉진하는 데 도움이 된다고 확신합니다. 실제로 최근 몇 년 동안 물을 많이 마시기 시작한 이후로 스퀴즈가 발생한 적이 없습니다.

  그런데 몇 달 전, 오랫동안 저에게 일어나지 않았던 일이 있었습니다. 다이빙의 마지막 부분에서 이퀄라이징에 어려움을 겪었는데, 이때 나르코시스 증상을 느꼈습니다. 그 당시 저는 편안하지 않은 상태로 버텀에 도착했습니다. 저에게 나르코시스는 이완과도 밀접한 관련이 있습니다. VWT 다이빙을 할 때 저는 보통 피닝으로 상승을 합니다. 상승을 시작하면 보통 팔을 옆구리에 붙인 상태로 40번 정도의 피닝을 세고 난 후 머리 위로 유체역학적인 자세를 취합니다. 하지만 그날 저는 발차기 횟수를 세지 못했습니다. 세려고 했지만 계속 셀 수가 없었어요.

- **딥 다이빙을 위한 워밍업에 대해 알려주세요.**

    예전에는 10m 정도 수심에서 행 웜업을 몇 번씩 했습니다. 그리고 나서 딥 다이빙을 시작했죠. 올해는 워밍업 없이 딥 다이빙을 해보고 싶었고, 시도해 보니 기분이 정말 좋았어요. 그 후 모든 딥 다이빙에서 워밍업을 하지 않기로 결정했습니다.

    저는 늑간근만 스트레칭하는 방법으로 딥 다이빙 시 수중에서 느낄 긴장과 압력에 더 가까이 다가갈 수 있습니다.

- **높은 수준의 프리다이빙 기록을 달성한 이래로 다른 프리다이버가 시도하지 않았던 훈련법 또는 테크닉을 만들거나 '발명'한 적이 있나요?**

    확실히 저는 이퀄라이징의 세계를 연구하고 심화시켰습니다. 새로운 방법을 이해하고, 이퀄라이징 프로토콜을 정교하게 만들고, 구체적인 연습 방법도 만들었습니다. 제 프리다이빙 센터에서 일할 때, 80%의 시간은 이퀄라이징에 대해 이야기합니다. 거의 모든 프리다이버가 제 방법을 사용하여 이퀄라이징을 배우고 훈련하기 위해 저를 찾아옵니다. 그리고 이러한 맥락에서 제가 발견하고 이해한 것을 통해 마스크를 쓰고 NLT 기록을 세울 수 있었습니다. 마스크를 착용하고 155m까지 내려간 사람은 전 세계에서 제가 유일하다고 생각하며, 이 수심은 결코 한계가 아닙니다. 이 모든 것은 제가 이퀄라이징에 대해 발견하고 연구한 덕분에 가능했습니다.

    제가 많이 노력한 또 다른 측면은 스태틱을 할 때 수축의 시작을 지연시키거나 경우에 따라 제거할 수 있는 특정 운동을 훈련하고 개발한 것입니다. 저는 스태틱 상태에서 작업하고 훈련하지만 사실 목표는 수심 종목이며, 더 정확하게는 깊은 수심 이퀄라이징을 위한 것입니다. 하강하는 동안 수축이 없으면 정신적으로나 육체적으로 더 편안해질 수 있고, 무엇보다도 폐 손상을 피할 수 있습니다. 하지만 제 주요 목표는 다릅니다. 우리가 깊은 수심 다이빙을 할 때는 마우스필 기술을 사용하여 이퀄라이징을 합니다. 이 기술에서는 입안에 공기를 충전 후 성문은 입안에 저장된 공기를 사용하여 수행되는 이퀄라이징이 끝날 때까지 닫힌 상태를 유지해야 합니다. 마우스필이 올바르게 완료되지 않는 주된 이유 중 하나는 성문이 열리면서 공기가 폐로 다시 들어가 이퀄라이징을 할 수 없게 되기 때문입니다. 성문이 열리는 주된 이유 중 하나는 횡격막 수축 때문입니다. 우리의 뇌는 산소를 원한다는 것을 기억하고 결과적으로 성문을 열어 공기를 얻으려고 시도합니다. 따라서 이러한 수축을 제거하거나 없애는 데 성공하면 이 문제는 자동으로 해결됩니다.

- **수축을 없애거나 지연시키기 위한 훈련은 무엇인가요?**

  스태틱 상태에서 임계점에 다다랐다는 것을 깨달았을 때 복벽이나 횡격막을 전혀 움직이지 않으려고 집중하는 것입니다. 그리고 처음 제가 느꼈던 수축이 스트레스와 낮은 이완으로 인해 저에 의해 유발되었다는 것을 깨달았습니다. 이 훈련을 통해 저는 스태틱 중 발생하는 수축을 거의 제거했습니다.

- **그렇다면 과학계에서 주장하는 것처럼 수축은 생리적, 자연적으로 발생하며 통제할 수 없는 것이 아니라고 생각하십니까?**

  개인적으로 저는 횡격막 수축이 통제되지 않은 생리적 과정으로 인해 발생한다는 의학계의 주장에 동의하지 않습니다.

  횡격막 수축은 항상 모두에게 발생하는 정상 반응이라고 말해 왔기 때문에 모두가 그렇게 받아들여 왔습니다. 제가 겪었던 경험과 감정을 토대로 말씀드리겠습니다.

  압네아 아카데미 강사 과정에 참석했을 때, 저는 수축 때문에 예상했던 4분 동안 스태틱을 지속할 의욕이 전혀 없었고, 45초 만에 수축이 시작돼 끝까지 고통스러웠던 기억이 납니다. 2개월 후, 아무런 훈련 없이 똑같은 스태틱 자세를 취하고 같은 방식으로 준비했는데 첫 번째 수축이 3'45"에 왔습니다. 그래서 첫 수축이 오는 시간이 2~3분 정도 차이가 날 수 있다면 수축은 CO_2뿐만 아니라 다른 것들과도 관련이 있다는 생각이 들었습니다. 저는 종종 횡격막 수축이 아닌 복부 수축을 일으키는 학생들도 봤는데, 그들은 호흡 동작을 시도함으로써 뇌를 속여서 조용히 유지하려고 가슴 부위를 움직이고 있었습니다. 그것을 믿고 노력한 결과, 저는 그것이 저에게 효과가 있다는 것을 알았습니다. 저는 스태틱 수축을 조절하는 이 운동을 한 후 이퀄라이징을 '놀라울 정도로' 향상시킨 학생들과 함께 좋은 결과를 얻고 있습니다. 수축을 제거할 수 없었던 사람들조차도 수축을 지연시킬 수 있었고 훌륭한 결과를 얻었습니다.

- **수축이 지연된다는 것은 스태틱 기록이 더 길어진다는 뜻인가요?**

아니요. 이러한 기술을 사용하면 수축의 시작을 지연시키거나 제거하지만, 스태틱 시간이 반드시 늘지는 않습니다. 수축이 사라지면 프리다이버는 아무런 경고 없이 BO에 빠질 수 있으므로 매우 조심해야 합니다. 저는 세이프티와 함께 엠티렁 상태로 수심 15m에서 테스트 다이빙을 했습니다. 블랙아웃이 올 때까지 아무런 수축 없이 다이빙을 계속했습니다. 이것을 매우 조심해야 합니다.

용어집

AA: Apnea Academy, 프리다이빙 교육 및 연구를 위한 국제 학교(교육 단체)

AAR: Apnea Academy Research, 프리다이빙에 적용되는 과학적 연구를 다루는 AA의 한 분과

능동적 날숨: 정상적인 신체 상태에서 폐호흡을 시작하여 최대로 날숨을 내쉬는 경우 이를 능동적 날숨으로 정의할 수 있습니다.

능동적 들숨: 정상적인 신체 상태에서 폐호흡 시작하여 최대 흡입을 하는 경우, 이를 능동적 들숨(자발적, 생각, 의지)으로 정의할 수 있습니다.

편안한 수심: 개인 능력에 따라 프리다이버에게 육체적, 정신적으로 부담이 되지 않는 안전한 수심

CWT: Constant Weight, 프리다이버는 최대 수심까지 내려갔다가 다이빙 라인(로프)에 닿지 않고 다리 힘과 핀을 사용하여 상승합니다.

CNF: Constant Weight Without Fins 프리다이버 다이빙 라인(로프)에 닿지 않고 평영 수영의 변형을 사용하여 최대 수심까지 하강 및 상승하는 영법입니다.

다이빙 반사: 모든 포유류에서 얼굴이 물에 잠길 때, 특히 다이빙의 첫 단계(수면 또는 수심)에서 일어나는 심혈 관계 및 호흡계의 일련의 다이빙 반사 반응으로 정의됩니다. 이러한 반응 또는 적응은 유기체의 산소 소비를 줄이는 데 목적이 있습니다. 주요 반사는 심박 수 감소, 말초혈관 수축, 혈압의 평균 증가 및 혈액 이동 현상입니다.

건식 블랙아웃: 호흡기에 물이 없는 상태에서 의식을 잃는 상태

DYN: Dynamic Apnea, 프리다이버는 핀을 사용하여 수중에서 가능한 최대 수평 거리인 길이 방향으로 수영합니다.

DNF: Dynamic Without Fins 다이내믹 프리다이빙
프리다이버는 수중에서 가능한 최대 수평 거리인 길이 방향으로 변형된 평영을 사용하여 수영합니다.

FIM: Free Immersion, 프리다이버가 다이빙 라인(로프)을 당겨서 최대 수심까지 하강 및 상승합니다.

항상성: 다양한 외부 조건에서도 내부 평형을 유지하려는 생물체의 자연스러운 경향으로, 일련의 조절 과정과 평형에서 벗어날 때마다 반작용을 통해 평형을 유지합니다.

과호흡: 들숨과 날숨 모두에서 여러 번 강제 호흡을 하는 것입니다. 이 기술에서는 인공호흡의 빈도가 급격히 증가합니다.

나르코시스: 심해 프리다이빙에서 발생할 수 있는 상황으로 정신이 흐려지고, 상황에 대한 인식이 흐릿해지며, 명확하게 생각하기 어렵거나 생각하지 못하고, 움직임이 느려지는 것이 특징입니다.

수동적 날숨: 폐에 압력이 과도하게 가해졌을 때 능동적 흡입 상태에서 시작합니다. 성문과 기도를 열어 공기가 자발적으로 나오도록 하는 것으로 충분합니다. 이 단계를 수동적 호기라고 합니다. 일반적으로 강제가 아닌 자발적인 날숨을 수동적 호기라고 정의합니다.

수동적 들숨: 폐가 눌린 상태에서 적극적인 호기 상태에서 시작합니다. 성문과 기도를 열어 공기가 자발적으로 들어올 수 있도록 하는 것으로 충분합니다. 이 단계를 수동적 흡입이라고 합니다. 일반적으로 강제가 아닌 자발적인 흡입을 수동적 흡입이라고 정의합니다.

STA: Static Apnea, 다이버가 가능한 한 오랫동안 잠수한 상태로 산소를 소모할 수 있는 움직임을 피하는 상태입니다.

투쟁 단계(고군분투 단계): 훈련 중 신체가 에너지 공급 감소, 젖산 증가 및 심리적 스트레스로 인해 높은 수준의 피로를 느끼는 상황입니다. 이러한 조건에서는 신체가 휴식 상태에 있는 평형 상태인 항상성이 변경됩니다. 이러한 생리적 피로 덕분에 각 훈련 세션 후와 휴식 중에 보상이 발생하여 (과보상이라고 함) 에너지 보유량과 잠재적 신경 근육이 원래보다 더 높은 값으로 재설정되어 퍼포먼스 향상을 결정한 다음 많은 사람이 기대하는 운동 결과를 얻을 수 있습니다! 프리다이빙의 투쟁 단계는 횡격막 수축의 시작, 숨을 쉬고 싶은 충동, 다리가 단단하고 젖산으로 가득 차는 등의 단계로 구성됩니다.

VWT: Variable Weight, 프리다이버는 무게추에 의해 최대 수심에 도달한 후 자신의 힘(핀 또는 팔 사용)으로 상승합니다.

NLT: No Limit, 프리다이버가 썰매를 타고 최대 수심에 도달하면 풍선 등을 이용해 다시 수면 위로 끌어올리는 방식입니다.

습식 블랙아웃: 호흡기에 물이 들어간 상태에서 의식을 잃는 상태

고마운 분들

Claudia Aragno

Maurizio Candotti

Danilo Cialoni

Goran Čolak

Stefano Correale

Leonardo Gatti

Miguel Lozano

Mike Maric

Alexey Molchanov

Patrick Musimu

Guillaume Nery

Stefania Pelizzari

Branko Petrović

Alessandro Rossi Lemeni

Jillian Rutledge

Nicola Sponsiello

William Trubridge

Alessandro Vergendo

Alessia Zecchini

Andrea Zuccari

사진작가

Piercarlo Bacchi

Fabio Ferioli

Montse Grillo

Franco Origlia

Paolo Zanoni

참고 문헌

Ciampani P., Dispensa a uso degli studenti: cattedra di Metodi e didattica delle attività sportive, University of Teramo – Political Science Faculty. Academic Year 2009/2010

Counsilman J.E., Counsilman B.E., La nuova scienza del nuoto, Zanichelli

Counsilman J.E., The Science of Swimming, Prentice-Hall

Davini A., Ambiente acqua. Dal nuoto alla subacquea. Scienze biomediche applicate agli sport acquatici, Casa Editrice Scientifica Internazionale, Chapter 9 Fisiopatologia delle immersioni in acqua, by Infascelli R.M.

Enciclopedia medica italiana, USES Edizioni Scientifiche, II ed., 1987, vol. 14, pages. 872 and following.

Ganong W.F., Fisiologia medica, Piccin, VIII Edition, 1979

Guyton A.C., Trattato di fisiologia medica, Piccin, V Edition, 1985

Höfler H., Terapia e ginnastica respiratoria, Edizioni Mediterranee

Lemaître F., L'apnée: De la théorie à la pratique, Publication of University of Rouen

Lysebeth A.V., Pranayama. La dinamica del respiro, Astrolabio

Maric ´M., Mazzei V., Figini S., Impariamo la monopinna, Magenes

Mayol J., Homo delphinus, Idelson-Gnocchi

Platonov V.N., Allenamento sportivo: teoria e metodologia, Calzetti & Mariucci

Platonov V.N., Fondamenti dell'allenamento e dell'attività di gara, Calzetti & Mariucci

Platonov V.N., L'organizzazione dell'allenamento e dell'attività di gara, Calzetti & Mariucci Pelizzari U., Deeply, Idelson-Gnocchi

Pelizzari U., Mana F., Chiozzotto R., Dry Training for Freediving, Idelson-Gnocchi

Pelizzari U., Landoni L., Seddone A., Il respiro nell'apnea, Mursia

Pelizzari U., Tovaglieri S., Lezioni di apnea, Mursia

Pelizzari U., Tovaglieri S., Manual of Freediving: underwater on a single breath, Idelson-Gnocchi

Severinsen S.A., Breatheology: The Art of Conscious Breathing, Idelson-Gnocchi

Sweetenham B., Atkinson J., Nuoto da campioni, Collana tecnica e didattica Sport Edizioni Tovaglieri S, Samba? No, grazie, PescaSub & Apnea, Year XIX, n. 211 April 2007